Cuidemos a los padres que nos cuidaron

KENNETH P. SCILEPPI

Cuidemos a los padres que nos cuidaron

EDITORIAL DIANA
MEXICO

PRIMERA EDICIÓN, NOVIEMBRE DE 1998

NOTA DEL EDITOR

Esta obra, publicada originalmente en Estados Unidos, contiene numerosas referencias a instituciones médicas, disposiciones legales y ordenamientos jurídicos que o no existen en Latinoamérica, o son enteramente distintos; por lo cual se sugiere consultar en el propio país los reglamentos relacionados con el tema.

Asimismo, los medicamentos a los que se alude en el texto están adecuadamente protegidos y registrados por sus respectivos fabricantes, de manera que la Editorial se exime de cualquier responsabilidad al respecto.

Diseño de portada: Graciela Flores/Juan Antonio García

ISBN 968-13-3140-0

*A mis propios padres y a mis hijos,
con gratitud por todo lo que me han dado, y
con la esperanza de que jamás cambie
el lugar que ocupan en mi vida*

Contenido

Contenido

Del autor para el lector

Abrir este libro equivale a reconocer que usted puede encontrarse a punto de iniciar una transición importante en la vida. Se habrá dado cuenta de que, antes que transcurra mucho tiempo, tendrá que modificar su papel: dejará de ser el hijo de sus padres y pasará a ser el padre de sus padres.

Gobernar la vida de la misma persona que nos crió y nos educó siendo niños es una de las experiencias más inquietantes de la vida. Nadie espera con ansia semejante situación. A la persona común la idea de intercambiar papeles con uno de sus padres le resulta tan desagradable, que bien puedo suponer que el título de este libro hará retroceder a muchos que lo vean en una librería. A menos, desde luego, que usted ya haya sido asaltado por la duda de que *tal vez* su padre o su madre esté padeciendo algo verdaderamente grave. Y, desde luego, a menos que haya comprendido que es el único que puede hacer algo por ayudarlos.

Cuando gira la rueda de la vida, poniendo el cuidado de uno de los padres en manos de un hijo, deben alterarse las cómodas y conocidas pautas de la vida familiar. Al hijo, esto siempre le causa temor. La virtud fundamental de la vida familiar ha sido su estabilidad, su predecibilidad: su inherente resistencia al cambio. Es la familia la que lo conoce a usted como es en realidad; es la familia la que siempre puede ver a través de las capas de la fama, la posición y hasta la «pose» adquiridas; es la familia la que siempre nos ha parecido el refugio confortable y eterno al que podemos volver cuando necesitamos recuperarnos de las heridas del mundo exterior o, simplemente, para reorientar nuestro ámbito psicológico.

Por todo ello, no nos sorprende que la perspectiva de modificar y de reestructurar los papeles de cada miembro de la familia sea sumamente desagradable. Es un proceso no deseado e incómodo para todos: tanto para los que «pierden» el poder familiar, como para quienes lo «conquistan». De hecho, a veces no sabemos a quiénes compadecer más.

Y, sin embargo, el deber y las circunstancias siempre han logrado convertir a seres humanos ordinarios en héroes (aun a pesar suyo). Tener un padre que gradualmente va perdiendo sus facultades, podría obligarlo a adquirir unas habilidades que usted nunca había puesto a prueba: asumirá la responsabilidad de la vida de otro adulto. Con la desaparición de la familia numerosa durante el último siglo, es probable que usted no haya visto cómo se atiende a un padre cuya salud y cuyas facultades van mermando. Este libro intenta resarcir esa falta de experiencia.

Aprender a cuidar una persona leyendo un manual no es insólito; al fin y al cabo, un manual sobre el «cuidado a los adultos» refleja simplemente el modo en que muchos padres leen libros sobre atención a los niños durante los años que siguen al nacimiento de su primer bebé. La crianza de muchos lectores de este libro fue influida por libros como *Baby and Child Care*, del Dr. Spock. Aparte de la gran diferencia de entusiasmo entre cuidar un recién nacido y atender un padre que va decayendo, en esencia las dos acciones son similares. Es posible estudiar la una tanto como la otra.

A pesar de la información que ofrece un libro, la transición emocional al papel de cuidador de los padres sin duda tendrá sus momentos difíciles. Aunque la relación de usted con sus padres haya sido íntima y cariñosa, es probable que no sea fácil asumir la responsabilidad por su bienestar; mientras los bebés quedan natural y confortablemente bajo la autoridad de sus padres, en cambio los padres ancianos suelen oponerse, mostrando ira o depresión, a toda pérdida del gobierno de sus vidas personales. ¡No es fácil para un anciano saber que quien va a usurpar su autonomía es el mismo hijo al que crió!

Rara vez se abandona de buen grado la autonomía personal. Es difícil determinar el momento apropiado de ejercer autoridad; también lo es decidir cuánta independencia, sin peligro, se le puede otorgar al padre anciano. Pese a las mejores intenciones de mostrarse cariñoso y sensible, al analizar estos problemas tan emotivos suelen manifestarse conceptos gravemente erróneos, lo que, a menudo, causa graves ofensas y rencores... en ambos lados. Aunque se piense como «lógico» o «inevitable» que usted intervenga para ayudar a su madre o su padre enfermos, ellos pueden ver su ayuda como una traición, muestra de codicia o conspiración. Estas malas interpretaciones, que vienen a sumarse a la dificultad natural de la tarea, pueden hacer que una responsabilidad de por sí ingrata, llegue a parecer un infierno privado.

Y sin embargo, al abordar esta tarea, nunca olvide dos cosas importantes. La primera es que no está entrando en un «infierno privado» sino, en realidad, en un infierno casi público. De los cerca de 250 millones de estadounidenses que hoy viven, entre seis y siete millones padecen alguna forma de demencia. Dado que la demencia se limita, en gran parte, a la población de mayor edad, esto muestra que casi 15 por ciento de los estadounidenses de más de 65 años sufre cierto grado de demencia. Sin embargo, aun entre los de mayor edad, las estadísticas señalan que son los muy viejos los que se encuentran en mayor peligro. Entre los más «jóvenes» de los viejos —los de 65 años— sólo uno por ciento padece demencia. Sin embargo, a partir de este uno por ciento estadístico, el peligro de demencia se duplica cada cinco años. A los 70 el riesgo es de 2 por ciento. A los 75 es de 4 por ciento, y así sucesivamente: los números se multiplican de tal manera que a los 85 años, una de cada cinco personas padece demencia.

Hay incontables hijos adultos en la misma situación que usted: los suficientes como para hablar con justicia de una «generación sandwich». Con la mayor longevidad ha surgido una situación que no tiene paralelo en la historia: gran número de adultos de mediana edad se encuentra como emparedado entre una imprevista responsabilidad de cuidar a sus padres y la tarea, aún inconclusa, de ayudar a sus propios hijos a establecerse como adultos independientes.

El hecho de que las dificultades a las que usted se enfrenta hayan sido compartidas por otros ha hecho posible este libro. Los consejos aquí contenidos se basan en los éxitos (y en los errores) de muchos hijos de mediana edad que, por sí solos, han intentado ayudar a sus padres enfermos a salir de problemas difíciles. Después de leer el libro, acaso se sorprenda al darse cuenta de lo mucho que sabe acerca del cuidado de adultos enfermos. A ratos le asombrará descubrir que usted sabe mucho más que los médicos, en quienes antes habría confiado a ciegas. En lugar de redescubrir este conocimiento por la vía más difícil, en forma de ensayo personal con sus padres, se encontrará equipado con lineamientos detallados para cada problema al que, probablemente, se enfrentará.

El segundo punto que se debe tener en mente es profético. Aunque usted acaso no lo crea, por el momento, de todos modos lo diré: tendrá que transcurrir un año después de la muerte de su padre o de su madre, para que usted capte por completo la magnitud y el sentido de lo que ha hecho. En ese periodo, su recuerdo de los innumerables problemas y crisis cotidianos irá desapareciendo, para dejar, en su lugar, la memoria de un incomparable y abnegado acto de amor que usted efectuó, cuando nadie más podía o quería hacerlo. El cuidado de sus padres, conforme van decayendo en sus últimos años, se revelará como el único acto de amor que pueda compararse con el amor y la atención que sus padres pusieron antes en usted. Al cerrar este libro por última vez, también cerrará usted un círculo de vida y de amor, tan dulcemente que le hará sonreír a través de sus lágrimas.

Al reflexionar, se quedará pasmado ante la prueba inesperada de su propio arrojo emocional; descubrirá que es más sabio y que posee una madurez a toda prueba. Mentalmente, podrá oír la voz clara y grata de su padre o su madre muertos, orgullosos de lo bien que soportó la prueba y realizó todas las esperanzas, los sueños y las expectativas que ellos en un tiempo tuvieron al verlo dormido en su cuna.

Consideremos, una vez más, el título de este libro. Se presenta como guía para el cuidado de padres ancianos y enfermos, y así es en verdad. Y sin embargo, el mensaje oculto es que este libro también constituye una guía para usted, una guía a través de un difícil trance. Está usted a punto de llegar a la última etapa de su crecimiento.

Cuidemos a los padres que nos cuidaron

— *1* —————————

Por qué decaen los padres

XISTE UNA DIFERENCIA entre un padre anciano enfermo
y un padre anciano mentalmente deteriorado. El
padre anciano probablemente esté muy familiarizado con
la enfermedad; creo que más familiarizado de lo que estará
usted. Los ancianos de hoy pasaron tal vez la mitad de su
vida en la época de la medicina anterior a los antibióticos.
Según las estadísticas, sus padres conocieron personalmente las tristezas de enfermedad y de muerte siendo
mucho más jóvenes que la generación que los sucedió. Sería
raro que sus padres no pudieran nombrar al menos a un
hermano menor, una hermana, un primo o un compañero
de clase que falleció en su niñez de fiebre escarlatina,
tosferina, difteria o poliomielitis.

El padre ya anciano espera verse más propenso a la
enfermedad con el paso de los años, y reconoce los dolores
de la artritis, las fallas de la vista debidas a cataratas o la
fatiga del corazón o pulmones débiles. Por tanto, al menos
en cierto sentido, resulta relativamente fácil cuidar de un
padre enfermo. Usted y su padre o su madre ven el pro-

blema como es, y pueden hablar acerca de las estrategias para eliminar o, por lo menos, hacer frente a la enfermedad.

Pero el deterioro mental es muy diferente; significa estar enfermo sin tener la capacidad de reconocer lo que está mal, o, incluso, que algo anda mal. Un padre o una madre en deterioro mental parece ciego ante el hecho de que cada día que pasa será menos capaz de llevar una vida adulta independiente. Es como una broma cruel, evidente para todos salvo para su víctima. Puesto que una persona senil suele seguir sintiéndose perfectamente capaz, tal vez no quiera hacer caso de los argumentos de que existe un problema. Sintiéndose físicamente bien, cada día el padre en deterioro va apartándose más y más de la verdadera salud y, si no se le salva, probablemente sufrirá un daño innecesario pero irreparable.

Demencia es el término empleado por médicos y científicos para describir a los adultos que durante un tiempo fueron normales, tanto en lo mental cuanto en lo emocional; pero que, en algún momento de sus últimos años, comenzaron a perder gradual, progresiva y permanentemente sus facultades mentales. En la historia de la nomenclatura médica, demencia es un término relativamente nuevo que reemplaza una veintena de términos hoy juzgados menos correctos, como, «senilidad», «síndrome cerebral orgánico» (sco) o «endurecimiento de las arterias». Aunque el término sea relativamente nuevo, los padres ancianos han estado expuestos durante siglos al riesgo de «decaer». El problema no ha cambiado mucho, pese a que se le haya expresado con terminología nueva.

— 4 —

En el lenguaje técnico que emplean los médicos y los científicos, la *demencia* es un síndrome, no una enfermedad. Existe gran número de diversas enfermedades subyacentes al estado de *demencia;* pero cualquiera que sea la causa –sea el mal de Alzheimer o cualquiera de las otras causas–, los resultados son notablemente similares. Todas las enfermedades que causan *demencia* producen pérdida progresiva de la memoria, más una combinación de:

- depresión;
- dificultad para actuar en la vida cotidiana;
- cambio de personalidad y de conducta.

Por consiguiente, la *demencia* es un término genérico; *no* es un diagnóstico en sí mismo. Aunque sea cierto que, como lo han demostrado las estadísticas, muchas personas dementes sufren el mal de Alzheimer, el término «demencia» *no* es otro nombre dado a este mal. Existe por lo menos una docena de enfermedades distintas que pueden causar pérdida de la memoria, cambios de humor y mal funcionamiento general en la vida cotidiana. Algunas de las enfermedades que causan *demencia* son comunes, otras son raras; pero, lo que es de mayor importancia, algunas de las menos comunes son curables, no así el mal de Alzheimer. Hasta que se sepa exactamente qué tipo de enfermedad sufre el paciente, cuando una persona de edad avanzada tiene dificultades de memoria, el empleo del término «demencia» representa al menos un compromiso intelectual, con amplio criterio, de tener en cuenta otros padecimientos, aparte del mal de Alzheimer.

En los próximos capítulos enfocaremos el problema de los padres con deterioro en una secuencia ordenada:

Primer paso: ¿Tiene usted buenas razones para preocuparse por sus padres? Los cambios que está notando en mamá o papá, ¿son en realidad los primeros cambios causados por una enfermedad demencial, o se trata de un envejecimiento normal, exagerado por las angustias? En el capítulo 2 analizaremos algunas características comunes del envejecimiento y de la demencia , y ofreceremos una guía para precisar la diferencia. Si es usted afortunado, no necesitará pasar del capítulo 2.

Segundo paso: Si existen posibilidades reales de que a uno de sus padres empiece a fallarle la salud, ¿qué debe hacer usted? ¿Qué pruebas diagnósticas se deben aplicar? En el capítulo 3 revisamos no sólo las causas comunes de la demencia (el mal de Alzheimer y el mal del infarto leve) sino, lo que es de mayor importancia, las causas poco comunes y curables de la demencia, cuya existencia no será descubierta a menos que alguien decida hacer una prueba para detectarlas.

Tercer paso: La solución de problemas. Los médicos pueden creer que el diagnóstico de una enfermedad como el mal de Alzheimer es el fin, pero en realidad, no es más que el principio. La vida continúa, aun si es una vida marcada por deterioros progresivos. La parte de este libro sobre «solución de problemas» está organizada, poco más o menos, de acuerdo con la progresión de la demencia; los correspondientes capítulos abordan los problemas de las etapas sucesivas del desorden. Estas «etapas» aproximadas de demencia tienden a reflejar la gravedad del daño cerebral causado por la enfermedad. Resulta irónico que la vida pueda ser más difícil para usted en los comienzos de la demencia, cuando su padre sólo ha empezado a flaquear. En las primeras etapas aún queda mucho de la fuerza de la personalidad de los padres, y usted podría tropezar con una resistencia decidida y enérgica de parte de ellos contra todos los esfuerzos que haga por brindarles cuidado o protección. Una vez más, resulta irónico que al avanzar la demencia y seguir fallando la capacidad mental de los padres, también se reduzca la capacidad del anciano para discutir o para oponer resistencia.

Es fácil sentirse abrumado y deprimido conforme se lee, capítulo tras capítulo, información sobre un problema tras otro. No se desmoralice. Ningún padre con deterioro sufre todas las dificultades enumeradas en este libro; cada persona parece presentar su propio subconjunto de dificultades. Los problemas que salgan a la superficie con su padre variarán de acuerdo con las tendencias anteriores de su personalidad, en particular con sus viejos hábitos, al enfrentarse a problemas angustiantes. Aunque algunos problemas son universales –por ejemplo, la pérdida de la memoria–, otros aspectos de la demencia pueden ser sumamente variables. De hecho, rara vez he visto que la demencia conduzca a un estado de tranquilidad, de indiferencia a las preocupaciones.

Usted podrá encontrar en la vida real unas cuantas o muchas de las situaciones y dificultades que voy a analizar; y (lo que es de mayor importancia) no es probable que tropiece con problemas cuya causa y tratamiento no se analicen en estas páginas.

2

¿Debo preocuparme?

Hasta aquí, me he mostrado deliberadamente impreciso al hablar de las señales de la *demencia*. La causa de tal imprecisión es que sus primeras señales son vagas y difíciles de determinar. Las personas difieren en personalidad, capacidad intelectual y niveles educativos; por ello mostrarán gran variedad en los primeros cambios de su personalidad, ambición, motivación y expresión intelectual, que casi resulta imposible describirlos.

Por regla general, las primeras señales no son notadas por el paciente y jamás son mencionadas por la familia. Al principio resulta comprensible la tolerancia familiar; los momentos de falla de la memoria constituyen una experiencia universal, y parecería indebido hablar de una posibilidad tan terrible como la de *demencia* sólo sobre la base de un lapso momentáneo, una palabra mal pronunciada, un manuscrito no terminado, una carta que no se envió al correo, o el extravío por un camino familiar. Resulta natural encontrar excusas cuando todos pueden identificarse con fallas casuales de la memoria, en un nivel elemental.

La negativa de la familia a reconocer la enfermedad suele durar mucho. Es asombroso lo que una familia unida puede pasar por alto: las excusas, las explicaciones, las concesiones —en pocas palabras, la ceguera de la incredulidad— existirán, y permitirán, en promedio, el paso de dos a cinco años antes de que algún miembro de la familia por fin se atreva a expresar su preocupación.

Aunque se necesite mucho tiempo, por fin *alguien* logra reunir el valor suficiente para reconocer que mamá o papá puede tener problemas. Éste es un momento decisivo en la vida de la familia. Pocas cuestiones parecen desencadenar un conflicto fraterno entre hijos adultos como la expresión de duda por parte de uno de ellos acerca de la capacidad mental de uno de los padres. Aunque una familia emocionalmente sana puede descubrir que el deterioro de uno de los padres une instintivamente a hermanos y hermanas en una alianza en que encuentran mutuo apoyo; otras familias, menos unidas, pueden reaccionar de otra manera. Una discusión acerca de mamá o papá puede desviarse pronto hacia disputas no relacionados con ellos, y hacia acusaciones cuyas raíces proceden de años.

Aunque las primeras señales de deterioro puedan ser vagas, para cuando los hijos e hijas estén discutiendo abiertamente la cuestión, el problema suele encontrarse en una de las siguientes áreas:

- problemas de falta de memoria;
- retiro de la sociedad;
- errores financieros.

El análisis siguiente podrá ayudar a precisar el grado apropiado de preocupación por mamá o papá.

Pérdida de la memoria

Todos cobramos conciencia de los problemas de pérdida de memoria al envejecer; aun durante sus treinta o cuarenta años, muchas personas ligeramente neuróticas o hipocondriacas, acostumbradas a tener gran memoria, pueden notar los cambios producidos por el envejecimiento y sentir pánico al creer que son las primeras señales de *demencia*.

Sin embargo, no todas las fallas de memoria son iguales. Deben reconocerse dos pautas, por completo distintas, de pérdida de la memoria, que causan implicaciones también totalmente diversas.

A la pérdida normal de memoria que llega con la vejez se le ha llamado «el benigno olvido del envejecer». Esta clase de problema es un proceso que empieza durante los treinta y que va empeorando, lentamente, a largo de los años. Se caracteriza por el uso de un plazo necesario para recordar; es decir, por un incómodo número de segundos antes de que, por fin, recordemos lo que estábamos intentando.

Con el transcurso de las décadas, ese número de segundos se hace mayor. A los treinta años, la pausa puede ser de pocos segundos. En la vejez, el tiempo necesario para recordar puede medirse ya no en segundos, sino en minutos.

Para un adulto normal, de mediana edad, unos cuantos segundos para recordar pueden no ser sino un pequeño inconveniente, que puede pasarse por alto. Sin embargo, con el transcurso de los años, ese periodo puede volverse tan largo que cause una frustración perceptible o que llegue a dificultar la conversación cotidiana. En un periodo lo bastante largo, las conversaciones se vuelven torpes e interrumpidas repetidas veces , ya que los nombres no vienen a la memoria. Se necesita recurrir a giros verbales en torno de las palabras que faltan, lo que hace que los demás crean que quien habla es intelectualmente incapaz de sostener una conversación normal. Las actividades diarias pueden efectuarse con tal ineficiencia que resulten deprimentes; por ejemplo, la persona puede olvidar repetidas veces por qué fue a la cocina, hasta que salió de ella.

El retraso al recordar es desventaja de un cerebro envejecido, pero no es la *demencia* ni significa que ese padre esté empezando a decaer. La característica del olvido benigno es que lo que debía recordarse no ha desaparecido por completo del archivo personal de la memoria, ni dejará de aparecer en ella con el tiempo. Aunque pueda ser grave esta dificultad de recordar, la persona anciana normal acabará por recordar. El habla y las acciones de esa persona pueden tener un parecido superficial con los problemas de memoria de quien padece *demencia;* pero es sólo el plazo de la memoria el que los está causando. La propia memoria sigue intacta.

La dificultad de recordar no es la pérdida de memoria que acompaña a la *demencia*. No sólo no es *demencia*, sino que tampoco se convertirá, con el tiempo, en ella (aunque la mayoría de sus víctimas se convencen de que así será). Este tipo de problema de memoria es un proceso enteramente distinto, de tal universalidad que llega a ser parte esencial del envejecimiento normal. Si este tipo de dificultad de memoria es el único que está afligiendo a los padres, entonces sólo se necesitará tener paciencia, tranquilidad y comprensión: no análisis médicos.

El segundo tipo de olvido, la llamada variedad maligna de pérdida de la memoria, es el que justifica la preocupación y la atención médica. En este caso, parecen desaparecer pequeños fragmentos de información que debieran estar razonablemente firmes en la memoria.

Las perturbadoras diferencias entre las formas benigna y maligna de pérdida de la memoria quedarán ilustradas con una comparación. Típicos ejemplos de dichas diferencias pueden ser los siguientes:

Pérdida benigna de la memoria: Dificultad para recordar durante un minuto el nombre del cónyuge de alguien que estuvo en la fiesta de la familia que se celebró hace un mes.

Pérdida maligna de la memoria: Una mención a la fiesta de la familia, del mes pasado, provoca una mirada de asombro o la pregunta: «¿cuál fiesta?»

Pérdida benigna de la memoria: Enfurecerse contra sí mismo por haber recordado el martes que se tenía cita con el médico el lunes.

Pérdida maligna de la memoria: Discutir con quien se había hecho una cita, diciendo que tal cita no existía.

La pérdida maligna de la memoria es la característica de la demencia y una de las primeras señales seguras de que uno de los padres está decayendo. Constituye una pérdida total de ciertos recuerdos, recuerdos que en un tiempo estuvieron presentes y hoy se han desvanecido. Por regla general, las personas ancianas que padecen pérdida maligna de la memoria suelen no darse cuenta de ello; les preocupa menos su mala memoria, tal vez, en parte, porque la profundidad misma de su pérdida les hace no darse cuenta de que algo está faltándoles. Las personas verdaderamente dementes se quejan muy poco de fallas de su memoria; en contraste con sus contemporáneos más sanos, que sólo padecen olvido benigno, cuya tardanza para recordar les irrita constantemente, pues es como un repetido recordatorio de que tienen un problema de memoria.

Resulta irónico, pero las personas con pérdida maligna de la memoria pueden sostener fluidamente una conversación que puede parecer normal mientras sea del tipo social superficial. Irónicamente, los padres que en verdad están decayendo, a menudo quedan sumamente satisfechos de sí mismos, pues con menos conciencia de su pérdida de memoria, suelen quejarse menos de ella. Cuando no logran recordar un nombre o una fecha, suelen mostrarse menos irritados y no se culpan por sus errores; siguen respondiendo con rapidez a las preguntas, aunque sea incorrectamente, casi nunca se corrigen a sí mismos. Si en algún momento reconocen que no saben una respuesta, frecuentemente se muestran tranquilos, y dicen, como excusa, que el olvido es algo natural en alguien de su edad, o bien explican que ellos rara vez prestan atención a tales cosas. Improvisarán una explicación por haber mencionado erróneamente la fecha o el día de la semana, diciendo que aún no habían visto el periódico del día.

Si usted identifica la pauta de pérdida de memoria que está mostrando su padre, logrará obtener gran cantidad de información. Una prueba sencilla consiste en hacer a su padre una pregunta clara y directa, a la que sólo se pueda contestar gracias a la memoria. La forma en que su padre responda a una pregunta directa en una conversación casual revelará mucho acerca de la presencia de envejecimiento normal, demencia o depresión. Por ejemplo, hágale la pregunta: «¿en qué fecha estamos hoy?», sea en una conversación casual, o de pronto, y observe su reacción.

Las personas con pérdida benigna de la memoria son más susceptibles a su dificultad de recordar si de pronto se encuentran en esa situación, por lo que naturalmente tienen problemas con una pregunta directa de este tipo. Empezarán a contestar y luego probablemente vacilarán, frustradas por una súbita e imprevista dificultad al tratar de recordar un dato. Suelen mostrarse deprimidas por su incapacidad, a menudo porque comparten las sospechas de sus hijos acerca de su mala memoria. Con su lenguaje corporal revelan su tormento, mirando hacia abajo o hacia arriba o a los lados, como si trataran de encontrar el recuerdo perdido que, según sabían, debía estar presente.

— **15** —

Si tiene la paciencia de aguardar, tal vez reciba la respuesta cinco o diez minutos después, cuando su padre le anuncie la fecha del día, con toda la dignidad que haya podido reunir después de ese plazo.

En esta situación la respuesta clásica del padre venido a menos, debido a una temprana demencia, consiste en evadir la cuestión; éste no es un intento deliberado por disimular su falla sino, en realidad, una precisa representación del modo en que pasa por alto sus propias fallas de memoria. Los padres mentalmente deteriorados están auténtica y sinceramente menos conscientes de su mala memoria, no ven ninguna falla en no recordar las cosas y en general creen en las abundantes explicaciones que dan por sus fallas de memoria. Y como «olvidan que olvidan», cada falla de su memoria les parece su primera y única; la evidente preocupación de sus hijos les parecerá exagerada, neurótica y completamente inapropiada. Por tanto, si al mentalmente deteriorado se le pregunta, súbitamente, «¿qué día es hoy?», no se molestará en contestar, ofrecerá una excusa, o bien tratará de salir del apuro con una broma: «¿qué me importa, si estoy retirado?» Podrá usted ver un esfuerzo por cambiar las tornas respondiendo con toda tranquilidad que nada anda mal; tal vez, su padre pueda indignarse por tan impertinente pregunta, podrá hacer o decir algo… excepto contestar correctamente la pregunta.

Existe una importante tercera respuesta a la pregunta de prueba «¿qué fecha es hoy?» Las personas que padecen depresión tienen algún problema grave con su memoria. Como los que padecen olvido benigno, las personas deprimidas suelen tener clara conciencia de que están funcionando mal, pero se hacen feroces autocríticas. Como la persona demente, pueden parecer incapaces de recordar cosas, en tal escala que sugiera una pérdida maligna de la memoria. Sin embargo, puede establecerse cierta distinción entre demencia, normalidad y depresión, si se examina su respuesta a la pregunta de prueba.

Las personas deprimidas suelen responder erróneamente al principio; pero por lo general se corregirán, no con la respuesta apropiada sino con la explicación «no me acuerdo». En contraste con la persona que padece demencia, parecen tener conciencia de que no recuerdan las cosas. Sin embargo, las personas deprimidas son diferentes de los ancianos normales, ya que rara vez pasan tiempo tratando de responder a la pregunta. Antes bien, explicarán que últimamente no pueden recordar las cosas, y ésta será su única excusa.

Sin embargo, el hecho es que la persona deprimida no ha olvidado la fecha; pero se encuentra en tan bajo estado de energía mental, que el esfuerzo de recordar le resulta mayor carga que el esfuerzo de olvidar. Un padre deprimido responderá: «no me acuerdo», porque éste es el camino de menor resistencia; empero, si usted se niega a aceptar ese «no me acuerdo» e insiste tres o cuatro veces con la pregunta, probablemente recibirá, al fin, la respuesta correcta. Y la respuesta más común que le den será en tono exasperado, como diciéndole: «Mira, eso es lo que querías, ahora déjame en paz».

Reglas generales de pruebas de memoria

- Si su padre se está quejando más a menudo de su mala memoria, a diferencia de lo que usted nota que son sus lapsos de falta de memoria, la causa es, probablemente, el envejecimiento normal.

- Si la memoria de sus padres lo está volviendo loco, pero al parecer no les preocupa a ellos, es posible que la falla empiece a ser auténtica. Si sus padres evaden cortésmente las preguntas o, sin vacilar, dan una respuesta errónea, sin corregirse después, tendrá usted razones para preocuparse.

- Si sus padres reconocen que no pueden recordar sin esfuerzo y repetidamente responden a las preguntas con un «no lo sé» en lugar de tratar de buscar una respuesta, manténgase alerta ante la probable presencia de una depresión.

¿Cuánto puede confiar en los resultados de esta sencilla prueba? Si la pauta de la memoria benigna es todo lo que usted está presenciando en su padre, podrá dejar de preocuparse ahora mismo. Tranquilice a su padre (y tranquilícese usted), pues todo va bien. Si el desempeño de la memoria de su padre al ser interrogado parece indicar la pauta maligna de memoria, entonces sólo eso basta para justificar todas las pruebas diagnósticas enumeradas en el siguiente capítulo, aun si, por el momento, no se manifiestan otros problemas.

El retiro de la sociedad

En todas las edades de la vida, las personas parecen tener un sentido innato de cuánta complejidad social pueden soportar. Durante los dos primeros decenios, al desarrollarse el cerebro del niño, hay una expansión general de su confianza y de su curiosidad. La expansión de nuestros horizontes intelectuales es posible gracias a la maduración del cerebro. Al llegar la edad mediana, se ha establecido un nivel de vitalidad intelectual y emocional que es externamente obvio y que define a la persona: sociable o solitaria, jefe o seguidor, automotivado o perezoso; intelectualmente curioso o desinteresado. Los vastos horizontes de la vida intelectual y social de una persona al llegar a la edad adulta son bastante claros para su familia, amigos y compañeros de trabajo.

En contra de lo que digan los estereotipos populares, el envejecimiento saludable y normal no cambia la personalidad. Charle con algún anciano sano y a menudo le confiará que, en su fuero interno, se siente muy poco distinto del que era a los 18 años, y que a veces le asombra el rostro que ve en el espejo. Con buena salud, la personalidad permanece intacta con la vejez. Pese a las reglas arbitrarias del sistema de seguridad social, no hay pruebas de que alguna parte del cuerpo humano o de la mente envejezca de otra manera después de atravesar algún umbral mágico, incluso la edad de 65 años.

Este proceso de envejecimiento es continuo y terso, y comienza en algún momento antes de los treinta años. Con el paso de las décadas, muchos aspectos biológicos de nuestros cuerpos pueden decaer; pero todo lo que cambia exclusivamente por razón de edad lo hace limpia y gradualmente, sin ninguna súbita ni marcada diferencia de un año a otro. Tomando en cuenta los efectos formativos de la experiencia (buenos y malos), la personalidad de los 50 o 60 años debiera ser fácilmente reconocible a los 70 u 80.

La regla del retiro de la sociedad: Lo que hay que explicar es todo cambio súbito, ocurrido en el intervalo de un año, de la vida social del padre, de sus entretenimientos o intereses. Si esto no se puede explicar por enfermedad o cambio de ambiente, entonces deberá considerarse como posible señal de *demencia* o depresión, no se le debe considerar simplemente como «vejez».

Esta regla especifica dos cuestiones importantes: el estado de la salud física del anciano y la situación del mundo de los padres.

El dolor físico o la molestia de enfermedades físicas crónicas puede limitar la vida de una persona de edad avanzada, sin que esté presente una enfermedad incapacitadora del cerebro. El dolor y la debilidad corporal son poderosos incentivos para quedarse en casa, apartado del mundo. Muchos medicamentos, aun en las dosis apropiadas, socavan el vigor y el bienestar físicos de una persona. Cuando la enfermedad ha causado un visible menoscabo físico, es fácil explicar cierto cambio negativo de los hábitos de la persona; y a cualquier edad un enfermo puede tener cierto elemento de orgullo y de vanidad, dos poderosas causas para retirarse de la vida social.

— 20 —

Como señal de la *demencia* hay que establecer una condición para esta regla del retiro social. Al examinar una conducta de retiro social de parte del padre de usted, necesitará incluir en su evaluación cualesquiera otras desventajas externas que acaso se hayan impuesto a su padre. La jubilación, por ejemplo, habitualmente impone cierta clase de abandono de las actividades intelectuales y sociales que estaban relacionadas con el empleo; también se deberá tomar en cuenta la involuntaria pérdida de la red de amigos de su padre, conforme sus contemporáneos van sucumbiendo a la enfermedad, la muerte o una reubicación. La clave de este análisis consiste en determinar con toda sinceridad cuánto de la reducción de la vida social de su padre se debe a una pérdida de oportunidad, cuánto a la pérdida de capacidad física, y cuánto a la falta de *deseos de vivir*. En esta pérdida del deseo puede revelarse la *demencia*.

Deberá examinar minuciosamente todas las señales que encuentre en el retiro social o intelectual de su padre. Pese a su aparente trivialidad, algunas formas comunes de la actividad cotidiana pueden revelar notablemente la presencia (o ausencia) de *demencia*, porque hacer estas cosas sencillas requiere una cantidad apreciable de «energía intelectual». Esas actividades «indicadoras» sirven como barómetros que pueden proporcionar tranquilidad si continúan como parte de la rutina diaria de su padre. Asimismo, si una de estas actividades indicadoras, que antes le gustaban a su padre, desaparece de su repertorio, deberá usted estar alerta:

- jugar una partida de *bridge* (o de ajedrez, etc.), por invitación de otro de los jugadores (particularmente si su padre puede ganar);
- hacer el crucigrama del periódico dominical;
- organizar unas vacaciones, reservando lugar en un hotel y en los transportes;
- salir con una pareja;
- leer un libro de la actual lista de los más vendidos
- participar independientemente en una organización social.

Si los resultados de la prueba de memoria de su padre fueron ambiguos, resultará tranquilizador observar que cualquiera de los puntos que acabamos de anotar es virtualmente incompatible con la presencia de la *demencia*.

Desde luego, no hacer ninguna de esas cosas no significa algo si su padre *nunca* las hizo; pero cuando alguien gustó durante años de hacer el crucigrama del periódico y el año pasado dejó de hacerlo, se deberá buscar a esto una explicación. Puede deberse a mala vista, o a una temprana falla de la memoria. Aquí, la clave consiste en tomar nota de los cambios significativos de la vida social e intelectual de su padre. Un padre que siempre buscó a sus buenos amigos no debe estar encontrando excusas para no verlos ahora. Si su causa no es la artritis, puede ser que empiece a encontrar demasiado abrumador recordar todos los detalles compartidos que se mencionan en sus conversaciones. Una madre a quien le gustaba jugar a las cartas, no debe estar eludiendo todas las partidas de cartas sin alguna razón que a usted le resulte creíble.

Hay un dato curioso acerca de los padres que se deterioran mentalmente puede ser que no sólo el padre de usted parezca estar retirándose de sus amigos; es posible que tampoco los amigos aparezcan ahora. A menudo, los amigos íntimos empiezan a separarse cuando uno de su grupo empieza a sufrir el proceso de deterioro como si temieran subconscientemente reconocer esos cambios. Si los amigos de su padre ya no se presentan, deberá usted tomar nota de ello.

Antes de que la *demencia* afecte las antiguas actividades sociales familiares, modifica notablemente la capacidad de una persona para adaptarse a las situaciones sociales nuevas, porque la *demencia* reduce su capacidad para enfrentarse a las complejidades del cambio. Al flaquear la capacidad mental, el dinámico mundo exterior parece amenazador. El deseo de encontrar el estímulo de nuevas experiencias simplemente desaparece cuando la *demencia* empieza a afectar el cerebro.

En una transformación contraria al desarrollo de la capacidad cerebral de las dos primeras décadas de la vida, un cerebro que se deteriora encuentra placer en unos cuantos rostros familiares y en un reducido mundo familiar. La idea de emprender un viaje de vacaciones ya no produce placer por anticipado; en cambio, la perspectiva de enfrentarse a personas y lugares nuevos parece una tarea exigente, que más vale evitar. El esfuerzo y la concentración que se requieren para conducir entre el tráfico de la ciudad, estacionar el automóvil, encontrar el teatro, comprar las entradas y encontrar un asiento: todo esto crea tal agotamiento a la persona que sufre *demencia*, que la búsqueda de esparcimiento resulta más agotadora que refrescante. Cuando los padres empiezan a decaer, invariablemente su mayor placer es quedarse en casa.

Por desgracia, ningún análisis del retiro de la sociedad estaría completo si no considerara la más abrumadora de todas las pérdidas: la del cónyuge; ésta es una situación muy especial en el ámbito de la *demencia*. Comúnmente, la *demencia* de uno de los padres habrá sido ocultada por su cónyuge al resto de la familia, a veces durante años. Con la muerte del protector, toda la confusión y disfunción del sobreviviente se manifiestan a los demás de manera alarmante. Sólo en retrospectiva se puede ver plenamente esa protección: los años de respuestas dadas por uno de los padres a las preguntas planteadas al otro, las palabras clave introducidas en la conversación, la apariencia de una vida social continuada.

Con frecuencia poco después de una muerte, los hijos creen que este cambio súbito es de naturaleza emocional, que es la repercusión temporal de esa muerte que el sobreviviente no puede soportar. Los hijos, que también sienten dolor, suponen que, a partir de su propio pesar y sensación de pérdida, pueden imaginar cuánto peor es para su padre o su madre, y esperan que ésa sea la razón de la disfunción que están presenciando.

Y sin embargo, las mismas reglas de la vida se aplican aquí a las otras pérdidas de la vida. El pesar natural por la muerte de la pareja no es una experiencia esencialmente distinta a una edad u otra. Recuerde que su padre o su madre pudo estar más familiarizado con la muerte de lo que está usted, pues pasó por una guerra mundial y perdió, tal vez, a hermanos menores en la época anterior a la de los antibióticos. La explicación que podemos dar para ese pesar no debe ser drásticamente distinta para el padre que sobrevive, que para usted, que es el hijo sobreviviente, así como en medio del duelo de usted deben buscar pruebas de que a pesar de la conmoción, en el fondo el padre o la madre sobreviviente sigue funcionando bien.

Problemas del pensamiento abstracto

La mayoría de la gente supone que el cerebro humano es un órgano, como el corazón; pero, no es así. En realidad tenemos —hablando figurativamente— tres cerebros, que datan de distintos periodos de la evolución y que están apilados uno sobre otro, hasta en su aspecto difieren. Cada uno tiene un grado distinto de refinamiento; la naturaleza parece haber inventado versiones más avanzadas del «cerebro» que luego colocó sobre los modelos anteriores.

En el nivel inferior encontramos nuestro cerebro más primitivo, una especie de versión hinchada de la médula espinal. En este nivel rudimentario, el cerebro se encarga de las funciones básicas internas que conservan la vida, como mantener respirando a los pulmones y bombeando al corazón.

Más complejo es el cerebro medio. Encontramos en él un nivel superior de avance neurológico que crea áreas subconscientes de movimiento complejo. Este cerebro coordina actos asombrosamente difíciles —caminar, bailar, guardar el equilibrio, tragar—, todos ellos automáticamente y sin intrusión de la conciencia. También puede sentir emociones y procesar decisiones sobre la base de reflejos, instinto e intuición. Puede establecer asociaciones entre los sentidos y las emociones, reaccionando sin tener que «pensar» acerca de ello.

El tercer y más elevado nivel del cerebro es el encargado del habla, el lenguaje y la memoria aprendida. Estas funciones cerebrales corren por cuenta de nuestro cerebro más recientemente adquirido y avanzado: la corteza cerebral o córtex, que se encarga de funciones tan complejas que se necesitan casi dos decenios de enseñanza para desarrollarlas por completo. A finales de la adolescencia, la corteza cerebral ha madurado lo bastante para enfrentarse a su tarea más sutil: el pensamiento abstracto.

Este tipo de pensamiento incluye el empleo de símbolos: una cosa no significa lo que ve el ojo u oye el oído, sino algún otro valor asignado por el cerebro. Las matemáticas son un ejemplo de pensamiento abstracto, en ella los conceptos cada vez más complejos relacionados con los números tienen que ser introducidos gradualmente, año con año, conforme los niños (y sus cerebros) maduran lo suficiente para alcanzar cada nuevo nivel.

Pero también existen otras formas, menos evidentes que las matemáticas. Por ejemplo, la sabiduría de los proverbios depende de la capacidad de pensamiento abstracto y de interpretación imaginativa de quien los escucha. Tomado literalmente, el proverbio «Al que madruga Dios lo ayuda» no tiene sentido. También son abstracciones las ideas de «distancia» y de «dirección», así como la de «tiempo». Es evidente que se necesitan ciertos niveles de madurez cerebral para manejar estos conceptos. Los padres jóvenes demasiado impacientes que intentan meter por la fuerza un pensamiento abstracto en sus hijos muy pequeños, no tardan en descubrir que sus esfuerzos son vanos.

La *demencia* va deshaciendo las realizaciones de la corteza humana y esto sucede en orden inverso a aquel en que se lograron tales realizaciones. Las capacidades cerebrales más recientemente desarrolladas son las primeras que se pierden, y ello significa, en general, la capacidad de razonamiento abstracto, sea verbal o matemático. Surgen dificultades en la resta de números, antes que en la suma, y el vocabulario de la persona sufre una reducción. Más adelante, el avance de la enfermedad de la demencia invade las áreas de la memoria, el idioma y las habilidades mecánicas.

Empezando por los recuerdos recientes, la *demencia* va borrando hacia atrás la memoria, retrocede en el tiempo para ir suprimiendo recuerdos cada vez más lejanos de la vida de una persona. Resulta imposible completar frases sencillas, conforme más y más palabras desaparecen del vocabulario o no vienen a la memoria cuando se les necesita.

Las habilidades motoras finas empiezan a deteriorarse. Al final, la *demencia* llegará a áreas más profundas de nuestro siguiente nivel cerebral, dañando funciones automáticas, como el caminar y el equilibrio.

La capacidad para ver si uno de sus padres padece *demencia temprana* dependerá de que usted se dé cuenta de lo bien que éstos manejan conceptos abstractos. A veces, esto es más fácil con los padres que alcanzaron alto nivel intelectual durante sus vidas: catedráticos universitarios o escritores que no parecen ya capaces de enfocar bien su siguiente libro o conferencia; académicos que han dejado de publicar; músicos que ya no tocan nueva música: tales cambios pueden ser las primeras señales de *demencia* o de depresión, pero ambos casos deben ser causa de preocupación. Resulta irónico que a esos intelectuales, —que los médicos no conocen bien, sea casi imposible diagnosticar objetivamente un tipo de pérdida de memoria similar a la demencia mediante las pruebas habituales para esta etapa. Después de lograr un nivel insólitamente alto de desarrollo intelectual durante sus vidas, estas personas pueden sufrir una baja considerable de su capacidad cognoscitiva que es clara para *usted* y, sin embargo, en una prueba habitual *aún* pueden quedar dentro de los límites normales de la población en general.

Como en la investigación de la memoria, existen pruebas que usted podrá emplear para examinar la capacidad de razonamiento abstracto de su padre o de su madre (si quieren cooperar con usted). Un desafío consiste en restar paulatinamente 7 de 100. Otro es pedirle que explique varios proverbios muy conocidos, como «No dejes para mañana lo que puedes hacer hoy» o «No todo lo que brilla es oro». La respuesta deberá ser correcta, al fin y al cabo, probablemente él le enseñó a usted hace tiempo el significado de estos dichos. Las respuestas literales erróneas muestran un problema potencial de *demencia temprana*.

Para muchos padres, el primer indicio de su decadencia intelectual en el pensamiento abstracto se encontrará en su incapacidad para usar la aritmética más sencilla, especialmente en sus finanzas personales. Hay quienes siempre calcularon sus propios impuestos y tal vez sigan haciéndolo, pero el tiempo y la angustia necesarios para preparar los documentos y llegar a la suma final empiezan a aumentar astronómicamente. Algunas personas que nunca necesitaron un rígido sistema escrito para llevar sus finanzas olvidan hoy pagar cuentas importantes o de pronto pegan notas al refrigerador que dicen «pagar el alquiler».

Es sorprendente la cantidad de hijos adultos que se niegan a reconocer la importancia de esta falla en la capacidad de hacer cuentas. Muchos de ellos suponen, erróneamente, que confundirse en cálculos sencillos es parte aceptada del envejecimiento normal. Es sorprendente que muchos de estos hijos incluso asuman la responsabilidad de los asuntos económicos de sus padres, sin reconocer concientemente que algo anda mal en la vida de ellos.

Poner atención en cuánta confianza y habilidad muestran los padres con las matemáticas le ayudará a descubrir una de las diferencias más reveladoras entre la *demencia* y la normalidad. Un padre que es capaz de manejar números probablemente se encuentra bien. Un hijo puede, sin remordimientos de conciencia, pensar que no hay causa para sospechar *demencia* cuando su padre es capaz de transferir dinero de sus acciones a los mercados financieros, como el buen jugador de *bridge*. Sin embargo, no resulta drástico decir que hasta una sola cuenta ya muy atrasada merece preocupación y examen detenido.

Conclusión

La pérdida de memoria, el retiro de la sociedad, la pérdida de la función intelectual abstracta: éstos son los ingredientes principales de la pérdida de facultades mentales que, con el tiempo, lo obligarán a emprender alguna acción para proteger a sus padres. ¿Qué significa reconocer estos cambios en su padre o su madre? Si se han presentado estas señales, será imprescindible hacer una evaluación médica. Hay posibilidad de 60 por ciento que se trate de un caso de *demencia*.

Sesenta por ciento es un número preocupante, sin embargo recuerde que no es 100 por ciento. Al llegar a esta etapa, es de vital importancia asegurarse de no saltar a conclusiones precipitadas. Antes de que usted o su médico familiar pronuncien las palabras *demencia* o «mal de Alzheimer», deberá haber absoluta seguridad respecto a los puntos siguientes:

- Debe haber una absoluta seguridad de que esta conducta preocupante no es causada por una enfermedad psicológica o por depresión. La depresión puede semejar tan bien el comienzo del mal de Alzheimer, que ningún buen gerontólogo se siente seguro al diagnosticar *demencia* en un enfermo visiblemente triste. La depresión, en contraste con la *demencia*, no causa daño cerebral y es perfectamente reversible con el tratamiento debido. ¡*No se debe pasar esto por alto*! Resulta trágico que, pese a ser curable, la depresión pueda ser fatal, ya sea por suicidio (motivado, a veces por el erróneo temor de que se trate de mal de Alzheimer) o por las consecuencias para la salud, como la pérdida de peso. La investigación de una posible depresión debe hacerse como se muestra en el capítulo 3, hasta que no quede ni la menor duda razonable al respecto.

- Debe haber certeza absoluta de que los problemas conductuales o mentales de su padre o de su madre no son causados por avitaminosis, toxinas (incluyendo medicación para otros problemas de salud) o trastorno hormonal.

- Debe existir absoluta certeza de que el problema no se debe a una de las enfermedades dementes menos comunes, pero más tratables, aparte del mal de Alzheimer.

Si la lectura de este capítulo le ha dado causa para preocuparse por la posible *demencia* de uno de sus padres, el siguiente paso consiste en *no* consultar la enciclopedia médica de su hogar en busca del mal de Alzheimer, sino iniciar una investigación de todas esas enfermedades que pueden estar presentes y que suelen imitar la *demencia*.

Al leer el próximo capítulo, hágalo cuidadosamente, y con cierto optimismo cauteloso. Siga cada paso exactamente, sin saltarse ninguno.

—— *3* ——————————————————

Lo primero que
se debe hacer

S I UNO DE SUS PADRES da señales de un cambio perturbador en la memoria, la destreza numérica, el deseo de vivir o la vida social en general, es importante que actúe usted, y que actúe pronto.

Por desgracia, tendrá que soportar una gran parte de la carga, asegurándose de que se haga todo lo que se debe hacer antes de llegar a un diagnóstico de *demencia* de su padre o de su madre. Muy pocos médicos consideran siquiera posible dar otra explicación que el omnipresente diagnóstico de «mal de Alzheimer». Tal vez esto se deba al efecto hipnótico de los medios informativos sobre los médicos, como sobre cualquier otra persona. Desde que se estrenó la película *Los años dorados*, los medios informativos han desencadenado un diluvio de artículos, programas de televisión y películas acerca de ese mal. Hace quince años, «mal de Alzheimer» era un término que casi no se mencionaba, ni siquiera en los círculos médicos. Hoy todo el mundo conoce el término, y como su popularidad se ha vuelto excesiva, advertimos:

Si uno de sus padres está dando las primeras señales de una pérdida perturbadora de memoria o cambios de conducta, *no debe usted suponer que se trata de mal de Alzheimer. Si su médico cree que con sólo examinar al paciente puede diagnosticar allí mismo mal de Alzheimer... ¡búsquese otro médico!*

Para el diagnóstico de la *demencia* se debe dar cierto número de pasos; no es cosa sencilla, ni hay una prueba que baste por sí sola.

En Estados Unidos ha aparecido un número creciente de centros interdisciplinarios centrados en el diagnóstico (y el tratamiento) de la *demencia*. Estos centros contra el mal de Alzheimer —nombrados así por el tipo más común de *demencia*— han reunido una variedad de especialistas: internistas, neurólogos, psiquiatras y psicólogos, así como otros expertos en terapia física, terapia ocupacional y trabajo social. Por todo el país se encuentran veintiocho grandes centros contra el mal de Alzheimer, fundados por el *National Institute of Aging*, el cual no sólo ofrece un programa diagnóstico interdisciplinario sino que también puede servir para facilitar el acceso a personas seleccionadas a la obtención de medicamentos experimentales, que no están a disposición del público en general (véase el apéndice). Este enfoque de trabajar en equipo intenta ofrecer el equivalente médico de una tienda con un poco de todo: no sólo ofrecer diagnóstico, sino también ayuda y consejos a la familia del paciente, que acaso sea víctima de la *demencia*.

En comparación con la competencia de un médico general en la comunidad, estos centros tienen diversas ventajas:

- Tratan de ofrecer mayor garantía de calidad como investigadores.
- Algunos aspectos del examen (en particular, la parte psiquiátrica) tienden a ser más aceptables para el paciente, si aparecen como parte de un «paquete». Dada la diferente posición cultural de la psiquiatría a principios del siglo, muchos de los ancianos de hoy sienten repulsión contra la psiquiatría. Van, sin protestar, a consultar al médico, pero se resisten a la sugerencia misma de que consulten a un psiquiatra, lo que consideran como una insinuación de que están locos.

Sin embargo, también existen potenciales desventajas del enfoque multidisciplinario al examen diagnóstico, entre ellas las siguientes:

- La intensidad del examen puede ser abrumadora para una persona anciana. Al terminar el día, su desempeño en algunas pruebas puede parecer peor de lo que en realidad es, debido a la fatiga. Aun si el personal divide en varios días los exámenes y pruebas, el proceso puede ser agotador para que lo complete una persona de edad avanzada.
- Al encontrarse con tantos desconocidos, en lugar de empezar por una persona conocida (el médico de la familia), puede surgir cierto elemento de intimidación.

El padre o la madre de usted puede negarse a soportar la angustia inevitable en semejante evaluación, pero en cambio, puede estar de acuerdo en consultar al médico de la familia.

La parte médica del examen, ya sea que se encargue de ella el propio médico de la comunidad o un centro de diagnóstico especializado, es la primera que se realiza. Por causa de su naturaleza básica, y debido a que gran parte de lo que pudiera descubrir el internista puede ser tratable, el examen médico ocupa un papel decisivo. El médico encargado de este examen debe ser un internista titulado, de preferencia alguien que también posea algún diploma en gerontología.

Una vez terminado el examen médico, deberá usted solicitar que revise al paciente un neurólogo titulado. Esto podría parecer duplicación de trabajo si el internista está bien capacitado, pero en cuestiones tan importantes es buena medida de precaución contar con el beneficio de una segunda opinión, esta vez de un neurólogo. En particular, el examen neurológico será indispensable si en el año o los dos años anteriores su padre o madre ha dado señales de lo siguiente:

- tics, movimientos o temblores de las manos o del rostro;
- una caída o dificultad al caminar;
- pérdida de control de la orina;
- periodos de mirar al vacío;

- un ataque de tipo epiléptico;
- hacer muecas.

También si en un periodo anterior de la vida de su padre o su madre hubo un episodio de trauma en la cabeza, pérdida de conciencia, meningitis o exposición laboral a metales tóxicos, insecticidas o productos químicos, se deberá consultar un neurólogo.

La tercera cita deberá hacerse con un psiquiatra. No es probable que el psiquiatra pueda expresar una opinión definitiva, a menos que se hayan hecho ya las investigaciones médicas y neurológicas preliminares. El propósito del examen psiquiátrico es buscar minuciosamente señales de depresión, la cual tal vez sea la causa de «demencia» más reversible que se ha descubierto. El hecho de que sea muy similar, en lo superficial, a una demencia auténtica, como el mal de Alzheimer, exige una investigación verdaderamente profesional.

Estrictamente hablando, la depresión no es una verdadera demencia, ya que ésta incluye daño físico y destrucción de tejido cerebral, aunque los medios por los cuales sucede esto varían. La depresión puede aparentar demencia pero nunca causa daño cerebral de ninguna clase, y por ello suele decirse que la depresión causa «seudodemencia» y ésta puede engañar hasta a médicos experimentados. Como sucede con una persona auténticamente demente, el paciente con seudodemencia depresiva experimenta dificultades con la memoria a corto plazo, tiene problemas en sus tareas o su trabajo, prescinde de actividades que antes le gustaban y se retira de toda vida social. El efecto de la depresión sobre la vida de un ser humano muestra casi todas las preocupantes señales analizadas en el capítulo 2.

Esta enfermedad no causa un daño verdadero al cerebro, pero ¿cómo puede crear una imitación tan cercana a la auténtica demencia? La respuesta es que en la depresión el problema no está en que ciertas áreas del cerebro hayan sido dañadas, sino en que ciertas áreas de la función cerebral se ven obstaculizadas porque el subconsciente está enteramente centrado en el estado de depresión. Por ejemplo, la memoria parece seriamente perturbada, pero es un engaño creado por dos rasgos característicos de la depresión: la preocupación y la fatiga mental.

Las personas deprimidas cuyo subconsciente está preocupado por la depresión durante las veinticuatro horas del día, habitualmente no hacen más que seguir la rutina de la vida cotidiana. Pueden creer que son capaces de mantener un ego exterior que funcione normalmente pese a sus sentimientos internos, pero esta separación entre lo externo y lo interno causa un verdadero desorden. Tal vez puedan pagar sus cuentas pero mentalmente no están prestando plena atención a lo que hacen. No se percatan de que cometen errores al sumar; los pagos y las cartas que envían les son devueltas porque les faltaba la estampilla, mientras que otros documentos destinados al correo se quedan olvidados en un bolsillo. La magnitud de la evidente disfunción de la memoria puede parecer tan grande que se asemeje a una grave demencia. Sin embargo, la verdadera disfunción no es la pérdida de la memoria sino la desatención de la memoria, debida a una preocupación obsesiva.

El segundo mecanismo por el cual la persona deprimida puede parecer demente se debe a la fatiga mental, psicológica y emocional que acompaña al estado de depresión. En estado de depresión, resulta una carga aplastante mantener la interacción social con otras personas, un desgate de la limitada energía mental. En lugar de crear placer, la relación social con otros parece tan sólo agudizar la sensación de desapego del resto del mundo. Las personas deprimidas tienden a ser lo más parcas posibles en su conversación, y a menudo contestan «se me olvidó» o «no me acuerdo», porque tales respuestas les ahorran el esfuerzo necesario para conversar. Empero, como ya lo observamos, si se les repite la misma pregunta, no pocas veces la persona deprimida «recordará» súbitamente la respuesta: la seudopérdida de memoria desaparece cuando el esfuerzo de responder a la pregunta es menor que el de sufrir la presión de un repetido interrogatorio.

A veces se pasa por alto la existencia de la depresión en los ancianos porque se supone ya, por experiencia general y por lógica, que la persona deprimida siempre parecerá triste. En realidad, las personas que sufren depresión habitualmente parecen tristes, pero no siempre. A veces, una aparente alegría, adoptada, puede mantenerse pese a una grave baja del ánimo. No todo el mundo tolera la indulgencia de la tristeza de todos, o las lágrimas. Esto puede decirse especialmente del tipo de persona cuyo papel en la vida siempre ha sido el que «da» y no el que «recibe» en una familia.

El seudónimo que los psiquiatras dan a este fenómeno es el de «depresión sonriente». Suele ser muy común en personas fuertes y confiadas, quienes dentro de una familia son como anclas naturales en torno de las que suelen acomodarse otros miembros de la familia. No pocas veces, esta persona es la madre o el padre del clan. Las víctimas de desorden depresivo siguen haciendo un esfuerzo conciente por parecer normales, congruentes con la imagen de toda su vida. Cualquiera que sea el desgaste emocional, se esfuerzan por mantenerse alegres en compañía, para no abrumar a su familia con dificultades emocionales.

Por consiguiente, ya sea que el padre o la madre de usted esté triste en apariencia o no, le recomendamos encarecidamente una cita con el psiquiatra si ha notado usted señales preocupantes de retiro de la sociedad o de disfunción de la memoria. Esto será obligatorio si alguno de los puntos siguientes se manifiesta:

- si uno de sus padres mantiene una apariencia externa de tristeza, aun si ésta es sólo la opinión de usted, y no compartida por el médico;
- si las dificultades de memoria en cierto momento parecen ceder a un persistente interrogatorio;
- si ha sufrido pérdida de apetito;
- si usted presencia u oye hablar de crisis de llanto no provocada;

- si en la familia se ha murmurado antes de un «colapso nervioso» del paciente, o si se diagnosticó depresión a un tío o una tía (la depresión tiende a agruparse en familias);
- si la pregunta directa a su padre —«¿Estás deprimido?»— provoca una duda momentánea, se le llenan los ojos de lágrimas o simplemente contesta «Sí». Yo he utilizado esta técnica, con magníficos resultados, a veces con gran escándalo de los miembros de la familia, a quienes parece que tal pregunta directa es indebidamente ruda. Pero es un truco especialmente eficaz para la «depresión sonriente», en particular si se aplica con buen contacto visual, una voz tranquilizadora, y se hace en un momento inesperado. Esta combinación de tácticas puede hacer añicos casi todas las máscaras;
- y por último, si hay duda, por alguna razón de parte de un miembro de la familia.

En el curso de estos exámenes clínicos, es probable que los médicos ya hayan ordenado una variedad de pruebas de laboratorio. Tome nota de estas pruebas, que deben incluir las siguientes (pida una copia de todas las pruebas):

Recuento Completo de Sangre (RCS): Esto debe ser normal en todos los casos y es más conveniente que no se haga en el consultorio del médico sino en un laboratorio comercial grande. Preste usted particular atención al nivel de la hemoglobina. En la mayoría de las máquinas automáticas de RCS, ésta es una de las primeras mediciones que hacen, y la más confiable para determinar si hay un caso de anemia (cuenta baja de glóbulos rojos). La mayoría de los médicos prestan bastante atención a todos los números de esta prueba de CCS, en busca de alguna anormalidad.

Sin embargo, resulta asombroso que algunos médicos tengan la confusa idea de que «un poco de anemia» es normal en los ancianos, y erróneamente dan más margen del que debieran al nivel de hemoglobina. En efecto, a veces los ancianos padecen anemia benigna, sin causa ni efecto maligno aparente, pero no debe suponerse que un «poco de anemia» no tiene importancia hasta que se hayan hecho otras pruebas y resulten normales. Si la hemoglobina es menor de doce gramos por decilitro, pregunte al médico si se ha hecho otra prueba, o si va a hacerse. Si la respuesta no le convence, vea a otro médico o a un hematólogo.

Perfil Completo de Química Sanguínea SMA-20: Estos perfiles de la química de la sangre son ya bastante comunes por toda la nación, y se hacen con el mayor grado de confiabilidad. Una vez más, esto debe hacerlo un laboratorio importante (no el personal del consultorio de su médico). Muchas de las pruebas incluidas en ese perfil no tienen relación directa con los tipos de enfermedad que causan la *demencia*, pero algunas cosas sí tienen importancia particular:

- cualquier anormalidad del nivel del *calcio* deberá causar una nueva revisión de la hormona paratiroides; los niveles anormalmente altos o bajos de los niveles de calcio pueden causar disfunción mental;

- pueden ocurrir variaciones de *sodio* en el serum de una persona de edad avanzada, causando confusión; si el nivel del sodio está por debajo de 130, tal vez esté allí la falla; si está por debajo de 120, sin duda constituye al menos una parte del problema;

- la elevación de la *glucosa* por encima de 200 es causa de preocupación. Puede significar diabetes, pero en los ancianos tiene importancia especial el estado crónico de deshidratación que puede verse en personas de edad avanzada con diabetes no diagnosticada que puede producir debilidad, mareo, falta de concentración y pensamiento desordenado. Además, si el azúcar de la sangre parece «buena», pero si se sabe que su padre es diabético, que toma píldoras o insulina, no suponga que todo está bien. En algunos diabéticos que tienen el azúcar estrictamente controlada se desarrollan periodos silenciosos de bajo nivel de azúcar en la sangre (hipoglicemia), que con el tiempo pueden causar daño mental. Si su padre es diabético y está teniendo «colapsos», será importante investigar esto, pero a veces la hipoglicemia pasa inadvertida durante el sueño. Si su padre es diabético y sufre de pesadillas, pida usted a su médico que revise la hemoglobina A1C o la glicohemoglobina (necesitan exámenes especiales) para calcular la probabilidad de una hipoglicemia;

- las anomalías en la transaminasa del serum de las *funciones del hígado (SGOT* o *SGPT)* pueden indicar una enfermedad crónica del hígado. Los padecimientos del hígado no sólo afectan a quienes han sido fuertes consumidores de alcohol. Muchos casos de cirrosis ocurren silenciosamente, debidos a hepatitis crónica no diagnosticada. Si estas pruebas de rutina muestran aun ligeras elevaciones de las funciones del hígado, pida una prueba del nivel de amoniaco en la sangre. También pregunte si el médico pidió pruebas especiales para el cobre y el hierro, pues estos elementos desempeñan un papel importante en algunos raros desórdenes hepáticos hereditarios que tal vez causaron daño —no alcohólico— en el hígado.

Pruebas de la función de la tiroides: A veces estas pruebas se hacen como parte del perfil químico; a veces se deben ordenar por separado. De cualquier modo, debe usted pedir pruebas de la función de la tiroides (conocidas por los médicos por sus iniciales DFT) y una prueba del nivel TSH. La TSH es una prueba adicional de la función de la tiroides que aumenta notablemente la exactitud. Las enfermedades de la tiroides se cuentan entre los princiaples males que imitan la *demencia* en una persona de edad avanzada, y son curables si se les reconoce. ¡No deje de hacer esta prueba!

Niveles de vitamina B12 y de folato: Estas dos vitaminas son necesarias para la salud del tejido nervioso del cuerpo, incluso del cerebro. Por lo general, la deficiencia de folato ocurre como resultado de una dieta escasa en frutas y legumbres frescas. Sin embargo, puede surgir una deficiencia de B12 aun con buena dieta; en realidad, ¡incluso si se toma un complemento de vitamina B12. Esto ocurre porque la vitamina B12 tomada oralmente sólo puede ser absorbida por el organismo si el estómago produce cierta proteína y la envía al tracto digestivo. Esta proteína es necesaria para que la vitamina B12 vaya al intestino y la lleve al torrente sanguíneo. Un número considerable de ancianos pierden la capacidad de producir esta proteína, y entonces gran parte o toda la vitamina B12 que consumen puede pasar inútilmente por su organismo. Una prueba sanguínea del nivel de vitamina B12 es tan importante que no se debe omitir. En especial para esta prueba, revise la gráfica de la computadora para asegurarse de que la muestra se preparará debidamente: en contraste con otras pruebas de sangre aquí analizadas, la muestra de B12 deberá estar congelada al enviarla al laboratorio (si por descuido se le permite llegar en estado de descongelación, los resultados pueden ser inútiles).

VDRL: Esta es una prueba sanguínea para detectar sífilis. No discutamos el asunto: simplemente solicite la prueba. Se trata de una clásica causa tratable de *demencia*, pero comprenda usted dos cosas: en primer lugar, la sífilis avanzada es sumamente escasa en la actualidad; y en segundo lugar, algunas personas ancianas obtienen un falso resultado positivo a la prueba común conforme envejecen. Un «positivo falso» en una prueba de laboratorio significa que, por causa de algún problema técnico, el resultado — erróneo— es como si la persona tuviese el mal que se buscaba. En la sangre de muchos ancianos se encuentra presente una proteína normal debida a su edad, y esta proteína desencadena, falsamente, una benigna reacción positiva. Dada la escasez de la sífilis, las probabilidades de un resultado positivo falso en una persona de edad avanzada son mayores, de hecho, que la probabilidad de un verdadero resultado positivo. Por tanto, si el resultado es «positivo», no salte a ningunas conclusiones, ¡ni optimistas ni escandalosas! El médico podrá ordenar otras pruebas y éstas deberán aclarar el problema.

Los niveles de metal pesado en la sangre: Esta prueba estándar se hace para detectar en la sangre altos niveles de tres elementos que son neurotóxicos y que pueden causar *demencia*: mercurio, plomo y arsénico. Si uno de los padres de usted trabajó en una fábrica (en especial durante la Segunda Guerra Mundial, cuando las mujeres se encargaron de gran parte del trabajo industrial), ésta puede ser una pista importante que se debe seguir. En casos de exposición más reciente a tóxicos, la fuente suele ser alguna causa insospechada en el lugar, como el uso de alfarería no cristalizada para contener jugos cítricos (plomo); vieja pintura descascarada (plomo); viejos rellenos de las muelas (mercurio), o insecticida (arsénico). Sólo necesita usted hacer la prueba para asegurarse.

Electrocardiograma (ECG): En esta prueba está usted buscando específicamente señales de que el latido cardiaco sea excesivamente lento. El envejecimiento del corazón a menudo afecta su marcapasos natural, haciendo que, erráticamente, se acelere o se haga más lento. A veces el ritmo cardiaco puede ser muy lento: de treinta a cuarenta latidos por minuto. Muchas personas ancianas, a este lento ritmo, simplemente se desvanecen; sin embargo, otras pueden soportar la súbita baja del ritmo cardiaco y mantenerse en pie, pero el flujo de la sangre al cerebro se reduce tanto que causa confusión en su memoria y su pensamiento.

El electrocardiograma capta fácilmente un ritmo lento constante, lo que simplifica el diagnóstico. Puede decirse, con optimismo, que cuanto más lento sea el ritmo cardiaco en una persona confundida, mayor es la probabilidad de que un marcapaso artificial pueda devolver considerablemente las funciones mentales del paciente. Sin embargo, en esta área lo más difícil consiste en captar el ritmo cardiaco ocasional y episódicamente lento. Esto rara vez puede verse en una máquina común para electrocardiograma y puede requerir un electrocardiograma ambulatorio que funcione las veinticuatro horas (llamado monitor de Holtor) para su detección. Si la confusión mental parece ir y venir, puede necesitarse más de un monitor para establecer con certeza que los episodios de ritmo cardiaco lento no están causando episodios de confusión: lo cual es más importante, puesto que algunos médicos piensan que cada episodio de ritmo cardiaco lento y baja de la circulación cerebral puede dejar un ligero daño cerebral.

Además de buscar un ritmo cardiaco lento, el electrocardiograma efectúa una revisión general del corazón, en busca de señales de endurecimiento de las arterias. La aparición en esta prueba de un antiguo y leve infarto no necesariamente demuestra que una persona padece *demencia* por leve infarto, pero no carece de importancia.

Los ataques al corazón son causados por endurecimiento de las arterias que van al corazón (el proceso es conocido técnicamente como arteroesclerosis). No existe gran diferencia entre las arterias del corazón y las del cerebro, en cuanto a su vulnerabilidad al endurecimiento y estrechamiento por arteroesclerosis. La huella de un previo y leve infarto puede ser circunstancial, pero en un individuo cuya memoria está afectada sí plantea al menos la posibilidad de que exista algún elemento de enfermedad por infarto leve.

Prueba de Rayos X de tórax: Esta es una parte ya clásica de todo examen físico y supongo que debe hacerse. En realidad, mediante los rayos X se han hecho algunos descubrimientos que pueden explicar la falla intelectual de una persona anciana. Sin embargo, casi todas estas fallas quedan mejor reveladas por el examen (por ejemplo, los problemas de la válvula cardiaca que limita el paso de la sangre al cerebro, o la enfermedad pulmonar crónica). Cuando la radiografía torácica presenta un diagnóstico sorprendente en una persona de edad avanzada, el diagnóstico a menudo es sumamente deprimente, como el cáncer del pulmón. Sin embargo, debe preguntarse si los rayos X muestran alguna señal de viejas cicatrices, que podrían sugerir una infección de tuberculosis (TB), durante la niñez o la adolescencia. En caso afirmativo, tome nota especial de la sección siguiente.

Examen de la piel: Hay unas cuantas y muy extrañas infecciones del cerebro que pueden parecer *demencia*, pero, en contraste con el mal de Alzheimer, estas infecciones cerebrales sí son curables. Una de ellas es la sífilis, pero ésta se diagnostica mediante la prueba de sangre VDRL, antes mencionada. Las restantes infecciones posibles incluyen la tuberculosis y una gama de infecciones por hongos (histoplasmosis, coccidiomicosis, criptospirosis). En el mundo natural, las personas que en su juventud se vieron expuestas a estas infecciones o bien mueren (lo cual es muy raro, a menos que padezcan SIDA) o bien padecen una enfermedad benigna, de la que se recuperan. Sin embargo, recuperación no es lo mismo que completa eliminación de los gérmenes de la tuberculosis o de los hongos del cuerpo. Algunos organismos vivos se quedan para siempre en el cuerpo, rodeados por el tejido de una cicatriz y mantenidos en estado de animación suspendida por el sistema inmunológico.

Pero el sistema inmunológico de los ancianos se debilita al transcurrir el tiempo, y ocasionalmente despiertan algunas de estas infecciones que habían permanecido latentes durante décadas. La mayoria de veces, estas antiguas infecciones resurgen en el pulmón, pero a menudo se activan en el cerebro, donde causan una forma muy lenta e insidiosa de tuberculosis o meningitis fungal. Este tipo de meningitis no se asemeja a los habituales tipos virales o bacteriales, con altas fiebres, cuello rígido, desmayos y coma. La meningitis tuberculosa o fungal puede progresar lentamente a lo largo de meses, produciendo los cambios de la *demencia* progresiva hasta que finalmente son diagnosticados (posiblemente, en la autopsia). Es una forma poco común pero curable de *demencia*, y se la deberá tener en cuenta. En la actualidad no se hace prueba de sangre para ninguna de estas infecciones; pero los exámenes de piel en busca de señales de exposición a TB o a los hongos pueden ser una buena clave, en especial en el caso de Estados Unidos, si el padre creció en la pobreza durante los años de la Depresión o la guerra (TB), o vivió alguna vez en el valle del Ohio-Mississippi o viajó, así fuera brevemente, por el sudoeste de los Estados Unidos (coccidiomicosis).

Si el examen de piel da resultado positivo, asegúrese de que esto se le comunique a su neurólogo. La única manera de cerciorarse de que el examen de la piel reveló una activa infección cerebral será una punción espinal, aunque el neurólogo podrá obtener, del examen físico, una buena indicación de si en realidad procede la punción espinal. La expresión «punción espinal» tiende a producir temor inmediato a muchas personas; muchos dicen que conocen a alguien que, a su vez, conoce a alguien que, supuestamente, quedó paralizado por una punción espinal. Esta es una de esas desconcertantes historias que perduran durante décadas, pero no es verdad. Yo no he conocido a esa mítica persona que quedó paralizada por una punción espinal, y ningún médico a quien conozco la ha visto siquiera. Tampoco usted conocerá a esa persona. Si un médico en cuyo juicio confía sugiere una punción espinal, le recomiendo proceder inmediatamente con ella. Podrá evitarse la angustia y no tener que celebrar, al respecto, una conferencia de familia.

EEG: Hace pocos años, el EEG (electroencefalograma) era parte esencial del examen conducente al diagnóstico, y acaso ocupe todavía un lugar modesto. Puede ser útil para diagnosticar algunos tipos raros de epilepsia que lleguen a presentarse, con convulsiones del lóbulo temporal. Característicamente, estos ataques pueden presentarse con súbitos arranques de violencia, alucinación o confusión. En sí mismo, el EEG no debe considerarse como parte esencial del diagnostico y se le puede practicar junto con un examen neurológico, pues no es muy útil efectuar la prueba sin los datos de éste.

TAC de la cabeza: En los últimos años, la tomografía axial computarizada, TAC (que emplea una computadora para analizar los rayos X y genera una imagen del cerebro) ha sido reemplazada por la imagen de resonancia magnética IRM (la cual emplea una computadora para analizar un campo magnético y generar una imagen del cerebro). La IRM posee varias ventajas sobre la TAC, lo que hace de ella un instrumento actual imprescindible para el diagnóstico de la *demencia* pero, lo que es de mayor importancia, con la IRM se pueden ver sitios más pequeños que con la TAC, de daño al cerebro causado por leve infarto. La IRM no causa exposición a los rayos X, lo que es una consideración menor pero de cierta importancia; la verdadera causa de su gran aceptación actual es la mejor calidad de las imágenes.

En contra de la opinión general, ni la IRM ni la TAC pueden diagnosticar el mal de Alzheimer. Existe una idea errónea de que la «atrofia» observada en una de estas exploraciones significa que se ha confirmado la presencia del mal de Alzheimer. Este error persiste aún entre algunos médicos, porque resulta una noción poderosamente intuitiva equiparar la imagen de «disminución» de las funciones mentales de una persona con la apariencia atrofiada del cerebro de un anciano en la IRM o la TAC.

Y sin embargo, esta «lógica» está mal aplicada. La «atrofia del cerebro» que puede verse en la TAC de la cabeza de un anciano suele deberse a pérdida de agua y sustancia del tejido no nervioso, causada por el envejecimiento normal, no es señal del mal de Alzheimer.

Cuando era nueva la TAC, y existían pocos aparatos, los ancianos con *demencia* solían tener prioridad de acceso a los tomógrafos, relativamente escasos, y por consiguiente su cabeza era examinada más a menudo que la de los ancianos normales. Entre la comunidad médica se difundió la falsa impresión de que el mal de Alzheimer podía «verse» en la TAC como «atrofia del cerebro». Este error no ha desaparecido por completo entre muchos médicos, a pesar de que el gran número de estudios de la TAC que se han efectuado en los últimos años muestra convincentemente que el cerebro de las personas ancianas normales muestra la misma cantidad de disminución del tamaño en la masa cerebral que los cerebros de ancianos que padecen el mal de Alzheimer.

En realidad, el propósito de la TAC de la exploración en la cabeza no es diagnosticar el mal de Alzheimer, sino buscar señales de otras enfermedades del cerebro que pudiesen estar causando anomalías de la memoria o de la conducta.

Como tal, el tomógrafo sigue siendo parte esencial de los instrumentos de diagnóstico. Sin embargo, debe recomendarse prudencia al interpretar los resultados de la TAC, y usted mismo deberá tener cautela: *existe una tendencia a veces irresistible entre pacientes, familias y médicos a suponer que cualquier anomalía detectada por la TAC de la cabeza debe ser, por tanto, la causa de los problemas de la persona.*

Existe una variedad de extrañas y pequeñas anomalías (pequeños meningiomas, vasos sanguíneos anormales, atrofia) que acaso hayan residido en el cerebro de una persona —sin causarle ningún daño—, tal vez desde el nacimiento o la niñez. Dado que pocas veces se hace análisis con el tomógrafo a personas saludables, la existencia de estos «testigos inocentes» pasa inadvertida. Su ulterior descubrimiento, cuando la persona padece dificultades mentales, a veces crea un efecto casi irresistible, en que todos se apresuran a culpar a cualquier anomalía que se haya descubierto. Cuando le informen de los resultados de la TAC practicada a uno de sus padres, no confíe demasiado en lo que se le diga, ni acepte una intervención quirúrgica sin obtener antes una segunda opinión.

Así pues, con esa advertencia, puede decirse que los principales objetivos de la TAC de la cabeza son, en realidad, buscar señales de las siguientes enfermedades, que *no* son el mal de Alzheimer:

Infarto: La aparición de un infarto silencioso en una de las áreas que controlan la memoria, la personalidad y el movimiento puede imitar al mal de Alzheimer. Aunque no existe remedio para un infarto, este estado es relativamente tratable, en el sentido de que la medicación que impide la formación de coágulos en la sangre puede prevenir futuros infartos. Y si éstos se evitan, existe al menos la esperanza de que los problemas de memoria y de conducta no empeorarán con el tiempo, como ocurre con el mal de Alzheimer. Además, puesto que el cerebro nunca abandona sus intentos de reorientar la información en torno del área dañada, con el tiempo podría haber ligera mejora de la memoria o la conducta (no olvide que es «ligera»).

Hematoma subdural: Un pequeño trauma en la cabeza de un anciano puede causar la ruptura de minúsculos vasos sanguíneos, no en el cerebro mismo, sino en el espacio situado entre la superficie del cerebro y la duramadre, gruesa capa correosa y grisácea que cubre el cerebro. La ruptura de estos vasos puede crear un coágulo de sangre, de tamaño apreciable, que oprime desde arriba la superficie del cerebro. El tejido cerebral que sufre una presión ligera no muere, pero deja de trabajar temporalmente, de modo que un hematoma subdural puede mostrar su presencia indirectamente, causando mal funcionamiento de un área subyacente del cerebro, y dando a la persona anciana la apariencia de *demencia*. Los coágulos grandes que causan severa presión pueden ser extraídos por neurocirugía, revirtiendo así la «*demencia*». Sin embargo, muchos coágulos desaparecen por sí solos, y algunos neurocirujanos prefieren ver y aguardar a que la naturaleza y el tiempo se encarguen de la labor de reabsorber muchos de ellos. La advertencia anterior también se aplica aquí: el hecho de que una persona padezca un pequeño hematoma subdural no significa que éste sea la causa de su estado mental (también los pacientes de mal de Alzheimer tienen, a veces, hematomas subdurales). No debe intentarse ninguna cirugía sin obtener antes una segunda opinión, a menos que el coágulo sea muy grande y que cause una situación de vida o muerte, debido al grado de presión ejercido sobre el cerebro.

Meningioma: Un meningioma es un tumor benigno que en casi cualquier otra parte del cuerpo no tendría importancia. Cuando se forma en la duramadre, la gruesa capa grisácea que rodea al cerebro (antes mencionada), estos pequeños tumores pueden ejercer presión sobre el cerebro, en forma muy parecida a los coágulos sanguíneos subdurales. Sin embargo, en contraste con éstos, que a veces desaparecen por sí solos, la única manera de extraer un meningioma es por medio de cirugía. Una vez más, se necesita una experta opinión neurológica y neuroquirúrgica, porque en realidad muchos meningiomas son «testigos inocentes», mientras que otros son en realidad los culpables de causar la *demencia*. Si el meningioma es la causa, la cirugía puede salvar una mente humana. A menudo los médicos bien intencionados recurren a la cirugía, con grandes esperanzas de que sea un meningioma, sólo para redescubrir la lección de que hasta personas que padecen mal de Alzheimer pueden tener meningioma.

Cáncer cerebral: Rara vez se encontrarán tumores cerebrales malignos como causa de la *demencia*. Aunque el cáncer cerebral ocupa el primer lugar en la lista de las angustias de todos antes de que se practique la exploración, rara vez es causa de *demencia* que haya persistido durante uno o dos años. El cáncer cerebral rara vez da tanto tiempo a sus víctimas.

Hidrocéfalo con presión normal: Esta es una entidad muy discutida, en que hay un agrandamiento de las cámaras de fluido interno del cerebro. Puede producir *demencia* muy profunda, igual a la de cualquier caso de mal de Alzheimer. La *demencia* del HPN tiene, además, una tendencia especial a asociarse muy temprano con considerable dificultad para caminar y con pérdida de control de la vejiga, mucho antes de lo que ocurre con el mal de Alzheimer. La parte desconcertante del HPN es que algunos casos mejoran milagrosamente con intervención quirúrgica, mientras que otros no. Se han hecho considerables esfuerzos —que resultaron frustrantes— tratando de refinar las normas necesarias para separar bien a un grupo del otro, evitando la cirugía superflua en el último caso. Sin embargo, la selección de los mejores candidatos a intervención quirúrgica sigue siendo una ciencia imperfecta, aunque un historial médico de meningitis, trauma en la cabeza o mejora temporal de la memoria después de una punción espinal parecen predecir una respuesta más favorable a la cirugía.

Ya sea que el descubrimiento obtenido por la exploración de cabeza sea de un coágulo sanguíneo subdural, un meningioma o una hidrocefalia, a muchas personas les da lo mismo, pues incluso el término «neurocirugía» es inimaginable. Muchos hijos e hijas están absolutamente seguros de que jamás «someterían» a sus padres a una operación de neurocirugía. Gran parte de este miedo es primitivo y anti-científico, pues se basa por completo en ideas vivamente imaginadas de lo que significa la neurocirugía. Convencido de que no me van a creer, permítanme asegurarles que las personas de edad avanzada toleran la neurocirugía mejor que la cirugía abdominal. Es más sencilla, menos complicada (eso es seguro) y muy distante de los otros órganos vitales que suelen presentar complicaciones postoperatorias. Aunque nunca se debe practicar una operación quirúrgica sin buenas razones, existe la probabilidad de atenuar la *demencia* de una persona y si *dos neurocirujanos* predicen este resultado, *recomiendo encarecidamente* correr el riesgo de la cirugía, con la esperanza de evitar las futuras consecuencias catastróficas de la *demencia* progresiva.

Mientras escribo este libro, han salido al mercado nuevas pruebas diagnósticas para detectar la *demencia* de Alzheimer. Incluyen una prueba de sangre (llamada APO-E) y dos pruebas que sólo pueden efectuarse en el fluido espinal. (La proteína TAU y la A-beta 42). Aunque ya se puede contar con ellas, están entrando lentamente en el mercado en general y es muy probable que puedan conseguirse con mayor facilidad en Estados Unidos en los centros contra el mal de Alzheimer que por los buenos oficios de médicos generales. El uso de las tres pruebas —APO-E, TAU y A-beta 42— en una persona demente podrá ayudar a predecir definitivamente en cerca de 60 por ciento de los casos si su *demencia* se debe o no al mal de Alzheimer. Cuando en los próximos años salgan al mercado nuevos medicamentos contra la demencia de Alzheimer, al elegir la terapia por medio de medicamentos se volverá cada vez más importante saber, hasta donde sea posible, si el padre o la madre de usted padece en realidad de *demencia* de Alzheimer.

La imagen de resonancia magnética, IRM, de la cabeza por lo general lleva a su término las investigaciones médico-neurológicas. ¿Qué podemos esperar de todas estas pruebas? Las estadísticas demuestran que de cada 100 ancianos con problemas de memoria que completan todas las pruebas mencionadas, entre 15 y 30 habrán descubierto, al llegar a este punto, una explicación de sus problemas de memoria que *no se deben* al mal de Alzheimer o a infarto leve o apoplejía leve, y estarán en tratamiento o terapia que no habría sido posible si, sencillamente, se hubiese creído que la enfermedad era el mal de Alzheimer o una enfermedad debida a infarto leve. ¿Qué decir de los demás? Para ellos, la enfermedad que causó el daño cerebral será una de las dos (o posiblemente ambas) principales causas de *demencia* en la actualidad en Estados Unidos:

- mal de Alzheimer;
- infarto cerebral múltiple o apoplejía múltiple.

Si la intervención diagnóstica fue oportuna, ninguna de estas dos enfermedades será aún severa. Aunque ninguna es curable; ambas, hasta cierto punto, son tratables. Lo que usted necesita saber acerca de los primeros años de la demencia será el tema del capítulo siguiente.

Una vez completadas las pruebas diagnósticas, queda algo por pensar: en caso de *demencia*, ¿deberá usted decir la verdad a su padre o su madre enfermos?

Esto resulta especialmente perturbador cuando se cree que la demencia es causada por el mal de Alzheimer, pues ésta puede ser la única causa de demencia de la que su padre o su madre están enterados y, por lo general, lo que saben es aterrador. A menudo, enterarse de que se padece mal de Alzheimer es como recibir una sentencia de muerte o la noticia de que se está a punto de ser descartado por la sociedad.

Pese a estas reacciones iniciales negativas, la mayoría de los especialistas están en favor de decir la verdad a los pacientes, aunque dándoles todo el apoyo posible. Esos médicos indican que muchas personas afectadas por la temprana demencia temen estar volviéndose «locas», y al menos parcialmente se consuelan al saber que sus problemas no fueron imaginarios, y que fueron diagnosticados como un mal físico. También insisten en que, en realidad, muchas personas viven varios años con el mal de Alzheimer, y que el avance desde las primeras señales hasta la demencia avanzada puede requerir diez o quince años. Además, muchas personas (tal vez un tercio) que padecen la demencia de Alzheimer aún tienen varios años durante los cuales su enfermedad no parece empeorar sino mantenerse en un nivel bastante estable. Y por último, existe la esperanza, que hoy empieza a ser realidad, de que las investigaciones realizadas sobre el mal de Alzheimer produzcan la creación de nuevos medicamentos y terapias para ayudar a tratar este padecimiento.

Además de los pasos administrativos que le hemos indicado en este libro, convendría recordar que algunas asociaciones para combatir el mal de Alzheimer pueden ofrecer información en boletines, folletos, videos y grupos de apoyo destinados tanto a *usted* como a *su padre o su madre.* Entre las personas que padecen temprana demencia de Alzheimer va formándose gradualmente un sentido de comunidad, con una creciente difusión de poesía y otros tipos de arte creados por los que padecen demencia temprana. A la postre, la mejor manera de impedir que su padre o su madre cedan a la desesperanza es asegurarles que tampoco usted se rendirá. Lo que se les comunicará no es lo que les diga, sino lo que usted sienta en el corazón.

4

El funcionamiento de una mente que falla

LA MAYORÍA DE LAS PERSONAS de edad avanzada que muestran señales preocupantes de descenso en su nivel intelectual, analizadas en el capítulo 2, al final resultará que tienen *demencia*. Las estadísticas revelarán que esta enfermedad será, o bien del tipo del mal de Alzheimer, o del tipo de infarto leve o apoplejía. Bajo el microscopio, estas dos enfermedades son absolutamente distintas; y sin embargo, por muy distintas que sean entre sí, producen la misma impresión de «*demencia*», con casi indistinguibles problemas de memoria, humor y conducta. ¿Importa saber cuál es la responsable de la condición del anciano?

Algunos dirían que no. Sostendrían que aunque el mal de Alzheimer y el mal de infarto leve sean distintos bajo el microscopio, en sus efectos finales sobre la vida de una persona, bien se les puede considerar idénticos. Después de todo, cada una es tan común entre los ancianos que resulta endémico y tan frecuente que hay buenas probabilidades de que un anciano que padece *demencia* esté sufriendo las dos al mismo tiempo. Ninguna es curable y, dado que cada enfermedad produce el mismo tipo de problemas para el paciente y su familia, bien podríamos escribir un libro de texto sobre el cuidado de las personas dementes, sin tener que modificar ningún consejo sin que importe si la causa es el mal de Alzheimer o la enfermedad del leve infarto.

El argumento de los médicos que desearían considerar, sin distinción, los dos males se refuerza por el hecho de que no hay manera confiable de separar, en la vida real, los casos del mal de Alzheimer de los casos de la enfermedad de infarto leve. Después de la muerte, la distinción es sencilla, y si una biopsia cerebral no fuese una medida tan drástica, sería posible diagnosticar confiablemente ambos males antes de la muerte. En el actual estado de nuestros conocimientos, toda decisión de llamar mal de Alzheimer al caso de una persona, y enfermedad de infarto leve al de otra no es más que conjetura, basada siempre en los testimonios circunstanciales que hemos visto antes.

En el futuro próximo, tal indiferencia a la precisión del diagnóstico podrá parecer cosa del pasado, dado el gran esfuerzo de los laboratorios de medicamentos por crear medicinas contra el mal de Alzheimer. No obstante, lo asombroso de las enfermedades cerebrales es que, en lo tocante a la conducta de una persona, no importa el medio por el cual se daña un área del cerebro sino, sencillamente, la función que la parte dañada controlaba.

Consideremos, por ejemplo, un área del cerebro llamada lóbulo temporal, éste desempeña un papel importante en la memoria, y todo daño conducirá a pérdida de la memoria a corto plazo. Casi no importa la forma en que se causó el daño. Si es presión causada por un tumor, una obstrucción de la circulación, un infarto, un absceso infeccioso, hemorragia por la ruptura de un vaso sanguíneo, o trauma causado por una bala, lo importante es que si mueren las células nerviosas del lóbulo temporal, desaparecen los recuerdos que contenía. Y desde luego, la familias de cada persona cuyo lóbulo temporal fue perjudicado por algún medio se encontrarán con un ser querido que padecerá los mismos problemas básicos causados por mala memoria.

Lo mismo puede decirse del mal de Alzheimer y de infarto leve. Aunque, bajo el microcopio, se muestren como dos enfermedades totalmente distintas, los efectos que producen en la vida de una persona son casi idénticos. Cada uno, a su manera, causa daños en minúsculas áreas del cerebro. Estas áreas dañadas, al principio tan pequeñas y tan separadas, van acumulándose al pasar el tiempo hasta causar daño difundido y progresivo. En las primeras etapas de la enfermedad de infarto leve y del mal de Alzheimer, cuando el número de áreas cerebrales dañadas es relativamente pequeño, sus efectos sobre la función del cerebro son sutiles y limitadas a las funciones abstractas superiores del cerebro humano.

Al hacerse más numerosas las áreas perjudicadas, también se hace profunda la disfunción de la memoria y la capacidad racional de la persona. A la postre, el daño causado por cualquiera de las dos enfermedades se extenderá a las áreas que controlan el equilibrio, el caminar, la coordinación y el comer. Comprensiblemente, puede importar poco al paciente o a la familia si todo esto se debe al mal de Alzheimer o a infarto leve; la discusión al respecto pronto pasa a segundo término, al cobrar máxima importancia la tarea de enfrentarse a la conducta causada por el daño cerebral.

Entonces, ¿cuál es el objeto de enterarse o de preocuparse por saber si el padre o la madre sufre mal de Alzheimer o de infarto leve? Para mí, la respuesta se encuentra en varios puntos:

En primer lugar, creo que existe una pequeña, pero suficiente divergencia de los tratamientos de que hoy se dispone para las dos enfermedades, lo cual justifica hacer algún esfuerzo por distinguirlas. Mientras escribo este libro, trato a los pacientes de distintas maneras si creo que en su caso lo predominante es el infarto leve o el mal de Alzheimer. Desde luego, sin una biopsia cerebral, ni yo ni ningún otro médico puede estar *absolutamente* seguro de que la *demencia* de una persona se deba a esos padecimientos, aunque ciertas pequeñas claves pueden ser útiles. Una de esas claves es que las personas que han padecido endurecimiento de las arterias en otra parte del cuerpo —por ejemplo, mal cardiaco o dificultades circulatorias en las piernas— por estadística, más probablemente padecerán el mal de infarto leve o apoplejía. Un historial médico de hipertensión o de fumar también aumenta las probabilidades de que ése sea el principal problema. El mal de Alzheimer tiende a causar decadencia continua y progresiva de las funciones intelectuales de una persona, mientras que el mal de infarto leve suele ser un poco más errático, con periodos de estabilidad interrumpidos por intervalos de más rápida decadencia; puede suponerse que estos son los días o las semanas en que están ocurriendo los pequeños infartos. Existe la esperanza de que pronto sea más científica la distinción entre el mal de Alzheimer y el mal de infarto leve; pronto se dispondrá de pruebas de sangre y de fluido espinal, con el propósito específico de diagnosticar el mal de Alzheimer. Sin embargo, en la actualidad mucho puede lograrse por las inferencias que un buen médico haga acerca de cuál enfermedad está causando la *demencia* de una persona.

Tratamientos específicos

Yo estoy en favor de un tratamiento específico para los pacientes de quienes tengo la impresión que padecen el mal de Alzheimer o el mal de infarto leve. Estas medidas incluyen:

Para la enfermedad de infarto leve o apoplejía:

- control del colesterol, con dieta además de medicación;
- dejar de fumar;
- pequeñas dosis de aspirina (80 miligramos diarios, como para un niño) combinadas con Persantina (75 miligramos dos veces al día) para reducir la microcoagulación de la sangre;
- vitamima E (400 unidades diarias);

- cápsulas de aceite de pescado, dos veces al día, para inhibición de la coagulación de la sangre;
- tabletas de calcio, aproximadamente 500 a 650 miligramos cada una, dos veces al día, y dos multivitaminas al día, para minimizar la futura pérdida de calcio del esqueleto, en previsión de futuros problemas al caminar y alto riesgo de caerse.

Para el mal de Alzheimer:

- una prueba con Cognex, única medicina hoy aprobada para mejorar la memoria de pacientes del mal de Alzheimer. Dista mucho de ser una panacea, como lo reconocerán las familias, y sin embargo, con este medicamento han ocurrido pequeñas pero maravillosas mejoras de la conducta general. Dado que este medicamento puede tener efectos colaterales, muchos médicos lo emplean con cierta timidez, pero si considero que un paciente en realidad sufre el mal de Alzheimer, llevaría la dosis a la máxima cantidad tolerable, pues esta medicación a menudo no es eficaz, a menos de que se emplee con audacia calcio y multivitaminas, en la misma dosis que para el mal de infarto leve, y por las mismas razones.

¿«Curará» algunos de estos programas su respectiva enfermedad, la de infarto leve o el mal de Alzheimer? ¡Absolutamente, no! ¿Aprobarían todos los médicos estos mismos consejos? no. Por propia experiencia, considero que hay buenos testimonios teóricos en apoyo de la afirmación de que el mal de infarto leve se puede hacer más lento (y tal vez contenerlo durante un tiempo) en su progresión; y para el mal de Alzheimer, a menudo logra obtenerse un mejor grado de desempeño intelectual, mediante la administración de Cognex. Particularmente en la enfermedad de infarto leve en que el objetivo del tratamiento médico es hacer más lento o estabilizar el avance de la enfermedad, es conveniente empezar cuanto antes el tratamiento, con la esperanza de salvar el mayor funcionamiento cerebral que sea posible.

La segunda idea es que a corto plazo podrán crearse nuevos tratamientos para ambas enfermedades. Ciertamente, si usted vive con esa esperanza y lee los periódicos o ve la televisión, deseará tener alguna idea de si un nuevo tratamiento que se está anunciando contra el mal de Alzheimer o el infarto leve será de utilidad para su madre o su padre. (Sin embargo, en general, la imprecisión de la mayor parte de las noticias sobre demencia es tal que probablemente cualquier noticia sobre un avance será anunciada como remedio para el más conocido mal de Alzheimer, cualquiera que sea su especificidad para ese tipo particular de demencia.)

Por último, considero de absoluta importancia práctica para usted saber la probabilidad de que su padre o su madre padezcan el mal de Alzheimer o la enfermedad de infarto leve.

Desde luego, es cierto que saber que su padre tiene el auténtico mal de Alzheimer no le permitirá a usted hacer mucho más que preocuparse por su propio futuro. La mayoría de los hijos de pacientes con mal de Alzheimer ya saben, por los medios informativos populares, que el riesgo de padecer esta enfermedad es mayor en los hijos de quienes la han padecido. Sin embargo, pocos saben que el riesgo no es tan grande como a veces lo presentan los medios informativos. El más alto riesgo de heredar el mal de Alzheimer se presenta en los casos, relativamente raros, en que la enfermedad afecta a uno de los padres cuando tenía menos de cincuenta o de sesenta años. En estas familias, en realidad es preocupante el riesgo para las generaciones futuras. Sin embargo, la mayoria de las veces afecta a personas de mucho mayor edad: de más de setenta o de ochenta años. Cuanto más viejos sean su padre o su madre cuando se haga este diagnóstico, menor será el futuro riesgo para usted, y en realidad, en los casos en que el mal se presenta muy tarde, cerca de los noventa años, es probable que los hijos del paciente no corran un mayor riesgo que el resto de la población.

Sin embargo, la demencia por enfermedad de infarto leve puede ser un destino más fácil de eludir. En estos casos, no hay riesgo puramente genético. Antes bien, el riesgo de la enfermedad de infarto leve va asociado a la hipertensión, el fumar y la hipercolesterolemia. Presenciar cómo la vida de un padre es aniquilada por la enfermedad de infarto leve puede ser motivo poderoso para que sus hijos o sus hijas hagan un cambio radical de su estilo de vida.

Como ya se dijo antes, en la actualidad, el diagnóstico de mal de Alzheimer o de infarto leve en una persona viva se basa en el predominio de pruebas circunstanciales y en la intuición del médico. La probabilidad de que exista infarto leve aumenta si:

- existen otros males circulatorios, que afectan al corazón, los riñones o las piernas;
- hay un historial médico de hipertensión;
- hay un historial médico alto colesterol;
- hay un historial médico de haber fumado;
- la MRI muestra grandes cantidades de pequeñas manchas que coinciden con daño vascular al cerebro (llamado lesiones T2);
- la demencia progresa en un curso errático y desigual, en que hay periodos de estabilidad separados por periodos de deterioro, cuando ocurren leves infartos.

Se hará diagnóstico de probable mal de Alzheimer si:

- hay sorprendentemente pocas pruebas de enfermedad vascular en otra parte del cuerpo;
- la IRM no muestra señales de lesiones insólitas del tipo vascular;
- el deterioro mental ha sido constante y progresivo.

Entre la comunidad científica aún se discute acerca de las contribuciones relativas del mal de Alzheimer y de infarto leve al número total de personas que padecen *demencia*. A finales de los sesenta, se consideró que el infarto leve era predominante; durante los setenta y ochenta, se revisaron los cálculos y se llegó a la conclusión de que el mal de Alzheimer era el predominante. En la actualidad, el péndulo científico parece estar oscilando en otra dirección y se cree que entre las personas dementes hay tres grupos casi igualmente numerosos:

- cerca de una tercera parte de quienes padecen demencia probablemente tienen el mal de Alzheimer;
- cerca de una tercera parte probablemente tiene la enfermedad de infarto leve;
- la otra tercera parte padece una mexcla de la enfermedad del leve infarto y de mal de Alzheimer, lo que no es sorprendente, dado que ambas enfermedades son muy comunes.

Desde el punto de vista del investigador, esta división es preocupante, en especial la teoría de que una tercera parte de los casos de *demencia* tenga por causa dos enfermedades simultáneas. Este último tercio virtualmente garantiza que cualquier tratamiento para el mal de Alzheimer o para la enfermedad de infarto leve resulte un tanto mediocre cuando se hagan los estudios, pues parecerá que sólo es capaz de ayudar a una minoría de las personas que padecen *demencia*.

¿Por qué? Porque los del grupo «mixto» continuarán deteriorándose por el proceso de uno de los males, aun si el otro fuera contenido por completo. Imagine el lector que entre la población se está poniendo a prueba una «cura» teórica del mal de Alzheimer. Dado el predominio del mal de Alzheimer puro, hasta un tratamiento curativo sólo parecería beneficiar a cerca de 30 por ciento de los pacientes, mientras los dos tercios restantes continuarían deteriorándose, ya fuesen parcial o totalmente afectados por infarto leve.

Aún más desconcertante sería el caso de un paciente individual en ese imaginario estudio. Si la persona tratada con la mágica cura para el mal de Alzheimer continuara declinando, ¿habría que abandonar el tratamiento? Si se estuviera seguro de que se trata de un caso de infarto leve, tendría sentido interrumpir la terapia, pero si no se estuviera seguro, habría que preguntarse si el avance del mal hubiese sido aún más rápido sin el tratamiento. No es difícil imaginar que la hipotética «cura» a un tipo de enfermedad causante de *demencia* se aplicara a cada persona que la padeciera, aunque sólo un tercio de esas personas mejoraría debido al tratamiento.

Tratar de influir radicalmente sobre el curso de la *demencia,* aun en sólo un tercio de los pacientes no es más que un sueño en este momento de la historia. Sin embargo, al avanzar el futuro, podrá existir alguna ventaja en saber lo más precisamente posible la causa real de la *demencia.* Los nuevos avances científicos podrán ser mejor evaluados si comprendemos a qué tipo de pacientes pretenden ayudar esos avances, y si ese es el tipo de *demencia* que su padre sufre.

A pesar de todo, cuando observamos los síntomas, no parece ser muy importante saber qué tipo de proceso patológico ha causado la *demencia* del paciente. Los proble-

— **71** —

mas siguen siendo los mismos, como quiera que se llame a la enfermedad que está causándola, y las soluciones funcionan por igual. En los próximos capítulos no estableceré una distinción entre la enfermedad de infarto leve y el mal de Alzheimer. En lo sucesivo, utilizaremos el término general y neutro de «*demencia*» para destacar la universalidad del enfrentamiento a los problemas cotidianos. En cuanto a las dificultades prácticas, día tras día, los problemas de la enfermedad de infarto leve y del mal de Alzheimer son los mismos e intercambiables.

Pérdida de la memoria a corto plazo

En el capítulo 2 hemos analizado los tipos de fallas tempranas de la memoria, la vida social y la capacidad numérica que suelen presentarse durante meses o años antes de que los hijos del paciente reconozcan su preocupación por mamá o papá. Estos problemas son importantes por lo que anuncian del futuro, pero, con excepción de no pagar las cuentas, los tempranos síntomas de *demencia* pueden coexistir con la capacidad del paciente para seguir viviendo en su casa y ser independiente. Sin embargo, con el transcurso del tiempo, los cambios de memoria y de conducta más típicos de infarto leve o del mal de Alzheimer empezarán a manifestarse de manera permanente. En este capítulo pretendo explicar con mayor detalle la mecánica de las dificultades de memoria que afligen a una persona durante el primer año o dos años de infarto leve o el mal de Alzheimer, y cómo hacerles frente.

La pérdida de memoria en el mal de Alzheimer y el infarto leve afecta casi exclusivamente la memoria a *corto plazo,* la cual constituye el sistema de almacenamiento más fragil de recuerdos en el cerebro, en el que se guardan imágenes de los más recientes segundos, minutos, horas, días o semanas, en un banco de memoria. En todas las edades de la vida, sólo una parte de la memoria a corto plazo de una persona queda reescrita en la memoria a largo plazo, relativamente más segura. La parte seleccionada para recordarla a largo plazo es sorprendentemente variable. Hacer un esfuerzo consciente por recordar es algo que ayuda, pero sólo en pequeña cantidad, como podrá mostrarlo una revisión de los conocimientos de matemáticas o de historia adquiridos en la secundaria.

Más eficaz que el deseo de recordar es la asociación de la memoria a corto plazo con el estímulo emocional simultáneo (agradable o no); el tono emocional parece aumentar la probabilidad de que nuestros cerebros activen sus sistemas de memoria, tratando de formar un registro permanente. Es extraño que a veces un recuerdo casual a corto plazo quede registrado indeleblemente, pero no por una razón clara. La mayoría de la gente puede recordar durante toda su vida unas cuantas escenas, a partir de los dos años aproximadamente: una persona puede recordar haber estado sentada en un sillón, o bien detallar un cuadro que había en una pared. ¿Por qué se selecciona un momento, entre todos los demás, para transcribirlo a la memoria permanente? Esto sigue siendo un misterio.

Es sorprendente la forma en que se pierde la memoria a corto plazo. Los recuerdos más recientes son los que primero perdemos. Al comienzo de la enfermedad, una persona puede tener sólo dificultades para recordar lo que se hizo o se dijo cinco minutos antes, pero tener bastante buen acceso a todas las demás funciones de la memoria. Sin embargo, al avanzar la enfermedad, este «punto ciego» de la memoria empieza a agrandarse. Al principio puede ser sólo el día o los dos días anteriores los que no se pueden recordar pero, con el paso del tiempo, se van convirtiendo en las pasadas semanas... luego en meses... luego en años. El nombre técnico de este proceso es *amnesia retrógrada*, que va haciendo retroceder el marco mental de referencia de la persona, para todas sus decisiones y acciones, cada vez más hacia su pasado personal, lo que crea un potencial cada vez mayor para una diferencia entre su idea personal y la idea que todos los demás tienen de la «realidad».

Los pacientes de infarto leve o del mal de Alzheimer pueden seguir, empero, teniendo buena memoria a largo plazo hasta más avanzada la enfermedad. Durante muchos años pueden seguir gustando de recordar detalles de hechos acontecidos veinte o treinta años antes. En cambio, los recuerdos de los últimos cinco minutos parecen desaparecer a menudo caprichosamente. Es importante comprender que aún con amnesia retrógrada, las víctimas de *demencia* pueden no ser totalmente incapaces de recordar hechos recientes, pero sin duda se enfrentan a enormes dificultades en este terreno. Los pacientes del mal de Alzheimer o de infarto leve pueden retener algunos recuerdos a corto plazo, aun si no pueden retener la mayor parte. Por ejemplo, son más capaces de recordar sus propias preguntas, hechas cinco minutos antes, que las respuestas que se les dan.

Esta discrepancia entre la memoria para preguntas y la memoria para respuestas crea un ciclo de repetitividad. «¿A qué hora nos vamos?», puede ser la pregunta; vendrá una respuesta y la pregunta se repetirá cada cinco minutos. La periodicidad de este ciclo varía ligeramente de una persona a otra y puede reflejar la química «esperanza de vida» de la memoria a corto plazo, a falta de algún nuevo paso en el proceso.

No se sabe con certeza por qué se recuerdan las preguntas y se olvidan las respuestas, aunque la explicación no sea misteriosa. Acaso por definición, las preguntas recordadas sean simplemente las preguntas que la persona en realidad ha recordado; pero no harán las preguntas que han olvidado. Sin embargo, parece ser que las preguntas recordadas por la víctima de *demencia* rara vez son al azar sino que, en realidad, van acompañadas por una corriente de angustia. Cuál es la hora de irse o a qué hora llegarán otros: tal vez aun en la *demencia* la asociación de una emoción con la memoria ayude a estabilizar el pensamiento en la mente. Por desgracia, no parece existir una manera comparable de reafirmar una respuesta tranquilizadora en la memoria.

Los lectores de este libro que estén familiarizados con las computadoras podrán notar cierta semejanza entre la memoria humana a corto plazo y la memoria RAM de una computadora; y entre la memoria a largo plazo y el *disco duro* de una computadora. Conociendo la simplicidad de esa comparación, puede ser útil considerar que la pérdida de la memoria a corto plazo es un sistema RAM defectuoso que sufre una falla de errática escritura/lectura. Por analogía, la memoria a largo plazo existe como equivalente biológico del disco duro de la computadora. La *demencia* en sus primeras etapas daña el RAM de la memoria a corto plazo; sólo más adelante empieza a borrar el disco duro de la memoria a largo plazo, empezando por los más recientes « archivos» de la memoria y retrocediendo en el tiempo para borrar, progresivamente, recuerdos más y más lejanos.

Las continuas repeticiones constituyen una de las experiencias más frustrantes y agravantes que se derivan de la *demencia*. Típicamente, lleva a los miembros de la familia a un punto de exasperación del que, más adelante, la mayoría de los hijos y de las hijas, avergonzados, se confiesan culpables. No se sienta culpable si se encuentra a punto de perder la paciencia o de irritarse. Les ocurre a casi todos los miembros de la familia, y también ellos se sienten mal por reaccionar de ese modo.

Al considerar las continuas repeticiones, resulta tentador sospechar que se trata de un recurso voluntario para llamar la atención o simplemente para irritar a los demás, o que se podría superar si su padre o su madre simplemente pusieran un poco de atención y *trataran* de recordar, pero todo esto es falso. La verdadera explicación de la repetitividad es la siguiente «fórmula» , según la cual opera un cerebro demente:

— **76** —

Pérdida de la memoria + angustia = búsqueda de seguridad

Si usted puede comprender el impacto de esta ecuación, ello le permitirá penetrar en el funcionamiento de la mente de sus padres, y le indicará el camino hacia soluciones no sólo al ciclo pregunta-respuesta de la repetitividad, sino también a una variedad de comportamiento «confuso». A falta de la capacidad de mejorar la memoria de la persona, necesitará usted romper el ciclo para comprender la angustia. Está fuera de la capacidad de casi todos los pacientes de *demencia* explicar directamente su angustia por lo que, en parte, sus familiares necesitarán hacer una conjetura imaginativa sobre la causa.

La pérdida de la memoria a corto plazo también forma parte de otra ecuación importante, que dominará la vida mental del paciente con *demencia* temprana:

Pérdida de la memoria + lógica humana = confusión

Aunque, a primera vista, gran parte del comportamiento de la persona demente parece extraño, en realidad es enteramente lógico. Sólo está en un error la premisa de la conducta de la persona demente. Si usted acepta su marco de referencia, el resto de lo que diga y haga le parecerá perfectamente lógico.

Por ejemplo, póngase por un momento en el lugar de su padre o su madre que padece *demencia* , y comparta durante unos minutos su marco de referencia. *Si en realidad, estuviéramos en 1955, entonces no sería cierto que*

- esta «anciana» que está en su dormitorio no puede ser la muchacha con la que se casó diez años después de volver del servicio militar a casa;
- la familiaridad que muestra esta anciana que vive en su casa parece indicar que se trata de su madre;
- todas esas personas que le rodean son, indudablemente, demasiado viejas para ser sus propios hijos; ¿se encuentra, entonces, en una casa que no es la suya?;
- todo el mundo se muestra muy amable, pero ya se puso el sol y es tiempo de volver al trabajo, antes de que el jefe note su ausencia;
- ahora ha oscurecido, y esta gente ha estado tratando de convencerlo de que se quede todo el día; él tuvo la amabilidad de aceptar, pero empieza a cansarse un poco de ellos. Ya es tarde y es hora de irse a casa; su esposa y sus hijos empezarán a preocuparse si no tienen noticias suyas a esta hora

La idea de este ejercicio imaginario es recordarle a usted que la única diferencia entre el funcionamiento de *su mente* y la de su padre o su madre «enfermo» es que usted y ellos no comparten el mismo punto de referencia. En el paciente con *demencia*, el único error es su *primera* premisa. Aparte de esa primera e incorrecta evaluación de la situación, los poderes de racionalidad y lógica sobreviven en grado sorprendente. Lo que el anciano parece decir no carece de sentido, sino que tiene un diferente «sentido». Si quiere usted evitar el empleo de medicamentos para cada pequeño problema, tendrá que dejar volar su propia imaginación e intentar ponerse en el momento y el lugar imaginarios desde los cuales su padre o su madre contemplan el presente. Si lo logra, habrá penetrado frecuentemente en las radicales contradicciones existentes entre la realidad personal y la pública, y ayudará a eliminar parte de la «confusión».

He aquí una última «ecuación» para ayudar a usted a comprender la vida mental de una persona con *demencia,* que se describe más adelante:

$$\frac{\text{Conservación de la memoria a largo plazo}}{\text{Pérdida de la memoria a corto plazo}} = \text{depresión}$$

Por supuesto, hemos analizado inicialmente la depresión en el contexto de la auténtica depresión clínica como posible causa única del mal funcionamiento de la conducta de su padre o su madre. La auténtica depresión puede parecer *demencia* debido al proceso de «seudo pérdida de memoria». Si se siguió el consejo dado en el capítulo 3, esta cuestión de la depresión como causa única de pérdida de memoria y de retiro social ya habrá sido considerada y, probablemente, reemplazada por el diagnóstico de *demencia.*

Pero demostrar que la *demencia,* y no la depresión, es la causa de los problemas intelectuales de una persona, no elimina la depresión como problema al que hay que enfrentarse. El paciente con *demencia* en realidad está expuesto a caer en la depresión, como lo muestra la ecuación anterior. Esta tendencia a deprimirse de quienes sufren *demencia* suele ocurrir en las primeras etapas de la enfermedad, en las cuales la pérdida de la memoria a corto plazo es ligera, y es excelente el recuerdo a largo plazo, lo que deja un gran potencial para la depresión cuando puede compararse la diferencia entre la forma en que son (y siguen siendo) las cosas, con la forma en que eran.

Esta fórmula fue escrita deliberadamente como una fracción para recordar al lector que un resultado grande (la depresión) puede ser generado por la combinación de un numerador grande (buen recuerdo a largo plazo) con un pequeño denominador (ligera pérdida de la memoria a corto plazo). Aquí está contenido uno de los problemas continuos de los diagnósticos médicos: en la *demencia muy temprana*, la depresión concomitante puede ser tan grande que haga sumamente difícil distinguir la «depresión demente» de la «depresión auténtica».

El hecho de que la *demencia* temprana vaya unida a la depresión, de acuerdo con esta sencilla ecuación, probablemente parecerá razonable a la mayoría de los lectores. Es fácil entender la situación e imaginar que padecer el mal de Alzheimer sería profundamente deprimente, y que el hecho de conocerse a sí mismo y comprender su creciente incapacidad intelectual, haría que cualquiera que padezca *demencia* temprana se deprima naturalmente ante esa realidad.

Tal vez el misterio consista menos en saber por qué algunos pacientes de *demencia* temprana se deprimen, que por qué tantas personas con *demencia* no se deprimen. Sin duda intervienen otros factores, además del desarrollo «lógico» de la depresión, cuando las habilidades de alguien empiezan a fallar. Aún no se comprende por completo porqué surge la depresión en una persona y no en otra. Aunque no existe un consenso universal al respecto, varias observaciones acerca de personas con *demencia* parecen sugerir que puede haber una diferencia en la susceptibilidad a la depresión, según la causa de la *demencia* sea el mal de Alzheimer o infarto leve.

Las personas que sufren mal de Alzheimer tienen una notable tendencia a desconocer sus propias fallas. Aun con temprana pérdida de la memoria a corto plazo, pueden mostrar una asombrosa desatención a los problemas de memoria en las primeras etapas de su *demencia*. Personas que aún retienen gran cantidad de recuerdos, de quienes se esperaría que estuvieran en el mayor riesgo de deprimirse, pueden mostrar una inexplicable tolerancia y no hacer caso a sus propios problemas de memoria.

En contraste, durante largo tiempo se ha sospechado que las personas con infarto leve son más susceptibles a la depresión. Esta sospecha se basa parcialmente en la observación de personas que han sufrido graves infartos. Una fuerte embolia es el cuadro familiar de una persona que ha sufrido un infarto: la súbita presencia de un brazo o una pierna paralizados, con posible dificultad para expresarse o para comprender el idioma. Esta grande y obvia enfermedad es muy distinta al infarto leve, pero ambos comparten ciertos rasgos a los que hay que poner atención. Por ejemplo, se sabe que algunas personas que han sufrido gran infarto casi siempre tienen un periodo de depresión, que dura de tres a seis meses. Podríamos suponer que eso es lógico cuando un infarto es grave y deja paralizadas ciertas partes del cuerpo, pero también podríamos decir que es la sensación de pérdida la que crea la experiencia psicológica de depresión.

Y sin embargo, esta parece ser una explicación demasiado sencilla, pues hasta personas cuyos infartos ocurren en una de las áreas «silenciosas» del cerebro y que no sufren parálisis parecen mostrar el mismo grado de depresión ulterior. Hay pruebas de que el cerebro responde con depresión a todo daño, sea grande o pequeño. Una vez desencadenada, esta depresión posterior cobra vida propia. De ser cierta esta observación, parecería sugerir que los pacientes con infarto leve pueden ser particularmente susceptibles a la depresión durante las primeras etapas de su enfermedad, y que la causa de su depresión puede ser más «biológica» que «lógica» .

A veces no es fácil separar la depresión auténtica de la depresión demente. Por ello, no pocas veces ocurre en los ancianos que una depresión tratada con éxito sea seguida por varios años de *demencia*; esta pauta no se presenta en las personas jóvenes que sufren depresión. Cuando la depresión aparece por primera vez en pacientes muy avanzados en años, puede ser precisamente depresión... o acaso la depresión que se está desencadenando sea más manifiesta que los pequeños y silenciosos infartos que la provocan. Como ocurre a los pacientes de cáncer que parecen estar «curados» durante unos cuantos años, tan sólo para sufrir una recaída devastadora, toda «cura» de una persona anciana con depresión deberá ser seguida por un periodo de mayor vigilancia y alerta.

Cualquiera que sea la naturaleza de la depresión de su padre o madre —ya sea depresión auténtica o depresión que va aunada a la *demencia* temprana— usted deberá tener en cuenta algo importante:

La depresión siempre es tratable

Puede no ser *curable,* a menos que sea «depresión auténtica», pero siempre *tratable* y siempre se le deberá atender por varias razones importantes:

- La depresión es un desagradable estado de ánimo, cualquiera que sea su causa. Es un sufrimiento psíquico y debe ser paliado, aunque sólo fuera por esta razón.
- Por muy mal que una persona demente efectúe una tarea determinada, esa tarea será hecha *peor* si la persona demente se deprime y por ello carece de motivación y de deseo para hacer lo mejor que pueda.
- La depresión amplifica todos los problemas, incluyendo la percepción del sufrimiento de dolores artríticos y de otra naturaleza.
- La depresión va asociada a problemas de motivación, conducta, apetito, sueño y digestión, y estos problemas no mejorarán a menos que se dé el *tratamiento* adecuado a la depresión.

La presencia de la depresión en una persona demente tiene, pese a todo, un aspecto positivo: significa que la *demencia* no es tan terrible. El acto de deprimirse exige una buena cantidad de capacidad mental y, por consiguiente, hemos de suponer que una persona deprimida y demente todavía conserva considerable capacidad mental subyacente, aun si las cosas, superficialmente, parecen aterradoras. La presencia de la depresión ofrece cierta promesa de que si se puede reducir ésta, podría reaparecer una cantidad considerable de la función cerebral que, según se temía, se había perdido.

Por consiguiente, la depresión siempre es tratable, aun si coexiste con la *demencia*. Esto justifica una intervención contra la depresión, en lo cual están de acuerdo todos los especialistas en *demencia* . El tratamiento de la depresión misma está fuera del marco de este libro, pero vale la pena considerar los siguientes consejos:

- La depresión, ya sea auténtica o parte de la *demencia*, es un verdadero desorden físico y biológico del cerebro. La psicoterapia, los consejos, la terapia conductual y otros tipos de tratamiento hablado pueden ser buenos para el alma, pero *no* pueden sustituir al tratamiento médico. Mediante charlas o actividades sociales no es posible disuadir o distraer a una persona para que deje la depresión, así como no podríamos emplear estas tácticas para alterar el curso de una neumonía.

- El tratamiento con medicinas es muy eficaz para la depresión y debe ser elegido por un gerontólogo o un psiquiatra familiarizado con el tratamiento a ancianos. Las personas de edad avanzada, con o sin *demencia*, requieren a menudo menores cantidades de antidepresivos de las que suelen darse comúnmente a las personas deprimidas más jóvenes. Aún mayor importancia tiene el hecho de que las personas de edad avanzada sufren graves complicaciones si se les administra la dosis «normal» de un antidepresivo. Muchos notables —y costosos— psiquiatras no suelen tratar en su consultorio a gran número de ancianos, por muchas razones; incluyendo los prejuicios contra los ancianos o el prejuicio de los propios ancianos contra la psiquiatría en general. Asegúrese usted de que el psiquiatra está familiarizado con pacientes de edad avanzada.

- La terapia mediante electrochoques (TECH) es segura y eficaz. La actual TECH no se parece nada a ciertos relatos horripilantes de los decenios de 1930 y 1940. La TECH unilateral puede aplicarse, sin peligro, con un ligero sedante y, si se hace correctamente, es, al mismo tiempo, *más eficaz* y *más segura* para el cuerpo que muchos medicamentos antidepresivos. La pérdida de memoria que produce es temporal y desaparece al cabo de pocos días, y la TECH no merece la mala fama que tiene. Aunque pocas personas creen en estos hechos, debe comprenderse claramente que si se ha probado terapia con medicinas y ha fallado, deberá elegirse, indudablemente, la TECH antes de abandonar a una persona, demente o no, al dolor psíquico de la depresión.

La ecuación que hicimos para la depresión nos ofrece un último atisbo del funcionamiento de la mente demente:

$$\frac{\text{Buena memoria a largo plazo}}{\text{Pérdida de memoria a corto plazo}} = \text{depresión}$$

Al progresar la *demencia,* la memoria a largo plazo irá quedando socavada, y también habrá una pérdida de poder intelectual. Al empeorar la *demencia*, la depresión se vuelve un problema cada vez menor. La extensión continua de la amnesia retrógrada hacia el pasado borra el recuerdo del ego anterior; el punto de referencia empieza a confundirse, conforme van desapareciendo los recuerdos de independencia, familia, trabajo y realizaciones. Resulta irónico que el avance de la *demencia* pueda servir como la última tabla de salvación que da la naturaleza a una mente confusa, deprimida y dolida.

La pérdida del habla

La pérdida de la memoria a corto plazo sólo es una de las dos principales disfunciones invalidantes que afligen el cerebro de la persona demente. La otra, que algunos consideran la peor, es la pérdida del habla. Gran parte de la ira, la violencia, la amargura y la agitación de la *demencia* son atribuibles a la incapacidad de la persona demente para comunicar sus sentimientos, así como a la incapacidad de la familia y de los cuidadores para emplear palabras que transmitan su intención, sus propósitos y sus deseos de tranquilizarla.

Todo análisis del hablar sugiere casi inmediatamente el lenguaje verbal, la capacidad de hablar y de comprender. En realidad, una inspección minuciosa de la función del lenguaje revela que existen varias funciones separadas pero entrelazadas del lenguaje que se armonizan en la comunicación humana. Incluyen:

- saber lo que se pretende comunicar;
- la capacidad de pronunciar palabras;
- recordar los significados que se han asignado a las palabras;
- comprender las palabras articuladas por otros;
- ser capaz de escribir;
- ser capaz de comprender las palabras escritas de otros.

Todas estas funciones parecen cumplidas por diferentes partes del cerebro, aun cuando todas estas partes se encuentren muy cerca unas de otras. A la postre, todas se perderán debido a la *demencia*, durante varios años podrá usted descubrir que algunas funciones ya no trabajan, pero otras sí. El paciente podrá comprender una pregunta escrita; en cambio, esa misma pregunta hecha oralmente, podrá ser percibida por el cerebro del paciente como un galimatías indescifrable. Asimismo, si se está perdiendo el significado de las palabras, deberá usted afinar el oído, no atendiendo a las palabras precisamente pronunciadas por el paciente, sino a la categoría entre la cual está buscando el anciano. El padre o la madre de usted puede repetir la palabra «auto» estando en el consultorio del médico, pero si usted extiende sus asociaciones, podrá adivinar, correctamente, que la verdadera intención de la persona anciana es volver al auto para irse a casa.

La pérdida de la función del lenguaje impone diversas limitaciones al funcionamiento de una mente demente, y vale la pena conocerlas. Al perderse el lenguaje, puede notarse una tendencia a lo siguiente:

- dependencia del lenguaje corporal, no verbal, la expresión facial y el tono de voz para adivinar el significado y las intenciones del que habla;
- incapacidad de captar el significado de frases complejas y oraciones con varias partes;
- incapacidad de comprender frases en tiempo subjuntivo o condicional, y mayor dependencia de afirmaciones sencillas y concretas;
- dependencia, en la conversación, de frases estereotipadas.

La pauta desigual en que se van perdiendo los pasos individuales de procesamiento del lenguaje puede crear combinaciones interesantes. Algunas personas logran pronunciar, de corrido, frases enteras y con clara dicción, pero sin tener la menor idea de lo que están diciendo. Otras pueden comprender las palabras que se les dirigen y asentir correctamente a las preguntas que se les hagan, pero estar virtualmente mudas, al no poder dar verbalmente sus respuestas. A veces se conservan extraños subconjuntos de lenguaje. Algunas personas amables y bien educadas pueden quedarse con un vocabulario consistente en palabras groseras, que causan vergüenza a sus familias. Los inmigrantes invariablemente tienden a perder el uso de la lengua adoptada, pero conservarán durante mucho más largos periodos su lengua materna.

A menudo puede lograrse que personas incapaces de hablar canten canciones, si se les toca música apropiada. Al parecer, el cerebro procesa, almacena y llama a la música de una manera enteramente distinta de otras funciones del lenguaje, y a veces puede aprovecharse este fenómeno para abrir vías de comunicación cuando la del lenguaje ha quedado cerrada.

Hay raros casos de pérdida de memoria a corto plazo aislada, por algún trauma local del cerebro. Estas personas viven sus vidas en un eterno presente. Se trata de un mal debilitador, pero ni siquiera estos raros casos son tan incapacitadores como la carga adicional que debe sufrir el paciente con *demencia* por la pérdida de la capacidad de comunicarse abstractamente por vía del habla.

— 5 —————————————

Cuando las cosas
se ponen difíciles

A LGUNAS FAMILIAS extraordinarias logran negar durante
cinco o seis años la existencia de *demencia* en su ser
querido, pero la familia normal admitirá la presencia de
demencia después de uno o dos años de que aparecieron
las primeras señales. En la vida de una familia, la *demencia*
existe cuando las actividades prácticas de la vida cotidiana
se ven repetidamente afectadas por la falla intelectual. Sin
una supervisión, se considerará, razonablemente, que en
este punto se ve en peligro la seguridad del paciente; el
área de la amenaza percibida suele variar. Los síntomas
iniciales pueden ser: pérdida de peso, mala nutrición, falta
de higiene, descuido de la atención médica al no tomarse
los medicamentos, o el peligro inminente de que la persona
se extravíe o sufra quemaduras.

Estos son años emocionalmente difíciles porque representan una combinación particularmente complicada de
lo que se ha perdido y de lo que queda de la individualidad
de la persona. En la *demencia* recién iniciada, será más fácil

ceder a la voluntad de la persona y a su deseo de ser independiente, pues las áreas problemáticas de disfunción son relativamente pequeñas. En la *demencia* muy avanzada se vuelven más graves los problemas de administración, pero la enfermedad está tan avanzada que la fuerza de voluntad del anciano ya no será problema. Pero en el estado intermedio de la *demencia*, podrá enfrentarse usted a un desafío doble. Los problemas causados por la *demencia* llegarán ahora a las áreas claves de la vida. Se sentirá usted cada vez más obligado a intervenir, pero probablemente subsistirá lo bastante del sentido de independencia de su padre o de su madre para bloquear sus esfuerzos. Y no crea usted que son únicos en esto. La típica persona que padece *demencia* nunca reconocerá su incapacidad de gobernar su propia vida. Si reconoce alguna dificultad, invariablemente la considerará de poca importancia. Por lo general intentará invertir las cosas y podrá acusar a sus hijos de exceso de solicitud, de preocupación, o hasta de abrumarlos.

La demencia puede estar destruyendo el núcleo interno de la función intelectual de una persona, pero toda una vida de pautas de conducta establecidas deja una imagen externa de personalidad. Durante un tiempo, esta imagen puede seguir poseyendo todos los atributos familiares de la persona, incluso su confianza en que todos se inclinen ante su autoridad. Sin embargo, para cuando la *demencia* está afectando la vida cotidiana, podrá usted saber que esta apariencia familiar se ha vuelto más cáscara que sustancia.

Las personas dementes, al ir volviéndose auténticamente menos capaces, se vuelven muy rígidas y resistentes a todo cambio. El cambio, de cualquier índole, requiere adaptación y agilidad mental, y éstas son precisamente las capacidades intelectuales que se encuentran en crítica escasez. El cambio se vuelve precisamente la amenaza que hay que evitar a toda costa. Las personas dementes sienten agudamente que si intentan enfrentarse a nuevas situaciones o ambientes, quedarán al descubierto. Por tanto, la respuesta de un padre o una madre demente a casi cualquier sugerencia de cambio es invariablemente la misma: «¡No!»

Menos le desconcertará a usted el rechazo de su padre a sus esfuerzos por ayudarlo si comprende desde el principio que no está rechazando el mérito de su sugerencia sino, antes bien, que está usted pidiendo a su ser querido que *cambie* una parte de su pauta de vida. ¿Desea usted encargar alimentos de otro lugar, porque mamá evidentemente ya no puede preparar la comida y está perdiendo peso? ¿Desea usted ayudar a contratar a una sirvienta para que limpie la casa una o dos veces por semana? ¿Está usted dispuesto a hacer una visita semanal y encargarse de que se tome las medicinas a la hora debida? Haga usted cualquier pregunta que implique una sugerencia constructiva para un problema en particular, y, de antemano, podré decirle que la respuesta será negativa.

El concepto del cambio como amenaza encuentra un aliado natural en la relativa ceguera de la típica persona demente a sus propios problemas de memoria. Por ejemplo, la sugerencia de usted será aún menos aceptable si implica un desembolso. Por causa de la pérdida retrógrada de la memoria, el valor del dinero sufre un proceso de deflación psicológica. Contratar a una enfermera o a un ayudante a razón de quince dólares por hora será visto en el contexto de los salarios por hora de hace diez, veinte o treinta años, y el paciente se escandalizará por tan enorme costo. Esta mención al dinero suele ser el tiro de gracia a toda idea de contratar a alguien que ayude a cuidar al enfermo en el hogar. La negativa será presentada como el juicio de un padre económicamente más prudente, que aún tiene que velar por sus despilfarradores retoños.

Como lo indica Humpty Dumpty a Alicia en *A través del espejo*, «la cuestión es quién será el amo: eso es todo». Antes de pasar a los siguientes capítulos, deberá usted establecer en su propia mente quién, entre su padre demente y usted, dirigirá las cosas. Este es un momento crucial en las vidas de ambos. Esa prueba llegará cuando el paciente rechace las sugerencias de usted. ¿Cuál de los dos se impondrá? Usted sabe mejor que su padre que su fuerza de voluntad sólo es una cáscara que no podrá soportar la fuerza de voluntad de usted, si usted decide aplicarla. Pero, ¿será correcto hacerlo? ¿Será mejor respetar los deseos de su padre o de su madre, conservando con ello esa benigna ficción de independencia, o habrá llegado el momento de que usted viole su resistencia, como pasando por una cáscara vacía? Deberá usted seguir siendo el hijo de su padre, o convertirse en padre de él.

No existe respuesta absoluta sobre si es correcto y decente ponerse, sin ser invitado, al timón de otra vida. Tampoco existe un momento mejor en que esto pueda hacerse sin causar dolor. Algunos padres, por el estilo personal de toda su vida, hacen más fácil que otros la inversión de papeles. Resulta relativamente fácil ponerse al mando de la vida de una persona dócil o pasiva por naturaleza, en comparación con alguien que llevó una vida dinámica, independiente y dominadora. Los hijos de esta última persona, a menudo tienen profundamente arraigados sentimientos de respeto o aun de temor ante un padre que definió el papel del hijo en la dinámica de la familia. Estos padres enérgicos, incluso dementes, siguen considerándose el jefe natural de la familia. A sus hijos adultos les resultará difícil tratar de intervenir en la vida de sus padres, porque el antecedente es una relación de sumisión.

Algunos hijos nunca dan este paso; jamás romperán la cáscara de la voluntad de su padre demente. En algunos casos, el deseo de hacerlo no es lo bastante fuerte para superar el papel que han desempeñado desde su infancia. Quedan como espectadores paralizados ante las consecuencias inevitables de la insistencia de la persona demente en tener completa independencia, y ante una disfunción mental cada vez peor. Estos hijos continúan los intentos de ayudar al padre a enfrentarse a los problemas; pero logran poco cuando el padre demente conserva la decisión última.

Otros hijos se niegan deliberadamente a volverse padres de su padre. Sin menoscabar su dominio algunos hijos hacen un juicio de valor, y deciden dejar a su padre en la ilusión de completa independencia y autonomía, cualesquiera que sean las consecuencias de las que no dudan desembocarán en pérdida de peso, enfermedad, lesiones y muerte. Antes bien, pueden quedarse contemplando un padre que toda su vida saboreó la independencia; pero tanto él como sus hijos están dispuestos a permitir que la vida termine, antes de alterar su significado.

Querer a los padres no presupone ninguna decisión «correcta» ni «incorrecta». Toda decisión es «correcta» si representa lo mejor de lo que somos capaces y si es congruente con la vida y la filosofía de nuestro padre.

Sin embargo, en la realidad en algún momento la mayoría de los hijos llega a creer que tiene razones apremiantes para intervenir en una situación que está deteriorándose. En ese punto, ya no pedirá usted a su padre o su madre dementes su aprobación o su permiso para actuar, sino que les ofrecerá la opinión y la autoridad que usted pueda tener acerca de lo que va a suceder. Puede ser atención en el hogar, o alimentos preparados; puede ser el envío a un asilo, o la elección de un médico. Lo que usted haya decidido que debe hacerse, deberá hacerse ahora mismo: con toda calma, bondadosamente y con voz tranquilizadora. Si su padre o madre reaccionan mal a las sorpresas, deberá usted disimularlas en sus planes lo mejor posible; si la perspectiva causa angustia, deberá usted guardar su propia opinión y poner al paciente ante un hecho consumado.

Usted no pediría a su hijo pequeño que estuviera de acuerdo en aplicarle una vacuna contra el sarampión; no cancelaría usted la cita ni se daría vuelta y volvería a casa si el niño no quisiera. Desde luego, fundamentalmente usted no tiene la menor duda acerca de su responsabilidad de cuidar a su hijo, y nadie duda de que esa responsabilidad pesa más que la opinión más terca del pequeño. En la *demencia*, la cuestión fundamental es la misma: en resumen, quién se pone al frente. Estas decisiones rara vez se prestan a obtener un consenso. La brecha en la perspectiva entre una mente sana y una demente es tan grande que virtualmente hace imposible todo acuerdo entre ambas.

Conscientemente, casi todo hijo de un padre demente sabe que el derecho moral está de su lado, pero muchos se quedan en un estado de conflicto emocional porque no pueden dejar de sentirse heridos por las violentas palabras de su padre. De cierta ayuda sirve tener en cuenta que las palabras en realidad no fueron pronunciadas por el padre sino por su enfermedad, que se expresa por boca de su padre. Sin embargo, padre e hijo han estado tan emocionalmente unidos que no hay técnica «mental» que pueda defender por completo el centro emocional del hijo ante el estrés del enfrentamiento con su propio padre o madre. Y cuando la causa de la ira del padre es una auténtica indignación por lo que le parece ingratitud, avaricia o bajeza de su hijo, el peso de la culpa puede ser casi insoportable.

Resulta irónico que la salvación proceda de la propia demencia. Después de tanta ira y amenazas, casi todos los hijos se asombran ante la rapidez con que el padre característicamente demente dejará de discutir. Esto puede decirse en particular de quienes llegan a cuidarlo a la casa. La admisión de un «desconocido» en la casa del padre es el tema que más probablemente causará gran controversia y sinsabores. Y sin embargo, en cuanto el ayudante ha ingresado, resulta sorprendente la rapidez con que muchas personas en estado de demencia lo aceptarán… a menudo, en cuestión de días o de semanas. La pérdida de la memoria puede hacer, a veces, menos enconados los problemas, el recuerdo de la vida antes de que llegara el ayudante va desapareciendo, y la situación actual se vuelve la norma. Resulta irónico el poco tiempo necesario para que ese ayudante, poco antes tan odiado, se integre hasta tal punto a la vida del paciente que cualquier ausencia suya, de fin de semana o de vacaciones, se vuelva causa de ansiedad.

Al enfrentarse a los problemas de la demencia esta pauta se volverá familiar. Ese cambio al que el paciente se opuso con tanta decisión se convierte muy pronto en un nuevo *status quo*, que hay que defender. El anciano rara vez se quejará ante sus hijos acerca de algún problema. Usted mismo se enterará de que un problema existe, ya sea porque lo ve con sus propios ojos o por las quejas de los enfermeros, amigos o vecinos. En ese punto podrá usted solicitar la opinión de su padre, pero no le pida permiso para resolver el problema. Usted podrá optar entre actuar o no actuar, pero la responsabilidad será exclusivamente suya. Si decide actuar, no espere aprobación ni gratitud, salvo en los resultados últimos.

Si este consejo le parece muy rudo, recuerde que no va en contra del cariño y el amor. Antes bien, se trata del lado oscuro del amor, que se llama responsabilidad. Le puede flaquear el corazón, pero que no le flaquee la voluntad.

6

Cómo ayudar a una mente que se desmorona

L OS PROBLEMAS ANALIZADOS en los tres capítulos siguientes
tienen un denominador común: todos ellos predo-
minan en una demencia moderadamente grave. Por fortuna,
la experiencia sugiere que ninguna persona mostrará todos
los problemas que aquí analizamos. Sin embargo, estos
problemas pondrán al padre o la madre de usted en riesgo
de sufrimientos, enfermedad, lesiones y muerte. Si no se
resuelven, ellos harán que los enfermeros se vayan de la
casa, o bien causarán tanto estrés en la familia que pro-
ducirán odio entre hermanos o el prematuro envío del
paciente a un asilo.

Aunque los asilos tienen un lugar legítimo y valioso en
el cuidado de personas dementes, el enviar allí a un padre
demente, a menudo se hace demasiado pronto y por razones
erróneas. Si se hubieran resuelto mejor los problemas al
principio de su decadencia mental, muchos de quienes hoy
viven en asilos para ancianos se encontrarían aún con su
familia, rodeados por las personas y los hogares para los
que trabajaron toda su vida. Haciendo un esfuerzo por en-

frentarse a problemas de conducta en cuanto se manifiestan, un hijo o una hija a menudo puede estabilizar la situación del hogar antes de que se haya deteriorado sin
remedio, y con ello ganar años para que su padre o su madre
vivan con la sensación de pertenecer a una familia.

En cada uno de los estudios que siguen se ha intentado
presentar, primero, las estrategias de atención médica sin
medicinas y reservar el uso de la medicación a las situaciones en que este enfoque falle. Sin embargo, esto no
equivale a sugerir que casi no necesitará usted recurrir
a medicamentos. En realidad, la combinación de bajas dosis
de medicamentos más las estrategias libres de medicinas
podrían ser la mejor combinación para muchos pacientes.

No se debe mantener una adicción a las medicinas como
solución a todos los problemas, ni tampoco una aversión
fija a ellas. Como hijo de un padre demente, usted necesitará
ejercer su juicio sobre lo que más conviene a su padre o
su madre. En el análisis de estos problemas de padecimiento
psíquico, al tomar decisiones deberá usted recordar constantemente una de las «leyes» de la demencia:

*Todas las emociones son tan poderosas en la demencia
como en la vida normal: no es como las cosas en realidad
son, sino como creemos que son, lo que gobierna nuestras
emociones.*

¿Qué quiero decir al afirmar que la «sensación» emocional
es la misma para la persona demente que para la persona
normal? Lo que quiero decir, por ejemplo, es que unos
asaltantes imaginarios son tan aterradores para su padre

como lo sería un verdadero asaltante para usted. Caminar extraviado por el vecindario será para su padre tan temible como lo sería para usted vagar perdido en un bosque. Ira, desconfianza, cólera, agitación, miedo: todas son formas de dolor psíquico y de sufrimiento tan profundas para su padre como lo son para usted. Y esos padecimientos psíquicos nunca deben aceptarse sin intentar aliviarlos. Las palabras y gestos pueden ayudar; el apoyo emocional puede ayudar; pero cuando se necesite medicación, no se deberá prescindir de ella.

Antes de recurrir a la medicación, hará usted bien en tratar de reestructurar las pautas de vida de su padre o madre. Gran parte de la conducta desagradable de personas dementes consiste en las mismas acciones que cualquiera realiza: caminar por la habitación, maldecir, tirar golpes y gritar. La diferencia significativa es el grado de provocación. Mientras que pueden necesitarse circunstancias extraordinarias para llevar a una persona normal a esa pérdida de dominio de sí misma, idénticas acciones en una persona demente nos parecen inapropiadas, porque la mayoría de las personas no sabe que es mucho más fácil abrumar el sistema nervioso de una persona que padece demencia.

Por consiguiente, antes de recurrir a la medicación, intente lo siguiente:

- Trate de identificar acontecimientos gratos y positivos de la vida diaria de su padre o madre. ¡No haga juicios de valor! No suponga que las actividades sencillas, aburridas y monótonas no pueden ser agradables para los adultos. Muy a menudo los tipos de actividad desdeñados por otros son los que resultan más gratos a un paciente con demencia.

- Empiece con unos cuantos, pero luego trate de llevar al máximo el número de acontecimientos agradables cada día.
- Al mismo tiempo, observe las experiencias negativas y, cuando sea posible, redúzcalas al mínimo.
- Simplifique el entorno, quitando todos los objetos innecesarios, excepto los que tengan valor emocional o sentimental positivo; no tolere el desorden decorativo, que suele abrumar a la persona con demencia.
- Enseñe a quienes cuiden de su padre enfermo a tratar de distraerlo si empieza a dar señales de agitación y se altera, en lugar de tratar de discutir con él.

En su mayor parte, los medicamentos empleados para reducir estas expresiones de sufrimiento psíquico no mejoran la comprensión del paciente. Antes bien, actúan aminorando el componente emocional de lo que esté produciendo repetición, agitación, berrinche o alucinación. Por regla general, puede decirse que los tranquilizantes ejercen su mejor efecto si se les emplea de tal manera que minimicen todo impacto no deseado sobre el sentido de alerta y el equilibrio. Para cada uno de los problemas mencionados, la medicación con tranquilizantes puede ser necesaria, y se la deberá emplear de acuerdo con los siguientes lineamientos:

- Empiece con la dosis mínima que indique el fabricante. Si su padre o madre han sido siempre muy sensibles a los medicamentos, pida uno que venga en forma líquida o concentrada. No sólo será más fácil de tragar (o de ocultar) sino que le permitirá a usted utilizar unas cuantas gotas para administrar dosis mucho menores que las que elabora el laboratorio para el adulto «normal».

- Comprenda que se necesita menos medicina para prevenir una emoción antes de que ocurra, que para suprimir una cuando ya está presente. Si su padre o madre sufre tan sólo arranques ocasionales, podría ser conveniente conservar las píldoras en el frasco y utilizarlas sólo cuando sea necesario. Empero, si ocurre un estallido emocional y no funcionan las estrategias aplicadas sin medicamento, no será conveniente tardar mucho en volverlo a administrar, ya que dará por resultado la necesidad de grandes dosis para contener una agitación o una ira crecientes. Asimismo, si la experiencia ha demostrado que aparecen regularmente ciertos problemas, dé al paciente una pequeña dosis de la medicina para prevenirlos.

Una situación característicamente predecible es la del crepúsculo. Ésta consiste en síntomas de confusión o de alucinación, al caer la noche, en una persona anciana que había estado perfectamente bien durante el día. Ese término sugiere atinadamente que el problema tiende a ocurrir a la puesta del sol, aunque nadie ha descubierto aún una teoría científicamente aceptable sobre por qué ocurre así. Sin embargo, la experiencia sugiere que más vale dar una pequeña dosis de medicina a las cuatro de la tarde para impedir la alucinación, que tener que recurrir a mayores dosis a las ocho de la noche, cuando las alucinaciones han provocado angustia y confusión.

- ¡Escoja su medicación por el efecto secundario! A veces pueden aprovecharse para bien los efectos laterales de una medicina, pero en todos los casos deberá usted considerar si su padre o su madre tolerarán bien los efectos de cada medicina. Por ejemplo, si su padre o madre tiene alta presión sanguínea, un medicamento como la Torazina, que tiende a bajar la presión, podrá permitirle al médico reducir la dosis de medicación para la presión sanguínea. El estreñimiento causado por una medicina puede ser benéfico si el paciente suele tener movimientos del intestino, pero aun si no es así, usted podrá enfrentarse fácilmente a ese efecto colateral sencillamente añadiendo más cereal con fibras. Por otra parte, un medicamento como Haldol puede producir cierto endurecimiento de los músculos, lo que haría más lento el movimiento. Si el equilibrio y el modo de andar del paciente ya son muy inseguros, deberá evitarse en lo posible esta medicina.
- Aun si usted ha encontrado un medicamento y una rutina que funcionan bien (por ejemplo, 0.5 miligramos de Haldol por las mañanas, con otra dosis al caer la

noche, prevención del crepúsculo), deberá tratar de reducir o de eliminar la medicina cada seis a doce meses. La demencia y el envejecimiento son procesos dinámicos; darle a una señora de 79 años un miligramo de Haldol no será lo mismo que darle a la señora de 80 años un miligramo de Haldol al año siguiente. La demencia modifica el cerebro, y el tiempo cambia también al hígado y los riñones, por lo que un miligramo de medicina al año siguiente tal vez sea demasiado fuerte. En cambio, los arranques emocionales que se manifiestan este año pueden existir o no existir al año próximo, conforme progrese la demencia del paciente.

Los tranquilizantes no pueden mejorar la memoria ni eliminar la confusión, pero sí pueden separar una idea confusa de sus consecuencias emocionales «lógicas»; crean indiferencia hacia ese «extraño» que hay en el dormitorio, a la habitación «desconocida», a los imaginarios «niños que están corriendo por toda la casa». Esa indiferencia puede estabilizar a un padre demente en su propia casa, permitiéndole a usted y a sus cuidadores atenderlo con mayor eficiencia. Y lo más importante de todo es que la paz del espíritu que una medicina bien escogida puede dar a su padre o madre no es menos valiosa por el hecho de ser artificial.

7

Las repeticiones

E S NUESTRO RECUERDO del pasado el que nos consuela en el presente. Vivir con pérdida de la memoria a corto plazo significa vivir en un mundo apartado de esa tranquilidad. Por ejemplo, usted puede sentirse seguro de que su hijo está bien si habló con él esta mañana. Pero, ¿y si no ha escuchado de él durante días o semanas? ¿No estaría usted comprensiblemente ansioso? De manera similar, la angustia de su padre es perfectamente entendible. Con la pérdida de la memoria a corto plazo, pierde sentido el concepto abstracto de «esta mañana» y, por tanto, no puede tranquilizarlo. El último recuerdo, a largo plazo, puede ser de hace semanas o meses. Y de este hecho perturbador y doloroso surgen las constantes y repetidas preguntas, a veces cada pocos minutos.

Oír repetidas veces la misma pregunta de un padre o madre demente puede volverlo a usted loco. Muchos hijos no quieren reconocer que esto es lo que sienten, como si impacientarse ante un padre o una madre enfermos fuera causa de vergüenza. En realidad, la cordura de cualquiera puede ser puesta a dura prueba por la repeticiones de los padres enfermos. Romper ese ciclo es algo importante para usted y también para su padre o madre. La ansiedad producida por las continuas preguntas es causa de mayor dolor psíquico para su padre o su madre que para usted. Para romper ese ciclo usted deberá penetrar, con su imaginación, en el mundo de ellos e identificar la angustia que causa las preguntas. Deberá descubrir lo que la pregunta *signi-fica* para sus padres en un nivel emocional. El significado emocional está relacionado —pero rara vez es idéntico— al contenido real de la pregunta repetida. Una vez identificada esta significación emocional se encontrará usted en posición de hacer algo preventivo para tranquilizarles. Por ejemplo, en el caso de las repetidas preguntas por teléfono, podrá imaginar la causa de la angustia y colocar al lado del teléfono de su padre o de su madre una nota que diga, con letras grandes: Todos están bien, yo te llamaré por la mañana.

Lo que el paciente está buscando no es la información misma, sino que lo tranquilicen. En una conversación personal podrá evitar las repeticiones, si logra descubrir la angustia latente en las preguntas, más que con interminables respuestas. En general, toda respuesta que llegue a las fuentes básicas de la angustia humana —que todos y todo están bien, y que usted estará allí siempre para atender al enfermo— tendrá mayor significado que esperar que sus padres hagan su propia traducción interna, de una respuesta verdadera a la tranquilidad que necesita.

En la vida ordinaria y cotidiana, casi nadie está acostumbrado a dar respuestas emocionalmente poderosas a preguntas prosaicas:

P./ ¿Dónde está tu hermano? ¿No debiera estar ya aquí?
R./ Ya sabes que te quiero y que estaré aquí para cuidarte.

Esta es una habilidad que puede aprenderse, si quiere usted que su padre o su madre y usted compartan algo similar a la paz del espíritu. Pero aun si no puede encontrar las palabras necesarias para penetrar en el núcleo de las angustias de su padre o de su madre, todavía le quedarán varias estrategias:

1. Cambie de tema o distraiga a la persona con una conversación enteramente distinta o con una tarea sencilla. A menudo podrá usted esperar, razonablemente, que si puede mantener fuera de la mente de sus padres aquella pregunta más tiempo que el habitual ciclo de repeticiones (medido, a veces, en minutos) desaparecerá por sí sola.
2. No haga caso a la pregunta. Esto a veces funciona, aunque también puede causar un *crescendo* de agitación y de trastorno emocional que resulte más perturbador que la repetición (especialmente en un lugar público).
3. Administre un tranquilizante. Esto puede no ser lo óptimo, pero tampoco es algo que deba evitarse a toda costa. Es mucho mejor aceptar una pequeña dosis de medicina para calmar la angustia, que adoptar rígidamente la ideología de evitar todo medicamento. Aunque esta decisión tendrá que ser

ratificada por el médico que prescribirá la medicina, obtendrá mejores resultados si sugiere una pequeña dosis de uno de los siguientes productos:

- Haldol;
- Ativán;
- Buspar;
- Cognex.

Entre estos medicamentos sólo el Cognex puede mejorar ligeramente la memoria, lo suficiente para romper el ciclo de repeticiones, manteniendo mejor en la memoria la respuesta y la pregunta. Los otros productos y sus similares no pretenden mejorar la memoria de una persona sino, antes bien, van dirigidos al nivel de angustia del paciente, a reducir ligeramente la necesidad emocional de seguridad y tranquilidad.

A la postre, cuando el proceso de demencia progrese para llegar a su etapa intermedia, desaparecerá el problema de las repeticiones, en gran parte porque el avance del daño neurológico reducirá la capacidad del paciente para valerse del lenguaje para expresar su angustia. Sin embargo, esté usted advertido de que la incapacidad de valerse de palabras para expresar angustia podrá hacerle *a usted* la vida más fácil, ¡pero no significa que haya desaparecido la angustia! Es más probable que ésta se exprese en otras maneras no verbales.

— *8* —————————————

La confusión nerviosa

CON EL AVANCE DE LA DEMENCIA pueden surgir estados de agitación que se expresen mediante una conducta confusa y desorientada, más que con preguntas persistentes. En esta etapa, por lo general, la «amnesia retrógrada» está bien establecida y es uno de los factores que más contribuyen al problema, la cual es la pérdida de memoria de los recuerdos más recientes y, a corto plazo, de la vida de una persona; esa pérdida se extiende gradualmente hacia atrás en el pasado y puede empezar a crear dificultades cuando el punto de referencia de la memoria del paciente retrocede muchos años, hacia un pasado ya desvanecido. Por ejemplo, el «presidente» puede ser «ahora» Franklin Roosevelt; algunos parientes que han muerto se recuerdan jóvenes y sanos, viviendo en casas que hace mucho tiempo dejaron de existir.

Los dramas problemáticos comunes creados por la amnesia retrógrada incluyen:

No reconocer al propio cónyuge: La pareja de la persona demente no es reconocida, pues el recuerdo del «marido» o de la «mujer» sólo existe hoy mentalmente con el aspecto que esa persona tenía hace veinte o treinta años. Por tanto, nunca se comprenderá la agitación de una madre demente si no se mira a su marido a través de los ojos de ella, entonces verá a un desconocido que camina por la casa y duerme en la misma cama. ¿Es un asaltante? ¿Un violador? ¿No es ella la única persona cuerda que está presente? ¿No es su agitación la única respuesta lógica a semejante situación? ¿No hay algo muy extraño en la conducta de *usted*, actuando como si nada ocurriera?

La preocupación por los hijos: La amnesia retrógrada puede haber borrado el recuerdo de los hijos adultos; «usted» puede existir cuando está presente en el campo visual de su padre o de su madre, pero cinco minutos después de que usted se va, el único recuerdo de un hijo o de una hija puede ser de un pequeño o de una pequeña en edad escolar. La agitación del anochecer acaso sea expresión de la necesidad que tiene una madre de estar en el hogar cuando «usted» vuelve de la escuela. ¿Quién le abrió a usted la puerta? ¿Qué le ocurrió? Aunque la preocupación por este día de escuela en particular se encuentra casi exclusivamente en las mujeres, el hecho es que hombres y mujeres comparten una común experiencia de ansiedad por el paradero o la seguridad de sus hijos.

Preocupación por el trabajo: Debido a la historia social de la mayor parte de este siglo ésta es, casi siempre, una causa de agitación en los varones (curiosamente, hasta en mujeres que trabajaron durante gran parte de su vida adulta). Típicamente, puede ser causa de agitación del hombre de negocios que no trabajaba para otros y en el que su continuo sentido de responsabilidad personal sobrevive más que el recuerdo de su retiro de todo trabajo.

Un entorno desconocido: El reconocimiento del hogar actual puede perderse en el proceso de la amnesia retrógrada. Cuanto menos tiempo hayan vivido mamá o papá en su actual morada, menos a gusto se sentirán en su propio hogar. Esta es causa particular de extrema agitación cuando el «hogar» se transfiere a un asilo, pero hasta el recuerdo de un lugar en que se vivió durante diez o veinte años puede borrarse al cabo de unos cuantos años de amnesia retrógrada. En cuanto se pierde la capacidad de reconocimiento del propio hogar, la evaluación «lógica» que de la situación hace el paciente puede crear muy graves grados de agitación, incluyendo un plan para escapar de ese lugar desconocido para huir al «hogar» de ayer. ¿Por qué estoy aquí? ¿Cómo vine a dar aquí? Si no sé donde estoy, tampoco lo sabe mi familia. ¡Deben estar preocupados! Todas estas conclusiones lógicas, tal vez no expresadas a usted verbalmente, pueden poner a su padre o madre en un estado de angustia del que puede derivarse una conducta confusa y posiblemente peligrosa.

Preocupación por el dinero: La idea de que el dinero es necesario para mantenerse en vida parece conservarse bastante bien, pero el recuerdo de dónde están las cuentas bancarias y cuánto dinero hay (o no hay) en ellas es grave causa de continua angustia y agitación. Nunca crea que su padre demente no tiene «conciencia» psicológica del dinero simplemente porque usted está pagando sus cuentas. Puede ser precisamente la falta de la tranquilizadora posesión de una libreta de cheques, o de un estado de cuenta, lo que cause la agitación de la persona demente.

Preocupación por los padres: En un giro irónico, la amnesia retrógrada a menudo borrará el recuerdo de la muerte de los abuelos de usted, dejando a su padre o a su madre con el cuadro mental de un padre o de una madre, vivos, que necesitan cuidado. ¿Dónde están? ¿Se encuentran bien?

Problemas de identificación de objetos: Como parte de la pérdida de la abstracción en la demencia, ocurre una pérdida del lenguaje. Fundamentalmente, el lenguaje es un ejercicio abstracto de la mente humana, en el que las palabras o sonidos están relacionados con un significado específico. En la demencia temprana, a menudo hay lapsos de memoria en que se busca la palabra adecuada para terminar una frase. Sin embargo, al avanzar la demencia, la destrucción de la capacidad de lenguaje empieza a llegar a la conexión misma de la palabra con el objeto y con el significado. Un cojín que esté sobre la cama puede no ser reconocible como cojín, sino que su forma puede evocar la de un animal; un reloj de pulsera puede ser un trozo de basura firmemente adherido, que no es fácil arrancarse. El tocar repetidas veces un objeto, levantándolo y volviéndolo a dejar en estado de agitación, suele indicar que el objeto está siendo erróneamente identificado como causa de algo preocupante.

Por lo general, podríamos creer ingenuamente que es agradable padecer amnesia retrógrada, ya que la demencia llega con su propio anestésico a los problemas de hoy, llevando a sus víctimas de regreso a tiempos más felices. Esto muy rara vez ocurre. El resultado habitual de la amnesia retrógrada es la angustia. Si ya no se puede expresar esa angustia en lenguaje verbal, aún se expresará, difusa, por toda la conciencia del paciente. Y esto ocurre porque la mente humana —aun afectada por la demencia— nunca cesa en sus esfuerzos por dar un sentido racional al mundo. Esta parte inherente al ser humano no termina hasta que deja de existir la conciencia misma.

No debemos tener un prejuicio irracional contra las medicinas, pero muchos médicos suelen depender demasiado pronto de ellas para contener toda agitación. Recurren a esta respuesta reflexiva porque no pueden imaginar que una persona obviamente confundida esté pensando, de manera perfectamente lógica y racional. Una persona demente, confundida, está dando un uso perfectamente lógico a información gravemente errónea, y continuará luchando por hacerlo mientras le sea posible. Responder con dosis cada vez mayores de medicinas para «suprimir» la confusión puede sedar al paciente hasta llevarlo a la inconsciencia.

Comprender que la confusión en la demencia es resultado de aplicar una lógica correcta a una premisa errónea es algo que abre la posibilidad de que usted logre más que el médico, combinando el mayor conocimiento que usted tiene de la vida de su padre con un poco de imaginación.

Siempre vale la pena tratar de entrar con la imaginación en el marco de referencia de su ser querido. Apártese temporalmente de la «realidad» del presente, y a partir de las palabras confusas de su ser querido, trate de reconstruir el tiempo y el lugar en que su padre o su madre se encuentran en ese momento.

Pese a la trillada expresión «segunda infancia», la amnesia retrógrada rara vez parece llevar a las personas dementes de regreso a su niñez. Lo más común es que los devuelva a los principios de la edad mediana. Con este punto de partida, trate usted de volver a escuchar lo que está diciendo su padre o su madre. ¿En qué marco de referencia está viviendo? Si logra usted dar ese salto en la imaginación, descubrirá para su sorpresa que dentro de este nuevo marco de referencia, las palabras de su padre o de su madre tienen perfecto sentido. En adelante, trate de hablarle y de tranquilizarlo dentro del marco del tiempo y del lugar en el que se encuentra la mente demencial. Calmará mucho mejor la angustia si se somete temporalmente a un mundo ficticio, que si insiste en tratar de corregir el «error» e intenta redirigir a su padre o su madre a la realidad del tiempo y el lugar de *usted*. Si insiste en esto último, seguramente no lo logrará, quizá agravará usted la situación.

Recuerde que el objetivo es tranquilizar y calmar a su madre o su padre, *no* corregir un pensamiento erróneo, ni ganar una discusión y no necesariamente decir la verdad.

No tema perpetuar el erróneo sentido del tiempo y el lugar si cede a esa desorientada convicción de tiempo y lugar. Este temor parece ser instintivo entre los miembros de la familia de personas dementes. Suelen creer que ceder a un pensamiento confuso hará que su padre o su madre se pierdan más aún en el pasado. Muchos hijos se sienten obligados a luchar constantemente con ese proceso de interminable reorientación hacia el presente. Este enfoque es bueno si la demencia del paciente es benigna y la confusión se limita a cuestiones de baja ansiedad y a preguntas como «¿Qué día es hoy?» Sin embargo, cuando la demencia avanza, una estrategia intolerante de reorientación puede ser contraproducente. Por ejemplo, si su padre le indica que está preocupado por su propia madre, reorientarlo hacia el hecho de que su madre murió hace años puede desencadenar una terrible reacción emocional ¡tan «real» como si se le informara, por vez primera, de la muerte de su madre! Con frecuencia, tales intentos de corregir otros «errores» pueden producir no reorientación sino discusiones o sospechas acerca de los motivos que pueda usted tener para mentir.

No reforzará usted el error si no lo corrige, como creen muchos. Sus mejores opciones son similares a las que analizamos en relación con la continuas repeticiones:

Evite la agitación siempre que sea posible: Si las palabras escritas aún son inteligibles en el nivel de demencia de su padre o la madre trate de dejarle notas escritas que expresen los motivos básicos para tranquilizarlos. Algunos ejemplos pueden ser: Esta es tu casa. estás seguro aquí, o Vendré a verte después del trabajo, o, tal vez, los niños están al cuidado de una persona de confianza.

Podrá usted ayudarse con relojes, calendarios, notas escritas o etiquetas. Al ir desapareciendo el lenguaje, acaso baste distribuir algunas fotografías amplificadas del rostro de usted, sonriente, que pueden servir como fuente de seguridad no verbal de que usted aún existe.

Acepte el error y tranquilícelo: Si decir al paciente que un miembro ya difunto de la familia se encuentra bien es algo que le causa placer y tranquilidad, ¡dígalo! Dele a su padre una libreta de banco falsa, con grandes cifras mecanografiadas, o una falsa libreta de cheques. Ninguna de estas falsificaciones tendrá que ser muy buena para ser aceptada. Invente alguna mentira útil, y no tema estar perpetuando errores. Muy probablemente, esa certeza permitirá a su padre o su madre olvidarse de la idea de que caerá así en el abismo de la pérdida de la memoria a corto plazo.

Cambie de tema: Aun si no logra adivinar la fuente de la angustia de su padre o de su madre, podrá desviar la atención hacia otro tema. Sólo necesitará sostener esta nueva actitud durante unos cuantos minutos, mientras espera que la corriente de pensamiento «lógica» que está perpetuando la angustia desaparezca en la pérdida de la memoria a corto plazo.

Simplifique el entorno: Si nota que su madre o su padre parece alterarse al tocar repetidas veces un objeto o al caminar sobre él, trate de quitarlo. Nunca logrará adivinar con qué está siendo erróneamente identificado ese objeto en la mente confusa de su ser querido, pero es común que los significados de objetos físicos sean deformados debidos a la demencia. Una gorra de algodón puede ser confundida con un temible animal pequeño, o un abrigo, colgado en el vestidor puede parecer un hombre que se oculta en el clóset. Si su padre o madre parecen predispuestos a presentar esta característica, lo mejor tal vez sea iluminar bien la habitación para aumentar al máximo la oportunidad de identificar correctamente los objetos. Aun así, trate de despejar la habitación de todos los objetos salvo los más esenciales. Ambas estrategias reducirán la posibilidad de errores perceptuales como causas de agitación.

La medicación: La medicación es particularmente valiosa cuando persisten la confusión y la agitación, a pesar de todos sus intentos y es esencial en las situaciones en que no se puede ofrecer un ambiente familiar y tranquilizador. Viajar al exterior a veces es agradable para una persona demente, si se hace en compañía de amigos o familiares bien conocidos y de confianza, pero no siempre es el caso ni siempre es posible. Alguna medicación a base de tranquilizantes puede ser esencial para un viaje al consultorio del médico; un cambio de enfermero en casa puede precipitar tan grave trastorno emocional que el paciente no responda a nada más.

No es fácil resolver todos los casos de confusión agitada. Muchas veces cierta agitación parece ser inevitable; cuando tantos aspectos de la vida son confusos y amenazadores no bastará un puñado de estrategias. En estas situaciones, el empleo de medicinas es la única alternativa. Sin embargo, recuerde que la demencia es un mal progresivo y que conforme avance, llegará un momento en que se habrá desvanecido gran parte de la «materia prima» mental que alimenta la agitada confusión del paciente. Aunque las medicinas hayan logrado contener la confusión y agitación, deberá usted suspenderlas al menos una vez al año, para ver si siguen siendo necesarias.

— *9* —————————————

Extraviarse

N O TODAS LAS PERSONAS dementes pasean, la mayoría se siente muy naturalmente intimidadas por el ruido y la confusión del mundo fuera de su hogar y sienten tan poderosa afinidad con el lugar que conocen, que el problema más común es convencerlos de que salgan, aun en compañía de sus hijos.

Sin embargo, algunas personas dementes sí caminan fuera de casa sin ninguna vigilancia, tan sólo con la idea más vaga y frecuentemente errónea de a dónde van o cómo volverán. El vagabundear es uno de los problemas más temidos que se derivan de la amnesia retrógrada en el padre o la madre moderadamente dementes. Cada invierno nos enteramos, por el periódico local, de un hombre o una mujer dementes que murieron de frío después de extraviarse cerca de su hogar. Y de no ser por la voluntaria ayuda de vecinos y porteros, el número probablemente sería veinte veces mayor.

El vagar suele representar un grado más visceral de agitación. En expresiones de agitación más sencillas, por lo general logrará usted tener algún éxito mediante ciertas estrategias o el empleo de tranquilizantes, aunque no logre usted identificar el marco de referencia que está creando la angustia. En cambio, el vagabundear es algo distinto. Un anciano confuso, cuyo punto de referencia en la memoria hace irreconocible su «casa» y que se siente deseoso de abandonar ese extraño lugar, no será fácilmente disuadido con una dosis moderada de tranquilizante. En realidad *no* existe medicina capaz de contener esta conducta, como no sea una dosis tan fuerte que el paciente sea incapaz de levantarse y llegar a la puerta. Resulta irónico que algunos de los más fuertes tranquilizantes puedan, con el tiempo, causar una sensación de «síndrome de piernas inquietas» que puede hacer aún más fuerte el impulso de vagar. En términos generales, el control de este grave problema requiere una variedad de estrategias aplicadas todas a la vez.

Algunas de las estrategias sugeridas incluyen todo lo que pueda usted aplicar de lo siguiente:

- Primero, suponga que todo lo que usted haga fallará, y que su padre o su madre saldrá solo a la calle. Inscriba a su ser querido en «Safe Return», programa administrado por la Asociación de Alzheimer, para que lo admitan no es necesario que su padre tenga, demostrado, el mal de Alzheimer, sino sólo demencia. Por el costo de cerca de veinte dólares, su padre o su madre será inscrito en una base de datos nacional además de recibir un brazalete, un collar, etiquetas en la ropa y una tarjeta de identificación. Coloque una tarjeta de identificación en la cartera o el bolso de su padre o de su madre, con su nombre, dirección y el número de teléfono de *usted*. Duplique estas medidas de precaución haciendo que su padre o su madre lleve una pulsera o un brazalete en el tobillo, con la misma información. Avise a todo vecino de confianza o a los propietarios de las tiendas cercanas y, si su padre vive en un edificio de departamentos, también al portero. Que todos sepan que si ven a su padre solo, eso es señal segura de que algo anda mal, aun si parece estar perfectamente.

- Coloque un letrero en la puerta, que diga con letras sencillas: «No salgas». O podrá usted añadir, para mayor orientación con la realidad, «Estás en tu propia casa», o utilizar algún disuasivo personalizado como «Espera aquí a Juan». Acaso convenga que ponga usted un letrero, asimismo, en puerta del cuarto de baño, con un letrero o el dibujo de un excusado ¡se han dado casos de personas dementes que salieron de su departamento sin la intención de caminar, buscaban el cuarto de baño, y una vez afuera, se desorientaron!

- Compre un reloj que indique a.m. y p.m., preferiblemente con una carátula que muestre el día y la noche, y déjelo cerca del lecho de su padre o su madre. No pocas veces un paciente despierta a las 3:00 a.m., y cree que son las 3:00 p.m., y se levanta a mitad de la noche. Aun con un cuidador durante veinticuatro horas, éste, dormido, tal vez no se dé cuenta de que el paciente no está. Otra medida de precaución puede ser colocar unas campanillas o alarmas en las puertas.

- Entérese del uso de cerraduras de seguridad o cubiertas de perillas que dificulten la salida. Existe una buena línea de aparatos de seguridad contra incendio, y deberá disponerse de alguna otra persona, en caso de urgencia.

- Las estrategias imaginativas incluyen dejar un videocassette encendido en la televisión. Los rostros y las voces familiares pueden bastar para que su padre o su madre estén cómodamente sentados durante horas, aun en su ausencia. Dada la pérdida de la memoria a corto plazo, no es probable que repetir la proyección dos veces al día resulte aburrido o inquietante.

- El vagar a solas es razón suficiente para pensar en contratar a un vigilante que cuide al enfermo durante ocho o doce horas diarias. O bien, si se cuenta con un centro de atención contra el mal de Alzheimer, y si salir de casa parece ser una apremiante necesidad del padre o la madre, quedará usted con mayor paz del espíritu si firma un contrato para que transporten a su padre o su madre al centro, a pasar el día.

- Mantenga a la mano una foto reciente, así como una pieza de ropa, no lavada, en un bolsa de plástico con cremallera. Estas medidas un tanto macabras pueden resultar salvadoras un día, permitiendo que los investigadores o sus perros descubran al paciente, antes de que los efectos de los elementos ambientales resulten mortales.

- Trate de disimular la apariencia de la puerta de calle desde el interior, tal vez con una pintura, para que parezca parte de la pared.

Hay una última cuestión de seguridad, relacionada con el vagar que merece particular mención y consideración. Sepa usted que no todos los accidentes fatales relacionados con vagabundear ocurren en el mundo exterior. Algunas personas dementes vagan por la cocina y, si nadie las observa, encienden la estufa antes de volver a salir, olvidándolo por completo. Resulta sorprendente que esto no ocurra con frecuencia, dado el gran número de personas que sufren demencia. La mayoría de las personas dementes consideran los aparatos de cocina con una actitud similar a la que tienen hacia el mundo fuera de sus casas: como algo demasiado complicado, y más vale evitarlo. Y sin embargo, para la persona demente que siente el deseo de encender la estufa, hay muy poca medicación o estrategia que pueda darle cierta seguridad. Hasta un cuidador que interrumpe su vigilancia en los pocos momentos que necesita para ir al excusado, puede volver para encontrarse con un incendio ya incontenible. Si su padre o madre toca la estufa, así sea para colocar una tetera en un quemador apagado, haga usted que su electricista o que la compañía de gas instale un apagador oculto, para asegurarse de que su padre o madre no podrán encender la estufa.

10

Las cosas imaginarias

U NA DE LAS CUALIDADES más sorprendentes e inexplicables de la demencia es la tendencia del cerebro dañado a crear escenas visuales cuyo origen está, por completo, en el propio cerebro. A estas «visiones» se les llama alucinaciones, y son parientes cercanos de las ilusiones ópticas, que son la errónea interpretación visual de un objeto que en realidad existe. Es una ilusión óptica creer que un calcetín tirado en el suelo es un ratón; ver a un perro imaginario en la sala es una alucinación.

Las personas dementes sufren con frecuencia alucinaciones, aunque las estadísticas sugieren que se trata de un problema que aflige sólo a una minoría. Lo curioso de la alucinación no es sólo el hecho de que ocurre, sino también que pese a la diferencia en las vidas de las personas, ocurre sólo un número limitado de visiones. Característicamente, la persona demente verá a uno o más niños, por lo general corriendo por la casa, a perros que corren bajo la cama o a un desconocido que puede estar en la sala, en el dormitorio o ante la ventana.

¿Por qué estas visiones y no otras? ¿Por qué perros y nunca gatos? ¿Por qué niños corriendo? ¿Por qué ha de estar el hombre junto a la ventana, y no junto a la puerta; en la sala pero no en el cuarto de baño? Como sea, el número limitado de los temas repetidos de las alucinaciones de demencia resulta más intrigante que la propia existencia de la alucinación. Esta elección de temas es tan predecible en la mente demente que se deberá informar al médico si hay otras alucinaciones más pintorescas o complicadas. Algunas medicinas, en especial en contra del mal de Parkinson, generarán visiones mucho más detalladas y exóticas, como un paisaje inglés con ovejas y pastores, vistos desde la ventana de un edificio de departamentos.

Algunas personas con demencia comienzan sus alucinaciones a temprana hora del día, mas para la persona común es insólito que las alucinaciones se generen antes de las últimas horas del atardecer o principios de la noche. Durante décadas, muchas familias han notado lo predecible de la alucinación a estas horas del día, lo que hizo nacer el término «crepuscular». Característicamente, la persona «crepuscular» que ha actuado bastante bien durante el día, mostrará creciente angustia y confusión al atardecer, seguidas por alucinaciones al caer la noche. Y esta pauta puede persistir durante semanas o meses.

Los científicos siguen discutiendo sobre por qué la puesta del sol deba relacionarse con una creciente disfunción mental. Algunos creen que se trata de simple coincidencia: que lo que en realidad interviene es la fatiga al terminar el día, y eso hace funcionar mal la mente. Según este argumento, un anciano que ha estado de pie todo el día naturalmente se mostrará más fatigado al anochecer, lo que explicaría la presencia de alucinaciones a esa hora.

Otros creen que existe una conexión entre la desaparición de la luz del sol y la presencia de la alucinación, ya que el crepúsculo proyecta sombras que confunden la mente, provocando alucinaciones, o que la propia desaparición de la luz del sol causa un cambio químico en el cerebro. En realidad, nadie sabe la causa de las alucinaciones ni la razón por la que tienden a aparecer, y encender las luces del interior no hace que desaparezcan las vívidas imágenes visuales de parientes muertos, pequeñas alimañas, niños o asaltantes.

¿Qué se puede hacer contra las alucinaciones? Deberán tenerse en cuenta varios puntos:

- En primer lugar, no es necesario erradicar cada alucinación. Algunas personas dementes sólo raras veces tienen alucinaciones, y algunas de ellas no siempre se preocupan. No les gusta esa experiencia, pero no es raro descubrir que se dan cuenta de la irrealidad de la alucinación, aun mientras está ocurriendo. Acostumbrarán decirle a usted que ven a un perro pero que, lógicamente, saben que en su habitación no puede haber un perro. Si su padre o su madre no se alteran emocionalmente por las alucinaciones, usted podrá hablar de ellas como de una «experiencia».

- Recuerde que las alucinaciones son *reales*, ¡aun si son una realidad imaginaria! Rara vez servirá contradecir a su padre o su madre que padece alucinaciones, ya que las palabras no harán que su cerebro funcione de otra manera. Podrá usted ser franco y decir y decir que *usted* no ve un perro en la habitación, pero causará agitación (y también será descortés) si trata de convencer al paciente de que no está viendo un perro. En la medida en que todos «vemos» con la mente, puede decirse, filosóficamente, que el perro que el cerebro de usted no ve, no tiene más bases en la de realidad que el perro que ve el cerebro de su padre o madre.

  Si está usted presente durante la experiencia alucinatoria de su padre o de su madre, no discuta. Podrá usted tratar de disipar la alucinación encendiendo las luces (lo que a veces funciona, pero no siempre) y quedarse en la habitación con su madre o su padre (a menudo, la presencia de un verdadero ser humano disipa la presencia imaginaria). Y, para no fallar filosóficamente, podrá usted ser franco y decir lo que no ve, mientras no niegue la realidad de la experiencia de su padre o de su madre.

- Podrá usted tratar de aprovechar el limitado repertorio de las alucinaciones típicas, llevándose a su padre o a su madre de una de las habitaciones en que suelen aparecer las alucinaciones (la sala o el dormitorio), a otra parte de la casa. La alucinación rara vez lo seguirá y, una vez desvanecida, no es probable que retorne esa misma noche.

- A la postre, el control de las alucinaciones requiere un tipo especial de medicinas, llamadas antipsicóticos. Hay cerca de una docena, y las más útiles aparecen enumeradas y analizadas al final de este libro. Una diferencia importante entre estas medicinas es la medida en que logran calmar al paciente. Para las alucinaciones del crepúsculo, deberá usted preferir una de las medicinas menos sedantes, para que no impidan cenar al paciente. Por la noche, una de las más eficaces es Melleril (tioridazina), cuya condición sedante es una desventaja durante el día, pero puede ayudar a reforzar el sueño si se la toma por la noche.

Algunos hijos e hijas se niegan a emplear tranquilizantes, por principio general. Esta intención es loable, mientras su principal preocupación sea el bienestar del paciente, y no una ideología. Sin embargo, por desgracia, algunos hijos permiten que su padre o su madre sufran muchísimo un innecesario dolor psíquico por que no «creen» en medicinas, o porque el niño pequeño que hay en ellos desea, egoístamente, que su padre o madre sigan siendo como los que antes conocieron. Aun si está usted dispuesto a soportar la confusión de su padre o madre, su agitación y sus alucinaciones, no es lícito permitir que también ellos sufran.

11

Accesos de emoción

P UEDE LLEGAR UN PUNTO en que una madre o un padre conocidos durante toda su vida por su calma y su bondad, se vuelvan propensos a tener arranques de hostilidad, de ira y tal vez de abierta beligerancia, en que arañan o tiran golpes. Esos berrinches no sólo escandalizan a los miembros de la familia, no acostumbrados a ver a papá o a mamá comportarse de manera tan opuesta a su carácter. Los episodios de hostilidad o de conducta agresiva pueden hacer que una enfermera se vaya de casa, a veces dando aviso casi sin anticipación, y no pocas veces en el momento más inoportuno.

Los accesos de hostilidad generalmente se desarrollan cuando se unen diversos factores en la vida de una persona demente. El primer factor es un grado, al menos moderado, de deterioro mental severo, de modo que el padre o la madre pueden dejar de reconocer durante un tiempo ciertas personas y lugares. El segundo es que el lenguaje haya sido ya gravemente afectado, de modo que sea difícil para el anciano expresar en palabras sus sentimientos. Cuando a esta situación se añade el tercer elemento de sobrecarga sensorial, habrá alto riesgo de que ocurran berrinches, con gritos, intransigencia y agresividad. Un padre apacible y dócil puede encontrarse de pronto luchando y gritando; una madre que era tan mansa como un cordero mientras veía la televisión, puede empezar a arañar y a golpear las manos de su enfermera a la hora del baño.

Entre las familias que se enfrentan a esos cambios de conducta existe la triste tendencia de atribuirles significados erróneos. Las familias pueden llegar a la equivocada conclusión de que la persona demente está buscando llamar la atención o que intenta manipular la situación. Esto es un error. La persona demente no es un niño de dos años ni un adulto que se haya vuelto consentido o caprichoso. Estos estallidos emocionales no son expresiones calculadas de un intrigante, sino producto de una mente debilitada, que soporta una sobrecarga tan pesada que lo hace llegar hasta el punto del colapso emocional.

Las personas dementes siempre actúan con información incompleta o errónea proporcionada por menoscabados sistemas de memoria. Momento tras momento están esforzándose al máximo para dar el uso mejor y más lógico a la información de que disponen. Tendrán accesos de emoción cuando esta capacidad de dar sentido al mundo sufra una falla catastrófica: las personas, las voces, las instrucciones y el ruido.

Por consiguiente, uno de los factores que precipitan los accesos emocionales es la fatiga. Puede decirse de la demencia, como de todas las enfermedades neurológicas, que las crisis de la enfermedad siempre serán mayores cuando una persona esté fatigada, así se trate de una mujer joven con esclerosis múltiple o del paciente que sufre el mal de Parkinson. Una persona fatigada con demencia se encontrará en una desventaja adicional al tratar de encontrar el sentido de lo que está ocurriendo y de encontrar consuelo psicológico para darle sentido al mundo.

Aunque la fatiga puede llevar a la persona demente al borde de un acceso de emoción, el verdadero principio del berrinche generalmente ocurre cuando hay alguna carga sensorial adicional. A una persona normal le resultaría difícil imaginar que un mínimo estímulo puede resultar excesivo para una persona demente. Por ejemplo, un viaje al restaurante puede ser engañosamente sencillo desde la perspectiva de un adulto normal y saludable. El papel de la persona demente puede parecer muy simple, ya que todos los detalles y las decisiones parecen tomadas por los demás, en apariencia, el papel del anciano se reduce a disfrutar del viaje. En realidad, el estrés emocional es mucho mayor para su padre o su madre, quien de un momento a otro necesita esforzarse mentalmente para reconciliarse con nuevos rostros, nuevos ámbitos, el tráfico, el ruido, la dirección, el destino,etcétera. ¡Mientras todo el tiempo está esforzándose por recordar el propósito de todo eso!

De hecho, muchas actividades insignificantes de la vida diaria consisten en gran número de pasos que, en secuencia, conducen a un propósito. Una persona normal tiende a unir todas estas secuencias en una sola «acción», como darse un ducha, salir a dar un paseo o desvestirse para acostarse.

— **135** —

Para la persona demente, cada botón, cremallera y manga constituye una tarea nueva, cuyo propósito no es claro ni obvio y cuya ejecución dista mucho de ser fácil. Unir todas estas acciones es algo que de pronto puede parecer abrumador y confuso. La reacción se expresa en un arranque de resistencia, cargada de emoción, al hecho de recibir órdenes o de que lo toquen por todas partes.

La resistencia caprichosa a menudo puede resolverse mediante un cambio de táctica. En primer lugar, deberá usted reconocer que estos arranques de emoción ocurrirán probablemente cuando su padre o madre estén demasiado cansados, y los hechos y las expectativas que los rodean son uno o más de los siguientes:

- demasiado nuevo;
- excesivo;
- demasiado rápido.

Cuando se enfrente a una crisis de conducta emocional, deberá llevar a cabo inmediatamente una de las siguientes acciones:

- El primer paso consiste en retroceder. Detenga cualquier actividad que esté ocurriendo, pues evidentemente está abrumando la limitada capacidad de su ser querido para hacerle frente.
- Luego, aproxímese de manera lenta y amable. No deje que su voz refleje la ira o el desconcierto que está mostrando su ser querido. Aun si él no comprende bien

el contenido de las palabras de usted, el tono suave y tranquilizador de su voz se comunicará, en forma no verbal, con los centros emocionales del cerebro. Estos centros emocionales son más «primitivos» que los centros del lenguaje y, dada su relativa sencillez, son más resistentes al daño causado por el proceso de demencia. Usted logrará hacer llegar mejor su mensaje a estos centros emocionales por el sonido de su voz, que por el contenido de sus palabras, contenido que puede ser confundido por el daño causado a los centros del lenguaje.

- El tacto es otro importante instrumento de comunicación no verbal que puede calmar un arranque emocional, y es mucho mejor que la charla. Articular más palabras puede aumentar la carga de la información sensorial que se debe descifrar e interpretar. Más charla puede ser como echar leña al fuego. En cambio, el tacto puede transmitir sentimientos que, para ser comprendidos, no necesitan una interpretación compleja. Intente usted acariciar y tranquilizar con abrazos y besos. Tales gestos anularán la percepción mental de una amenaza.

El proceso de envejecimiento tiende a reducir la sensibilidad táctil de las manos de una persona anciana, mientras deja intacta la sensación del tronco al tacto. Trate usted de llevar al máximo su toque tranquilizador en los antebrazos, o dé un suave abrazo cerca de los hombros.

- Trate de hacer notar que todo va bien y que juntos, usted y su padre o madre, simplemente irán paso a paso. Cuando hable usted a su padre o madre durante esta crisis, hágalo con voz tranquila y monótona. Si no sigue las órdenes verbales -por ejemplo, levantar un pie a cada escalón- emplee usted sus manos para guiar el miembro, de modo que haga el movimiento que usted desea. Las personas dementes, en general, siguen la guía táctil mejor que las instrucciones verbales, puesto que, una vez más, las direcciones indicadas por el tacto no parecen requerir los complicados procesos mentales y traducción que sí necesitan las indicaciones verbales.

No menos importantes respecto de esta conducta son las cosas que la experiencia le indicará a usted que no debe hacer. En particular:

- No trate de discutir con su padre o madre, ni de regañarlo o darle órdenes. Las órdenes dadas en voz alta sólo aumentarán su sobrecarga sensorial.
- Más vale no tratar de aplicar fuerza física. Hasta las personas más frágiles, en estado de ira, pueden ser sorprendentemente fuertes.
- No permita que se forme a su alrededor un círculo de testigos bien intencionados. Más personas y más rostros aumentarán la sobrecarga sensorial.

Y desde luego, ¡no siga cometiendo el mismo error una y otra vez! Si ciertas actividades tienden a poner tenso a su padre hasta el punto del colapso, trate de eliminarlas o aplasarlas para un mejor momento. Por regla general, toda salida programada, como paseos, visitas o citas con el médico deberá hacerse por la mañana. Generalmente la fatiga hace que el atardecer sea más problemático para las personas dementes.

Desde luego, puede haber días en que el habla tranquilizadora y la persuasión no basten para resolver un asunto clave. Este es un hecho aislado, en una persona dócil que, por ejemplo, puede negarse rotundamente a tomar medicina o darse un baño pero que, por lo demás, se muestra cooperativa en alto grado. Si la resistencia está estrechamente centrada en un asunto, necesitará poner un poco más de imaginación, quizá haya una idea fija que su padre o madre no es capaz de abandonar. Son muy comunes la negativa a desvestirse frente a desconocidos, especialmente si son del sexo opuesto, o la idea paranoica de que la medicina es un veneno. Si no encuentra usted soluciones imaginativas, quizás tenga que recurrir a la medicación.

12

Desconfianza y sospecha

L A PARANOIA tiene diversas facetas en la demencia. Comúnmente, es la conclusión «lógica» de una mente demente que se enfrenta a una serie de desapariciones y de objetos perdidos que no se pueden atribuir racionalmente a pura coincidencia. Faltan demasiadas cosas como para que se les pueda explicar, más que por robo y si hay un ladrón, entonces, ¿quién es? La sospecha naturalmente recae sobre los enfermeros que hay en el hogar, quienes han de soportar el peso de las acusaciones de robo de dinero, carteras, peines, pasadores y cualquier otro objeto que fue dejado en algún lugar y olvidado. Desde luego, a veces es verdad que la enfermera puede ser la ladrona pero, en tal caso, deberá haber prueba indudable de las acusaciones del enfermo. La experiencia indica que tales hechos son muy raros, y en cambio es fácil acusar a veintenas de abnegados enfermeros por uno que haya faltado a la honradez.

Las quejas de maltrato físico por parte de personas dementes también pueden no ser más que una interpretación paranoica de la insistencia del enfermero en bañarlas o lavarlas, pero tales acusaciones son, estadísticamente, mucho menos comunes que los cargos de haberse robado alimentos o dinero, y no se les deberá negar de antemano. Se ha sabido que algunos enfermeros y cuidadores han sido rudos, en particular con personas dementes propensas a grados irritantes de repetición o a frecuentes berrinches. La honradez y la paciencia son dos virtudes distintas. Un enfermero puede no tener ni la tentación ni el deseo de robarse algún artículo del hogar, pero puede habérsele acabado la paciencia ante una conducta que a cualquiera le resulta muy difícil tolerar día tras día.

Una vez más, será conveniente tener pruebas de ese abuso físico, aunque habrá veces en que usted simplemente deberá escuchar a esa indefinible vocecilla interna que le indica que ha llegado el momento de cambiar al enfermero. No confíe, al respecto, en los moretones y manchas oscuras. A los ancianos frecuentemente les salen estas manchas en las manos y en los brazos por tener la piel delicada, particularmente si toman aspirina, pero en cambio las marcas en los antebrazos y el cuerpo siempre delatan traumatismo de alguna clase, sea por caídas, tropezones o posible abuso físico.

Es muy difícil hacer frente a la paranoia. No cede fácilmente a la manipulación conductual. Discutir con su padre o su madre podrá sólo alterarlos más; no hacer caso a la desconfianza paranoide o cambiar de tema es algo que no funciona tan bien como hacerlo contra la repetitividad u otras formas de agitación. Hasta en la función de memoria de un cerebro que es víctima de crisis, la idea de robo aún parece capaz de echar raíces. Personas que ya no pueden recordar el nombre de sus hijos, se acordarán de que deben mirar con desconfianza a quien los está cuidando en el hogar. Logrará usted resolver las acusaciones paranoicas ayudando a encontrar los «artículos robados» donde su padre o su madre los dejó, pero en general el tratamiento para los síntomas de paranoia se divide en dos categorías:

1. *Aceptación e indulgencia.* Desde hace mucho tiempo se ha observado que algunos miembros de las altas clases socioeconómicas afirman que los «sirvientes» son esencialmente proclives al robo. Algunas personas dementes (que ven a sus enfermeras como si fueran sirvientas o lavanderas) pueden quejarse de «robo» pero no indicar un auténtico temor ni sentirse personalmente atacadas. En estos casos, tal vez lo mejor sea dejar las cosas en paz. En realidad, en una época de la vida en que a su padre o madre aún le quedan muy pocas cualidades morales, un sentimiento de superioridad moral puede ser el último bastión del respeto propio.

2. *Tratamiento con medicinas.* Si la paranoia va acompañada por temor y agitación, o si las sospechas paranoides están causando resistencia a tomar medicinas o alimento (por temor de envenenamiento), no quedará otra alternativa más que el empleo de tranquilizantes. Si la paranoia ya ha llegado al grado en que su padre o su madre se niegan a tomar sus

medicinas, tendrá usted que recurrir a inyecciones mensuales de tranquilizantes de acción continua o a formas líquidas de estos medicamentos, que pueden disimularse entre los alimentos (en particular el Haldol, que no sólo es muy eficaz contra las visiones paranoides, sino que no tiene olor ni sabor). Esto puede parecer un tanto irrespetuoso pero es eficaz.

Por supuesto, la victoria de usted en la mayor parte de las luchas descritas en este capítulo podría asegurarse fácilmente mediante el uso continuo de tranquilizantes. Pero esa victoria tan fácil puede no valer su precio: el uso continuo de medicación causa una degeneración de la «persona» de su padre o su madre. Los últimos chispazos de personalidad se harán menores; se perderá la poca espontaneidad de charla y de acción que aún queda; y en proporción a las dosis vendrá una erosión de la seguridad y el equilibrio. No habrá manera de predecir exactamente cómo reaccionará su padre o su madre a una medicación en particular. Algunas personas dementes pagan un alto precio en efectos secundarios a dosis bastante bajas; otras pueden tomar mayores dosis y logran altos beneficios, muy superiores a cualquier detrimento. Pero cada persona demente pagará un precio, grande o pequeño, por el uso de la medicación.

No obstante, como hijo de una persona demente, el papel de usted consistirá en aplicar su juicio sobre lo que más conviene a su ser querido, y a veces la medicación es el recurso indicado, en lugar de dejar a su padre como víctima indefensa de caprichos emocionales sobre los que no tiene ningún control. Recuerde que con las alucinaciones, la paranoia, los estallidos emocionales y la beligerancia, *el hecho de que la experiencia emocional no tenga ninguna base aparente en los «hechos» no reduce la fuerza de la experiencia que está teniendo su padre o su madre.* Cada una de estas experiencias es tan desagradable para su padre como lo sería para usted en el marco del mundo «real» (aunque, por fortuna, la pérdida de la memoria a corto plazo de su padre o su madre le permitirá olvidar este episodio antes que a usted). ¡Hay que controlar esos arranques emocionales, la beligerancia y los gestos de hostilidad que amenazan a su otro padre o a quienes cuidan del enfermo! Si para lograrlo se necesitan tranquilizantes cotidianos en pequeñas dosis, entonces habrá que resignarse a cualquier disminución del espíritu y de la personalidad que puedan causar. Simplemente, asegúrese de que todos los afectados comprenden que su padre o su madre es una persona, y no un «problema». Con la medicación a base de tranquilizantes recuerde siempre esto:

- Trate de emplear inicialmente la menor dosis posible y vaya aumentándola según se haga necesario, asegurándose siempre de que está usted empleando la mínima dosis eficaz.
- Considere que se necesita menos medicamento para enfrentarse a problemas predecibles que para supri-

mir los ya desarrollados. Observe si los problemas de su padre o su madre son diarios o episódicos; emplee medicación diaria sólo para problemas cotidianos.

- Recuerde que todos los tranquilizantes tienden a actuar efectivamente bien en el mismo porcentaje de tiempo. Elija el medicamento por su efecto secundario. Vea cuáles son los efectos secundarios de una medicina con los que su padre o su madre pueden vivir mejor, o cuáles efectos secundarios pueden ser benéficos, en realidad, para otros problemas que se presentan.

- Y por último, por muy buen resultado que dé la medicación, recuerde que al menos una vez al año deberá dar al paciente unas «vacaciones de medicinas» durante una semana. La demencia es una enfermedad dinámica, y a veces sus «problemas» mejoran, conforme empeora la enfermedad. Una muy mala memoria puede borrar la confusión contra la que luchaba la buena memoria. Puede llegar la hora en que los tormentos de hoy hayan desaparecido de la memoria.

13

Dificultades para dormir

E NTRE LOS PACIENTES con demencia existe la tendencia a invertir sus ciclos de sueño y vigilia. Esto causa terrible presión sobre todos los que los rodean. Si su padre o su madre vive con usted, sus problemas de sueño muy probablemente lo pondrán en un estado de falta de sueño, con sus inevitables irritabilidad, fatiga y riesgo de sufrir accidentes. Si su padre o madre vive con un cuidador o una cuidadora durante las veinticuatro horas, el problema de alteración del sueño es uno de los síntomas que más probablemente causarán que esa persona se vaya... a veces, súbitamente. Y aun si su padre o su madre vive solo, sus dificultades de sueño pueden causar problemas a los vecinos y ayudantes.

Ciertas dificultades del sueño son bastante benignas y se les suele aceptar sin lucha. Las personas con incapacidades neurológicas de cualquier tipo y edad suelen agotarse más fácilmente en el curso del día. Si su padre o madre se va a la cama a las 7 p.m., no es razonable esperar que a ello sigan doce horas de sueño. Si las «dificultades para dormir» simplemente significan despertar para ir al baño, seguido por volverse a dormir, lo mejor que podrá usted hacer será aceptar que esto *no* es dificultad de sueño y *no* merece tratamiento.

Una «dificultad para dormir» común a la que no se debe hacer caso es la información que le dé su padre o su madre respecto de haber dormido mal. A menos que tenga confirmación independiente de que su padre o su madre «no pegó un ojo durante la noche», no deberá usted hacer más que prestar oído y ser comprensivo. Los ancianos a menudo dicen que su sueño es muy malo debido a una tendencia de la vejez a hacer que las personas pasen menos tiempo en las etapas satisfactorias de un sueño profundo. Los ancianos saludables a menudo dicen que durmieron muy mal, aun cuando ciertos testigos puedan afirmar que durmieron toda la noche, y ello debido a múltiples y breves actos de conciencia mientras dormían.

Si no fuera por el hecho de que los pacientes con infarto leve o del mal de Alzheimer pueden ser sutilmente sensibles a la medicación (incluso a medicación no prescrita), podría usted probar con una píldora para dormir. Sin embargo, este intento siempre es un riesgo. En realidad, los bien intencionados esfuerzos de usted pueden ayudar a su padre a dormir bien durante una noche… o pueden precipitar un episodio de confusión, letargia o caída, con consecuencias duraderas. La atención a los desórdenes del sueño debe centrarse, en lo posible, ante todo en una intervención sin medicinas; la terapia con medicamentos deberá utilizarse cautelosamente y en pequeñas dosis.

Al enfrentarse a desórdenes del sueño, se deberán dar los siguientes pasos e intervenciones, sin medicamentos:

- Suspenda toda cafeína, incluyendo té y cola, además de café. El tiempo que el cuerpo humano tarda en eliminar la cafeína va aumentando con la vejez. En la séptima u octava década de vida, la eliminación puede requerir hasta doce o quince horas, lo que significa que la cafeína de la taza de café tomada por la mañana aún puede estar dificultando el sueño por la noche. Cambie usted a productos descafeinados.
- Vea si los medicamentos perturban el sueño. Muchos antidepresivos interrumpen el sueño, entre ellos Prozac. Algunos estimulantes que se suelen recetar a las personas dementes, como el Ritalin y la Dexedrina, afectan el sueño, así como muchas medicinas contra el asma. Los diuréticos pueden perturbar el sueño, al aumentar la cantidad de orina nocturna.

  Puede no ser prudente interrumpir la medicación sin hablar del asunto con un médico, pero tampoco sea usted demasiado temeroso. Trate de recordar por qué se recetó la medicina. Muchos medicamentos suelen seguir tomándose mucho después de la época en que eran útiles.
- Trate de regularizar la rutina del sueño. Esta estrategia funciona, de hecho, con personas de todas las edades.

Se basa en fijar una hora regular para irse a la cama, que será precedida por una rutina habitual. Cuanto más estereotipados sean estos ritos anteriores al sueño, más eficaz será todo el proceso de producir sueño. Por ejemplo, primero lavarse la cara, luego cepillarse los dientes (o lavar las prótesis), después tomar la medicación nocturna, ponerse el pijama, beber un vaso de leche caliente (con una opcional cucharadita de brandy) y luego irse a la cama: la rutina debe comenzar a la misma hora cada noche y practicarse en idéntica secuencia. En pocos días la persona, como los perros de Pavlov, habrá sido condicionada por este proceso para quedarse dormida como último paso.

- Busque maneras en las que su padre o madre puedan estar ocupados durante el día con una actividad apropiada a su nivel de demencia. Los ancianos que padecen demencia suelen llevar vidas sedentarias que les ofrecen pocos desafíos físicos. Un ejercicio suave, como caminar o hasta el estímulo que ofrece un centro de atención contra el mal de Alzheimer pueden facilitar un sueño más profundo por la noche.

- Una vez que su padre o su madre estén en la cama, trate de combatir la estimulación sensorial del cerebro que produce escuchar música o ver la televisión. La lectura rara vez causa problemas, ya que las pérdidas de memoria y de lenguaje que causa la demencia moderada por lo general hacen que la mayoría de las personas dejen de leer, apenas empezada la enfermedad. En cambio, el escuchar es algo pasivo. Muchas personas con demencia aún escuchan música o ven televisión, aunque sean incapaces de retener en la mente el contenido del programa. Sin embargo, es un error suponer que escuchar música o ver televisión relaja a una persona, facilitándole el sueño. Estas actividades estimulan el cerebro hacia un nivel superior de vigilia.

Comenzar la medicación para producir sueño en la mayoría de las personas dementes es un paso muy grave, y tiene potencial de producir un desastre. No debe ni pensar siquiera en algún tipo de sedación nocturna (incluyendo las llamadas pastillas «seguras» que no requieren prescripción médica), a menos que se hayan probado ya todos los pasos mencionados y que persista un serio grado de insomnio nocturno asociado a lo siguiente:

- alucinación;
- agitación;
- deambular nocturno;
- cocinar o fumar durante la noche, con riesgo de incendio;
- la amenaza de que se vaya el enfermero o la enfermera.

Los riesgos de la sedación nocturna no pueden predecirse con seguridad. Si hay que recurrir a medicinas, lo mejor será seleccionar la menor dosis posible de la medicina más segura posible... ¡y luego reducirla a la mitad! También es prudente, si su padre o madre viven solos, tratar de quedarse las primeras noches cuando se haya iniciado el empleo de pastillas para dormir. Si ocurren reacciones adversas, probablemente será durante las tres primeras noches.

Pueden preverse varios tipos de reacciones adversas a las pastillas para dormir:

Incontinencia: Causa trastornos emocionales, pero la consecuencia menos grave que un sedante puede tener sobre el anciano será que su padre no despierte al sentir necesidad de orinar. Si su padre o madre no se sienten humillados por la idea de acostarse con pañales, podrá usted considerar que éste es un acuerdo satisfactorio, por la ventaja de dormir mejor por la noche.

Caídas: Surgen problemas potenciales más preocupantes si la necesidad de ir al baño (que es muy poderosa señal neurológica) despierta de todos modos al anciano, pese al sedante. En esa situación, tratar de caminar hasta el cuarto de baño, con el sedante aún haciendo efecto en el cerebro puede provocar una pérdida de equilibrio y una caída. Si la demencia ya ha afectado el equilibrio y la postura de su padre o su madre, deberá usted suponer que su riesgo de sufrir una caída será muy grande si se le administra medicación para dormir, y si la necesidad de orinar de noche forma parte de su pauta de vida. Algunas soluciones posibles serían colocar un «cómodo» al lado de la cama, pañales contra la incontinencia o medicación que también reduzca la necesidad de orinar (oxepina).

La reacción catastrófica: También conocida como «ruptura paranoide», ésta es una de las reacciones menos comunes pero más memorables que puede usted presenciar en ser humano alguno. Es una combinación de agitación inconsolable, miedo y paranoia. Los intentos de calmar al paciente con palabras o los esfuerzos por ofrecer medicación tranquilizante a menudo serán rechazados con hostilidad o hasta violencia.

Resulta irónico que la causa de tan aterradora agitación sea con frecuencia una medicación que pretendía calmar y sedar. De manera impredecible, ciertos sedantes pueden dar en un blanco errado en el cerebro. En lugar de adormecer las áreas a las que iba destinada —las áreas cerebrales que causan angustia e insomnio— la medicación, impredeciblemente, puede excitar los centros superiores racionales del cerebro que están tratando de hacer frente a la confusión y al desorden de una vida con demencia. La pérdida temporal de esta racionalidad residual, a consecuencia de la medicación sedante, puede causar que durante varias horas los centros más profundos y primitivos del cerebro queden sin control en la mente del enfermo.

Con estas advertencias no estoy sugiriendo que nunca se deben emplear sedantes, pero sólo se les debe aplicar por razones claras e indudables. Si hay que emplear medicación, resultará útil preguntar cuál de los dos tipos de alteración del sueño es el verdadero problema del paciente: inducción del sueño o despertar nocturno.

¿El problema consiste en no poder conciliar el sueño? ¿Una vez dormida, pasa la persona una noche razonablemente confortable, en la que quizá se levanta una o dos veces pero vuelve a dormirse pronto? En este caso, su padre o madre tienen un problema de inducción de sueño, y necesitará una medicación que actúe con rapidez y se disuelva pronto en el cuerpo. Un medicamento de acción más prolongada podría embotar los reflejos cuando su padre o su madre traten de levantarse por la noche (generalmente, para ir al cuarto de baño), causando una caída. Además, un medicamento de largo efecto puede hacer que el paciente no despierte al tener necesidad de orinar, lo que produciría incontinencia. Si sólo la parte inicial del sueño es la problemática, necesitará usted una medicina que sólo actúe durante muy pocas horas.

La mejor medicación para inducir el sueño es hidrato de coral. Se trata de un medicamento ya antiguo y puede obtenerse, con prescripción, en forma de cápsulas o de líquido. La forma líquida es conocida con el nombre ya consagrado de «gotas de knockout». Sin embargo, la potencia que en novelas policiacas se atribuye a este medicamento, se debe a que lo administran siempre con alcohol; por sí solo no es tan poderoso, pero ofrece varios beneficios:

- No interactúa mucho con otros medicamentos.
- Actúa con rapidez y pronto es eliminado por el cuerpo.
- Es bastante suave, sin efectos secundarios, aparte de su tendencia a hacer que la persona muy pronto se adormezca.
- Como también viene en forma líquida, se les puede dar a personas que tenga problemas para tragar.

- Es eliminado por el hígado y no por los riñones; en general, los medicamentos eliminados por el hígado tienen menos efectos secundarios potenciales.

Si conciliar el sueño no es el problema, entonces éste consiste en despertar a menudo durante la noche. Lo mejor que puede usted hacer es preguntarse por qué su padre o madre despiertan varias veces durante la noche. La respuesta puede sugerir alguna táctica más específica, aparte de la sedación, para que su enfermo pueda dormir normalmente. Las cinco causas más comunes de interrupción del sueño son las siguientes:

1. *La necesidad de ir al baño.* Ésta es la causa más común de interrupción del sueño. Invariablemente la necesidad es orinar, y no evacuar. Conforme progresa la demencia se va reduciendo la capacidad del cerebro para controlar la necesidad de orinar. Las razones son complejas, pero, básicamente, se revierte el control de la vejiga, y se anula lo que se había logrado de niño, con el control de esfínter.

En la demencia, el sistema urinario vuelve a parecerse al de un infante o un niño muy pequeño. Cuando la orina ha llenado a toda su capacidad la vejiga del niño, ésta se vacía automáticamente, lo hace por reflejo, en forma tan fuerte y súbita que el cerebro no desarrollado del bebé no puede controlarlo. El niño normal necesita aproximadamente dos años de maduración cerebral para poseer suficiente «poder cerebral» para controlar este reflejo automático de la vejiga, mucho antes de llegar al retrete. Al llegar a la edad adulta, desde luego, el cerebro tiene tan firme dominio de la vejiga que hasta las más fuertes y dolorosas contracciones de una vejiga llena no producirían una descarga de orina, lo que sería socialmente inaceptable.

Sin embargo, cuando la demencia debilita el cerebro, también reduce el control de éste sobre la vejiga. Después de décadas enteras de estar sometida, la vejiga empieza a reafirmar su independencia. El cerebro de una persona demente aún puede cobrar conciencia de que la vejiga está llena, pero se halla demasiado debilitado para poder ejercer el control adecuado. Al cerebro demente de un anciano puede quedarle fuerza cerebral suficiente tan sólo para contener durante unos cuantos minutos el acto de orinar. Despertar durante la noche al darse cuenta de que tiene llena la vejiga, le dejará poco tiempo para llegar apresuradamente al cuarto de baño; este viaje está lleno de peligros que propicien una caída.

Se dispone de varios medicamentos que constituyen un suave sedante y que también retrasan la contracción de la vejiga urinaria. Al relajar la vejiga, estos medicamentos permiten contener más orina antes de que ésta amenace con vaciarse; por ello, permiten más tiempo de sueño entre cada despertar. Uno de tales medicamentos analizados al final de este libro es la oxepina, que requiere prescripción médica. Otro es el Benadryl, que se puede adquirir sin necesidad de receta. Una pequeña dosis de cualquiera de las dos podrá ayudar, durante la noche, debido el sopor que causan, y también ayudan a relajar la vejiga urinaria.

Como ya se dijo en el análisis de la incontinencia al orinar, deberá usted tener conciencia de que la vejiga y los intestinos se contraen por medio de similares mecanismos químicos. Cualquier medicamento que tenga capacidad de relajar la vejiga también hará más lento el trabajo de los intestinos. El empleo de estos medicamentos deberá ir acompañado siempre por algún plan para supervisar la frecuencia del trabajo de los intestinos, y de preparativos para actuar antes de que se desarrolle un grave problema de estreñimiento.

2. *Alucinación y agitación.* La alucinación está catalogada como la segunda de las causas del despertar nocturno. Es fácil darse cuenta de que su padre o madre tienen alucinaciones cuando éstas se presentan a finales de la tarde o a la hora del crepúsculo. Sin embargo, algunas alucinaciones pueden no ocurrir hasta muy avanzada la noche, tal vez hasta después de que su padre o madre despierten. Característicamente, una persona que ha despertado durante la noche con alucinaciones, se quedará despierta toda la noche en conversación con sus alucinaciones o acerca de ellas. Ese espectáculo es sumamente penoso. Puede usted ver a su padre o madre haciendo preguntas a un imaginario visitante nocturno («¿Quién es usted? ¿Por qué está aquí?»), o dándole órdenes: («¡Fuera de aquí!»). Ocasionalmente, parece haber un verdadero intercambio de ideas.

Mejorar el sueño de alguien que esté sometido al desorden alucinatorio del sueño es algo que por general requiere medicación. Disponemos de un buen número de estas medicinas «antipsicóticas». Las medicinas de esta clase varían en su capacidad de sedación. Para las alucinaciones durante el día, naturalmente preferiríamos una de las más suaves de este grupo, de modo que no afecte la actividad durante el día, pero por la noche la más eficaz es el Melleril (tioridacina).

3. *No hubo razón alguna.* A veces una persona simplemente despertará, como si el sueño se le hubiese acabado por causa natural. Su padre o madre aún puede decidir ir al cuarto de baño, pero el deseo de orinar es simplemente incidental, y no fue la causa de interrupción del sueño.

Esta pauta de interrupción del sueño puede ser indicio de la existencia de depresión. Generalmente, las personas que sufren de depresión despiertan durante las primeras horas de la mañana; los ojos parecen abrírseles por sí solos. En ocasiones, la persona estará levantada y despierta durante una hora, poco más o menos, antes de tratar de dormir otro poco (más por un sentido de obligación que de necesidad). Este tipo de insomnio depresivo suele ocurrir en el principio de la demencia, pero requiere el empleo de un sedante y antidepresivo por la noche. Estos medicamentos pueden tratar simultáneamente dos problemas —el del sueño y el de la depresión— con la administración de una sola dosis por la noche.

Dos medicamentos de esta categoría contra el desorden depresivo, que han recibido buena acogida del público, son la Doxepina y el Desyrel. La Doxepina, ya antes mencionada, tiene varias propiedades adicionales que incluyen relajación de la vejiga y estimulación del apetito. Si es posible contrarrestar el estreñimiento con Metamucil o jugo de ciruelas, las otras propiedades a veces son deseables. El Desyrel es un sedante y antidepresivo que no tiene estas características adicionales. Si se requiere un sedante y antidepresivo «puro», considere el Desyrel.

4. *Pesadillas sin alucinación*. Si su padre o madre es diabético y requiere de insulina, la causa de su despertar nocturno puede ser señal de baja del azúcar en la sangre durante el sueño, la cual podría causar daño cerebral. Antes de emplear un sedante, se deberá investigar la posibilidad de baja del azúcar en la sangre, o hipoglucemia.

5. *Necesidad de «aire»*. La interrupción del sueño que en alguna forma parezca relacionada con dificultades para respirar o falta de aire nunca se deberá tratar con sedantes. Esta es una causa de insomnio que exige inmediata atención médica, pues puede ser señal de enfermedad del corazón o de asma. Vea a un cardiólogo o a un especialista en pulmones.

Si nada de esto parece relacionado con las dificultades de sueño que está manifestando su padre o madre, un primer paso prudente será ver qué medicamentos está tomando. Se sabe que muchos de ellos, como casi todos los que actúan contra el asma, los antidepresivos y los diuréticos, causan perturbaciones del sueño.

Si usted sospecha que una de las medicinas de su padre o su madre está causándole dificultades para dormir, pregunte a su médico si se podría prescindir de ésta durante una semana o diez días. Esto puede parecer un tanto sorprendente, pero en la práctica es raro que la medicación sea tan indispensable para la vida, sin embargo, la respuesta del médico puede ser un categórico «No». En los círculos médicos gerontológicos, a esta práctica se le llama «vacaciones de medicina». Al darle usted a su padre o madre una vacación de medicina, podrá descubrir que la causa de sus dificultades para el sueño era la medicación. Este descubrimiento podrá sugerirle nuevas opciones, posiblemente cambiar la hora de administrar la medicina, o tomar otro medicamento. Cualquiera de las dos opciones es preferible a añadir un somnífero a las otras medicinas que su padre o su madre ya estén tomando.

Después de tomar todo esto en consideración, ¿qué hacer si aún no tiene usted la respuesta? En tal caso, tal vez no quede otro recurso que el de administrar una píldora para dormir para ayudar a su padre o a su madre a descansar bien durante la noche. Hasta aquí, en este estudio, ninguna de las medicinas recomendadas para cualquiera de los tipos comunes de interrupción del sueño ha sido una verdadera pastilla para dormir del tipo que podría darse a una persona de cualquier edad. Todos los medicamentos mencionados antes han sido elegidos por causa de alguna propiedad química especial que cada cual posee, además de ser un sedante benigno. Su sedación tuvo más que ver con la esperanza de que al corregir el defecto subyacente que causaba el mal sueño bastaría para causar un sueño más natural. Pero, ¿qué decir de las pastillas para dormir ordinarias, que se venden sin receta?

Durante la década de los cincuenta las pastillas para dormir más comúnmente prescritas, para cualquier propósito, eran los barbitúricos. Desde aquellos días, la popularidad de estos medicamentos se ha reducido drásticamente. Hoy, muchos médicos consideran que prescribirlos para dormir ya no puede considerarse buena medicina, por su potencial para causar adicción y por el descubrimiento de que el sueño producido por los barbitúricos es de tipo anormal. Más empleada hoy, pero siendo investigada, se encuentra una familia de medicamentos llamados benzodiazepinas. Esta familia incluye: Valium, Librium, Restoril, Dalmane, Halción, Ativán y Xanax. Si usted, amigo lector, algún día recibió la prescripción de una pastilla para dormir, muy probablemente usó una de éstas. Tales medicinas se encuentran aún entre las más comunes que se prescriben en el mundo y probablemente seguirán así durante algún tiempo, pese a las crecientes críticas que se les han hecho debido a los efectos secundarios, incluyendo el potencial de abusar de ellas y la anormalidad del estado de sueño que inducen.

Todos estos medicamentos tranquilizan el cerebro: no sólo la parte del cerebro que controla la vigilia sino también las partes que gobiernan el equilibrio, la coordinación, la racionalidad y el juicio. La pastilla ideal para dormir, que no existe, sólo sedaría el centro del sueño, sin afectar el resto del cerebro. En el mundo real, lo mejor que podemos esperar es un medicamento que, si bien seda todos estos centros, sólo se quede en el organismo unas cuantas horas.

Un «buen» inductor del sueño debe haber sido eliminado del cuerpo en la mañana y no permanecer allí para sedar parcialmente los centros de equilibrio o de juicio del cerebro durante todo el día siguiente.

Entre las pastillas para dormir, las que me parecen mejores para administrar a personas dementes son el Ativán, Prosom o Ambien. Todas ellas tienen marcos de acción razonablemente breves. Lo principal es que todas ellas tienen el menor riesgo potencial de ciertos efectos que son inherentes al uso de soporíferos para personas dementes: letargia, reacción catastrófica y peligro de caerse. Estos agentes representan el enfoque más conservador al uso de pastillas para dormir y ofrecen un beneficio máximo en comparación con los riesgos inevitables de confusión o caída. Para la persona demente cuyo mal sueño está amenazando la estabilidad de su hogar, una pastilla para dormir cuidadosamente elegida puede ser un riesgo digno de correrse.

— *14* ———————————

El control de esfínteres

L A APARICIÓN DE INCONTINENCIA urinaria en su madre o padre es un hecho que dividirá su vida en el hogar. Cuando uno de los padres que aún reconoce su propio hogar y gusta de él es colocado prematuramente en un asilo, por lo general se debe al surgimiento de incontinencia urinaria, ya que ésta arrojó una pesada carga sobre las personas que cuidaban del paciente. Dificultades en la lavandería, muebles dañados, mal olor, salpullidos, limitación de todo viaje y, para el paciente, una situación embarazosa (si la demencia no está ya demasiado avanzada para que sienta esa emoción); todo esto puede sumarse y provocar que el encargado o enfermero se despida. Más que ningún otro factor, la aparición de la incontinencia amenaza la continuación de la vida del paciente en el hogar.

Tendrá usted mejor fortuna al enfrentarse a este problema si comprende su causa. Por lo general, la incontinencia urinaria en todas las personas de edad avanzada —incluso las que padecen demencia— se debe a dos causas:

1. ¿Cuánto tiempo concederá la naturaleza entre la primera sensación del deseo de orinar y el punto en que

la vejiga empieza a contraerse en forma incontenible e irresistible?

2. ¿Cuánto tiempo necesita su padre o madre para llegar al cuarto de baño?

La primera pregunta incluye un cambio en la función de la vejiga que sufren incluso personas mayores en buen estado de salud. Si usted conoce a cualquier persona de más de 75 años lo bastante íntimamente para poder hablarle del asunto, le confiará a usted toda la estrategia necesaria para una salida o un viaje durante el día. Le explicará cómo llegó a darse cuenta de que ahora tiene menos tiempo para satisfacer el deseo de orinar, en comparación del que tenía cuando era joven. Lo sorprenderá a usted revelándole hasta que punto este problema domina su vida social: cómo debe tomarlo en cuenta en cada viaje de autobús o gira campestre, y cómo, a menudo, puede determinar las invitaciones que acepte y las reuniones sociales a las que asista.

Al envejecer las personas, aunque estén sanas, sufren una pérdida parcial del control de esfínteres. El acto de la contracción de la vejiga recupera un carácter más independiente, lo que hace surgir su necesidad de contraerse y vaciarse. Con el paso de los años, va haciéndose más y más breve el periodo que transcurre entre la primera sensación de tener que orinar y la horrible sensación de que esto está a punto de ocurrir, sin poder contenerlo. Una persona adulta en plena posesión de sus facultades puede «contenerse» durante una hora y media, antes de que llegue el momento de la desesperación. Al llegar a los setenta años, muchas personas (especialmente mujeres) dispondrán con todo cuidado su programa diario para nunca encontrarse a más de 20 o 30 minutos de distancia de los sanitarios.

Pero con la demencia, este «tiempo de contención» puede ser de sólo unos cuantos minutos o aun de menos de un minuto. Este efecto de la demencia se debe al profundo daño causado al cerebro, a un ritmo enormemente rápido, en comparación con el envejecimiento normal. Con la demencia se pierde tanta energía cerebral que la vejiga casi logra escapar de todo control voluntario del cerebro consciente. La vejiga empieza a funcionar casi independientemente, llenándose de orina y llegando a toda su capacidad, para luego vaciarse automáticamente. La menoscabada conciencia del paciente con demencia puede notar aún que se ha llegado al límite de capacidad de la vejiga, pero su cerebro debilitado no puede contener la orina.

Como para cualquier otro, para que su madre o padre siga siendo continente, deberá llegar al cuarto de baño durante el periodo de «contención». Desde luego, la posibilidad de hacerlo si el periodo de contención es de 60 o 90 minutos es mucho mayor que si es de seis o nueve minutos. La distancia al cuarto de baño es la misma que para cualquier otro, pero el anciano demente deberá emprender el mismo camino en condiciones mucho más desventajosas.

Para enfrentarse a la cuestión de incontinencia urinaria, sugiero que usted y su médico la vean de la siguiente manera pragmática:

La primera pregunta que debe hacerse: *¿Además de la demencia se ha presentado otro problema que abrevie el tiempo de contención de mi padre, de modo que siempre está perdiendo la carrera hacia el cuarto de baño?* En tal caso, ¿puede hacerse algo al respecto? He aquí lo que se debe investigar:

1. Haga que su médico investigue si existe una infección en el tracto urinario. Las personas jóvenes que padecen una infección urinaria, por lo general, se dan cuenta inmediatamente de ella, al sufrir una casi continua y urgente necesidad de orinar; el paso de la orina va acompañado por un intenso ardor (esta sensación de urgencia es lo más cercano que una persona joven puede experimentar de la poderosa e irresistible necesidad de evacuar la vejiga). En los ancianos, especialmente con la dificultad de comunicación causada por la demencia, acaso no se experimenten o sepan expresarse estos síntomas. Tales infecciones, conscientemente sentidas o no, pueden sin embargo irritar la vejiga y hacer que más pronto sufra un espasmo y se vacíe, abreviando el tiempo de continencia. Antes que nada, repito, pida a su médico que averigüe si hay una infección en el tracto urinario.

2. Revise la medicación dada a su padre o su madre para ver si se le administró un diurético antes de que se manifestara la incontinencia urinaria. Estos medicamentos, popularmente conocidos como «píldoras de agua», fueron formulados para acelerar la salida del flujo urinario. Para un organismo que tiende a retener líquido, esta es buena noticia, mas para una vejiga que se contrae de una manera

irresistible, aumentar el reflujo urinario puede constituir una muy mala noticia. Una vejiga que se llena más pronto también será propensa al espasmo más rápidamente y abreviará el tiempo necesario para llegar al cuarto de baño. Si el médico prescribió un diurético durante el mes anterior a la incontinencia de su padre o de su madre, discuta el asunto con él así como la posibilidad de una semana de «vacaciones de medicinas».

3. Vea si se ha estado empleando alcohol. El alcohol es un diurético benigno y, como cualquier diurético, aumenta el ritmo de formación de orina. A este respecto, sus efectos son bien conocidos, y han obligado a muchos jóvenes clientes de las cantinas a ir a buscar un arbusto o un callejón cuando sintieron, antes de lo esperado, irresistibles contracciones de la vejiga que les hicieron «incontinentes».

4. ¿Hay señales de un grave estreñimiento? El recto se encuentra muy cerca de la vejiga en el organismo humano. Si el recto está hinchado y lleno de heces, hará presión sobre la vejiga desde abajo y detrás, obstruyendo físicamente el flujo urinario, semejante a una manguera de casa que se tapara. Esto puede causar que la vejiga se llene y se hinche a su vez, se vuelve un órgano patéticamente inútil. Cada diez o quince minutos producirá un breve chorro de orina, nunca suficiente para vaciar la vejiga, y así, con tal frecuencia que no podrá hacerse siquiera un intento razonable por llegar al cuarto de baño.

Si ninguna de estas explicaciones le ayuda a usted evitar la incontinencia de su padre o de su madre, aún le quedan dos cursos de acción. Con un padre o una madre razonablemente dócil y dispuesto a cooperar, usted podrá hacer una cita con un urólogo. Muchas son las causas potenciales de la incontinencia urinaria, y la importancia de la comodidad del paciente bien vale la consulta de un especialista, si esto es posible. Empero, si su padre o madre está demasiado debilitado por la demencia, usted podrá optar por un enfoque más pragmático y centrarse tan sólo en lo siguiente: *¿Existe una medicina que pueda tomar mi padre para prolongar el tiempo de contención?* El tiempo que su padre o su madre necesite puede no ser mucho, simplemente el necesario para llegar al baño o permitirle a alguien que le muestre el camino.

Existen medicamentos que relajan la vejiga, permitiéndole contener un poco más de orina antes de contraerse, y que reducen la fuerza de esa contracción. Al relajarse la vejiga, automáticamente se reducirá el número de viajes necesarios al cuarto de baño, pues una vejiga relajada puede contener mayor cantidad de orina antes de vaciarse. Debilitar la contracción de la vejiga podrá permitir a su padre o madre contener el flujo de orina durante uno o dos minutos salvadores, y aprovechar ese tiempo para comprender la necesidad de ir al cuarto de baño, y luego recordar dónde se encuentra. Pero la medicación que relaja la vejiga tiene una dificultad: todos los medicamentos capaces de relajar la vejiga lo hacen porque modifican la acción de la colina, incluso a veces llevan la etiqueta de «anticolinérgico». La colina es el producto químico del que se vale nuestro organismo para provocar la contracción de los músculos de la vejiga en el acto de orinar. Como es lógico, cualquier medicamento con propiedades anticolinérgicas reducirá la fuerza de intensidad de la contracción de los músculos de la vejiga.

Por desgracia, como a menudo ocurre en la evolución biológica, el mismo producto químico puede ser empleado por un organismo vivo con diferentes propósitos y en distintos lugares. Utilizar los mismos productos químicos con diferentes propósitos parece haber constituido una economía que resultó atractiva en la evolución de los seres humanos, pero ha venido a causar dificultades en la práctica de la medicina. En este caso, la colina es utilizada en nuestros cuerpos no sólo para hacer que se contraiga la vejiga sino también para estimular la contracción muscular de los intestinos y también para registrar la *memoria*: en realidad, la colina ha sido llamada «la tinta de la memoria».

No existe una razón clara por la que el cuerpo humano utilice esta sustancia química para hacer tantas cosas y en tan diferentes lugares, pero el hecho innegable es que lo hace. El resultado es que cualquier medicamento que produzca el *efecto deseado* de alterar la colina de la vejiga también puede causar un *efecto no deseado* al afectar también la colina de los intestinos (causando estreñimiento) o la colina del cerebro (causando un empeoramiento de la memoria).

¿Vale la pena correr este riesgo? Todo depende de la situación. El «riesgo» de los efectos secundarios es precisamente eso: un riesgo. No es una certeza. Empero, si su padre o madre sólo tuvo un accidente ocasional al no poder controlar la orina, el sentido común parece indicar que el empleo de un medicamento anticolinérgico por la noche probablemente sea un riesgo inaceptable, en particular si su padre o madre parece ser sumamente susceptible a confusión agitada o estreñimiento. Sin embargo, no siempre se debe ser demasiado precavido. Algunas personas dementes inesperadamente pueden mostrar un alto grado de resistencia a los efectos secundarios del anticolinérgico. Aun si se encuentran en estado de confusión, tal vez no queden más embotados intelectualmente por una baja dosis de ese medicamento. Otros tienen tan buen funcionamiento natural de los intestinos que bien pueden tolerar un poco de estreñimiento con sólo tomar un poco más de fruta o de fibra en sus alimentos.

En resumen, por consiguiente, si la incontinencia urinaria está convirtiéndose en situación crítica en el hogar, peor sería permitir que continuara que correr el riesgo de probar una medicación anticolinérgica. Compréndase que, en general, conocer de antemano los efectos potencialmente dañinos de la medicación reduce considerablemente el riesgo de administrarla. Si usted sabe lo que puede esperar, pocas medicinas son tan peligrosas que no pueda probarse, con prudencia, una baja dosis experimental.

Teniendo esto en mente, una de las dos siguientes prescripciones médicas podrá ser útil para controlar la incontinencia urinaria:

1. *Ditropán*, medicamento destinado a este uso y generalmente prescrito por los urólogos. No empiece con una

dosis mayor a la de cinco miligramos diarios. Su efecto dura unas cuantas horas, y acaso no lo necesite durante todo el día y la noche. Tal vez sólo haya unas cuantas horas en que la incontinencia constituya un problema, y el medicamento podrá administrarse como protección durante ese periodo. Es mucho menos probable que ocurran efectos secundarios con este medicamento si sólo se le administra una vez al día.

2. *Doxepina,* antidepresivo sedante que también tiene moderadas propiedades anticolinérgicas. Si el problema es la incontinencia nocturna, puede servir perfectamente la aplicación de este medicamento, que ayuda a la persona a dormir mayor tiempo con una vejiga más relajada. A menudo da buen resultado en dosis bajas (de 10 a 30 miligramos cada noche), por debajo de su verdadero nivel «antidepresivo».

Si decide no dar medicación, o si se la prueba y resulta ineficaz, lo siguiente que deberá usted preguntarse es: *¿Se puede alterar la rutina de mamá o de papá para abreviar el tiempo que necesita para llegar al cuarto de baño?* Considere lo siguiente:

- Estudie el proceso y trate de precisar dónde ocurren los retrasos críticos. A menudo el retraso incluye el simple recordar dónde se encuentra el cuarto de baño. Trate de colocar un letrero en la puerta del cuarto de baño en grandes letras mayúsculas que diga «CUARTO DE BAÑO». La persona demente puede perder mucho

— **171** —

tiempo valioso para llegar al cuarto de baño, simplemente tratando de recordar cual de las diversas puertas conduce a él. Si la capacidad idiomática ya se ha deteriorado tanto que no se entienda la palabra escrita, trate de utilizar una imagen sencilla de un excusado. Vea si su padre o su madre aún puede quitarse las ropas, bajar el cierre y desabotonar; a veces, un cambio de ropa o de tirantes puede darle los treinta segundos críticos que necesite.

- Consiga un cómodo portátil y colóquelo junto a la cama, si el problema es la incontinencia nocturna. Su padre o su madre podrá orinar mucho mejor si el cuarto de baño está sólo a un paso, para no hablar siquiera del menor riesgo de sufrir una caída (una lámpara nocturna también sería conveniente). El uso de un orinal al lado de la cama puede resultar aún más accesible.
- Pruebe un programa de limpieza. Si ya tiene usted un enfermero o ayudante que se queda durante todo el día con su padre o con su madre, pídale que lleve un diario durante varios días, muy sencillo, deberá ver cada hora si la ropa interior del paciente está seca o mojada, *y debe anotarlo*. Después de varios días de recabar esa información, usted tendrá un cierto sentido del ritmo natural de la vejiga de su padre o de su madre: es decir, el número promedio de horas que transcurren entre cada vez que orina. Puede ser de sólo dos horas, o tal vez hasta de cuatro o seis. Una vez comprendido, aproximadamente, el ritmo natural de la vejiga, trate de evitar accidentes haciendo que

lleven a su padre o su madre al cuarto de baño con regularidad, mucho antes del próximo ciclo previsto. Aunque ir voluntariamente al cuarto de baño cada tres horas puede parecer un fastidio, pronto se vuelve una rutina mucho mejor que el riesgo de incontinencia. ¡Recuerde que los pacientes dementes viven mejor cuando se apegan a una rutina!

- Finalmente, la solución última consiste en emplear pañales contra la incontinencia. En los últimos años, los anuncios que aparecen en los medios informativos han presentado a viejas estrellas de cine, en un intento por borrar el estigma social del hecho de que un adulto lleve pañales. Si este esfuerzo de propaganda logra tener éxito, será bueno tanto para usted como para su padre o su madre. En realidad, los pañales contra la incontinencia funcionan muy bien, especialmente los de la última tecnología, que llevan una capa interna de gel. Mientras no espere usted, contra todo realismo, que un pañal permanezca seco mucho tiempo, una aplicación abundante de ungüento Desitin en las áreas sensibles podrá permitir a su padre o su madre utilizar sólo un pañal durante la noche, y dos o tres durante todo el día.

Podría pensarse, al principio, que la incontinencia fecal es sólo el equivalente intestinal de la incontinencia urinaria. Pero, curiosamente, se trata de algo muy distinto. La principal diferencia es que la incontinencia de heces es mucho menos común. Las personas que padecen un grado de demencia suficiente para causar la preocupante incontinencia urinaria, por lo general, aún pueden controlar sus intestinos.

Afortunadamente la incontinencia fecal es menos común, pues en la mayoría de las familias produce aún mayor estrés. Este problema aparece en una alta tasa de los envíos prematuros a asilos para ancianos. Ni siquiera los pañales para la incontinencia —bastante eficaces para la orina, una vez que la persona se ha resignado a emplearlos— sirven tan bien contra las heces como contra la orina.

Resulta irónico que los hijos de padres incontinentes casi siempre tengan la sospecha de que la incontinencia del padre o de la madre puede ser, a veces, una manera deliberada de llamar la atención, o bien un acto de desafío o manipulación. Esto rara vez o nunca es el caso de la incontinencia urinaria, la cual es, casi invariablemente, resultado incontrolable de la demencia progresiva, sin complicaciones psicológicas.

Pero, ¿y la incontinencia fecal? Allí no es tan seguro de que sólo intervengan factores físicos. A menudo parece haber algún elemento psicológico significativo en el acto de la incontinencia fecal. Con excepción de las personas que padecen una auténtica enfermedad de los intestinos, la incontinencia fecal como resultado de la pura demencia es, en realidad, muy insólita. Es tan poco común que da la impresión de que en muchos casos es la expresión simbólica de ira pasiva-agresiva.

¡Pero no saltemos precipitadamente a conclusiones! Su madre o padre puede padecer un trastorno físico de los intestinos, que usted ni siquiera sospechaba. Las cuestiones que más comúnmente deben investigarse en cuanto se descubra incontinencia fecal incluyen las siguientes:

- Analice la posibilidad de una enfermedad del intestino grueso. Hable con su médico acerca de la situación y pregúntele si alguna vez se hizo un diagnóstico que pareciera indicar algún trastorno o problema crónico del colon del paciente. Más explícitamente, ¿hay un historial de tratamiento por radiación o una enfermedad inflamatoria demostrada en el pasado (como el mal de Crohn o colitis ulcerosa)? En caso de enfermedad del colon, nadie, de ninguna edad o mentalidad, puede evitar accidentes relacionados con la defecación.

- Verifique la posibilidad de bloqueo de las heces en el colon. Múltiples accidentes de los intestinos en el curso de un día pueden deberse a diarrea. No es obvio intuitivamente cómo un severo caso de estreñimiento puede producir diarrea, pero al menos la mitad de los casos de diarrea persistente en los ancianos se deben a la presencia de un duro trozo de heces atrapado en el colon. Cuando el colon intenta vanamente mover este duro trozo de heces, en cambio sólo logra empujar heces acuosas en torno de la obstrucción y, por tanto, fuera del recto. El reflejo natural de la familia y del médico es, a menudo, prescribir algo contra el estreñimiento, como Imodium o el Kaopectate, que, misteriosamente, ¡nunca parecen poder controlar la diarrea! A veces se ha sabido que esta situación persiste durante semanas o meses hasta que alguien piensa en pedir un enema y sacar el trozo de heces ya durísimo que se encontraba atrapado en el colon superior.

- Analice la posibilidad de una intolerancia a los productos lácteos, conocida como intolerancia lactosa. Las personas que no pueden digerir la lactosa, azúcar de la leche, padecerán contracciones abdominales, gases y una explosiva diarrea después de ingerir alimentos lácteos. Cuando una persona que padece intolerancia a la lactosa también sufre de demencia, no se debe esperar que comprenda que sentir las contracciones significa que debe irse pronto al cuarto de baño. La intolerancia a la lactosa en una persona demente probablemente producirá un episodio de incontinencia fecal.

Ciertas falacias comunes suelen retrasar el reconocimiento de la intolerancia a la lactosa como causa de incontinencia fecal en los ancianos. Con frecuencia, si alguien sugiere que podría tratarse de un caso de intolerancia a la lactosa, se le rechaza con el comentario de que mamá o papá «siempre pudo tomar leche sin ningún problema», dando a entender que se nace ya con tolerancia o intolerancia a la leche. En realidad, algunos niños sí son intolerantes «natos» a la leche, pero la intolerancia a la lactosa también puede desarrollarse en cualquier época de la vida, incluso en la vejez. Comúnmente, suele presentarse después de padecer un virus estomacal.

De manera similar, la observación «Pensé en intolerancia a la lactosa pero tratamos de darle leche
descremada y eso no sirvió», lo que sólo pone en relieve
otra falacia. No es la cantidad de grasa de la leche, sino
la cantidad de azúcar la que hace que una persona
deficiente en lactosa sea incapaz de digerir la leche.

La crema y la leche con uno por ciento y dos por
ciento de grasa y la leche entera tienen diferentes cantidades de grasa, todas contienen la misma cantidad
de azúcar láctea. La única leche que contiene menos
azúcar es presentada especialmente como «reducida
en lactosa», aunque por lo general esta información
se presenta en el recipiente, pero en letras pálidas y
poco llamativas.

La única manera de saber en realidad si el problema
de incontinencia fecal de papá o de mamá está siendo
agravado o hasta causado por intolerancia a la lactosa
es suspender por completo el consumo de leche, queso,
crema, yogurt y helado durante cinco días. Si se trata
de intolerancia a la lactosa, cinco días sin alimentos
lácteos serán como la noche frente al día.

- Verifique la posibilidad de un abuso de laxantes. No
pocas veces, el uso ocasional de laxantes tiende a in-
tensificarse con la vejez, conforme los intestinos se
vuelven más perezosos debido a la edad o a las medicinas. Como el uso de laxantes usualmente es hábito
personal de varias décadas, puede ser una de las
costumbres mejor conservadas que aún pueda poseer
una persona que padece demencia, mientras la pérdida

de la memoria empieza por borrar las conductas recién aprendidas. Hasta una persona con demencia moderada puede seguir recordando que debe tomar sus laxantes del botiquín y, en realidad, su pérdida de la memoria a corto plazo puede hacerle olvidar que acaba de tomar el laxante, lo que le hará repetirlo, causando una sobredosis.

Si no hay señales de enfermedad del colon, no hay abuso de laxantes ni sospecha de un bloqueo de las heces, ni alguna diferencia en el funcionamiento de los intestinos con o sin dieta láctea, entonces probablemente necesitará usted enfrentarse al problema de la incontinencia fecal de acuerdo con el programa que vamos a esbozarle. A veces podrá usted creer, con razón, que hay un elemento de regresión infantil o deseos de llamar la atención en el caso de incontinencia fecal, pero pocas veces podrá usted convertir esa sospecha en algún plan útil para enfrentarse a la situación.

Regañar a las personas dementes sólo aumenta su nivel de agitación, lo cual sirve para crear consecuencias perturbadoras en todos los aspectos de sus vidas. Siempre es mejor no reaccionar violentamente, porque esto no logra nada práctico. Deberá usted recordarse a sí mismo que, a pesar de todo, existe una disfunción psicológica dentro de un cerebro físicamente desordenado, y que los principios de la psicodinámica que funcionan en las personas con cerebros sanos tienden a fallar en quienes tienen cerebros ya enfermos. Por causa de la demencia, será absolutamente inútil que trate usted de enfrentarse al asunto en el terreno psicológico. Resolver el problema de la incontinencia fecal en un adulto no es lo mismo que enseñar a controlar el esfínter a un niño, y es probable que ninguno de los enfoques conductuales que funcionan con los niños dé buen resultado en esta situación.

Lo que procede es el entrenamiento para ir al baño. En el sentido más sencillo, significa ordenar los hábitos personales de otra persona, con objeto de controlar tanto el tiempo como el lugar del movimiento de los intestinos, como única manera práctica de asegurarse de que no ocurra en los momentos y lugares más inconvenientes. La limpieza para la incontinencia fecal es similar a la incontinencia urinaria, con una diferencia importante: en contraste con la orina, que se está formando constantemente, las heces son lanzadas por el intestino grueso al recto en paquetes discretos y separados. Una vez eliminadas, se necesitarán varias horas antes de que deba eliminarse otro «paquete» de heces.

La estrategia de control para la incontinencia fecal intenta aprovechar este ritmo. Al provocar un movimiento intestinal regular y predecible en circunstancias controlables, será posible evitar el problema de accidentes fecales. Desde luego, inducir un movimiento intestinal regular diario, en circunstancias controladas o sin ellas, no es tarea fácil para muchos ancianos, dementes o no. Por tanto, este programa puede ser considerado como tratamiento para la incontinencia fecal o estreñimiento: lo que se necesite. La esencia del programa es la siguiente:

Primer paso: No permita el uso de laxantes. Muchas personas creen que cualquier cosa que les ayude a provocar un movimiento intestinal es un laxante, sin distinciones. Sin embargo, en este análisis la palabra «laxante» significa productos químicos que irritan los intestinos y aceleran el ritmo al que el contenido intestinal desciende por el tracto. Los tipos de laxantes que deben evitarse son:

- Laxantes de plantas naturales, incluyendo el Senokot. El hecho de que estos productos químicos irritantes procedan de una planta es un truco de mercado, que no viene al caso. También la nicotina, el opio y la belladona provienen de plantas, como casi todos los venenos.
- Ex-Lax, leche de magnesia, cáscara, etc. Estos agentes, cuando se toman antes de acostarse, son eficaces para producir movimientos intestinales por la mañana, pero su efecto puede consistir en estimular todo el tracto intestinal durante el resto del día. Tienden a producir heces demasiado líquidas (y más difíciles de controlar) y con contracciones de mayor urgencia (también más difíciles de controlar). Como resultado, estos laxantes frustran los intentos del paciente por controlar sus intestinos.

Segundo paso: Empiece a dar Metamucil al enfermo. Este agente aumentará el tamaño de las heces, haciendo más fácil sentirlas y expulsarlas. Muchos creen que este producto sólo sirve para el estreñimiento, pero en realidad tiende a dar a las heces una consistencia normal, en cualquier estado: demasiado sueltas o demasiado duras. Al emplear el Metamucil deberán tomarse en cuenta los puntos siguientes:

- Empiece por la dosis recomendada en la etiqueta, pero, en caso necesario, no vacile en aumentarla a dos o tres cucharaditas (recuerde que tres cucharaditas son iguales a una cucharada sopera). Sólo es fibra procesada de una planta, ¡no es un medicamento! Nadie se envenenará ni se intoxicará tomando más del indicado, y, en el peor de los casos, el paciente sólo parecerá un poco hinchado.
- Tómelo con mucha agua. Ocho onzas bastarán; tomarlo con menos cantidad de agua le dará una consistencia espesa, como de pegamento.
- Use la marca saborizada, y no vacile en mezclarla con ocho onzas de cualquier otro líquido de sabor agradable. El Metamucil solo no sabe tan mal como el aceite de hígado de bacalao, pero no tiene una consistencia agradable al deglutirlo.
- Si su madre o su padre se niega a tomar Metamucil de cualquier sabor o en cualquier otra bebida, pruebe el Fibercón, que puede conseguirse casi tan fácilmente como el Metamucil (el cual se encuentra en casi cualquier supermercado o farmacia), y viene en diferentes presentaciones. Muchas personas que se niegan a tomar el Metamucil en polvo aceptarán fácilmente tomar cápsulas de Fibercon. Una vez más,

no vacile en aumentar la dosis, por encima de las instrucciones del laboratorio, recordando que pese a su forma de cápsula usted sólo está aumentando la parte de alimento vegetal y no administrando un medicamento.

Muchas personas tienen el erróneo concepto de que el Metamucil es un laxante. La fibra tiende a intensificar el tono de los músculos en el colon y el recto, dando a los músculos mejor tono y haciéndolos más capaces de desempeñar independientemente su función. No hay ninguna semejanza entre los efectos benéficos de la fibra y el efecto debilitador de los laxantes estimulantes. Éstos aumentan la irritabilidad de los músculos del colon y, con el transcurso del tiempo, los dejan más debilitados y dependientes del estímulo del laxante.

Tercer paso: Cada mañana, con el desayuno, dé a su padre o a su madre una taza de café caliente fuerte. La cafeína actúa como estimulante temporal en el colon y tenderá a aumentar la contracción durante una o dos horas después de la ingestión. No olvide los siguientes puntos:

- El café *exprés* es sabroso, aunque un poco más difícil de preparar para la mayoría de los ancianos. Algunos investigadores se han preguntado si entrañará un mayor riesgo de elevar el nivel del colesterol. El *exprés* se hace por medio de un proceso de presión al vapor que produce una mayor extracción de colesterol de los granos de café que cuando el café se prepara a más bajas temperaturas, como en los habituales sistemas norteamericanos («Mr. Coffee»). Si su padre o madre procede del campo y le gusta el café al viejo estilo, le recomendaría que no dude en complacerlo.

- Dado que la cafeína es la que está surtiendo efecto, es obvio que los productos descafeinados no pueden sustituirla. Sin embargo, recuerde que al envejecer las personas necesitan más y más tiempo para eliminar la cafeína del cuerpo, y en algunos ancianos frágiles este tiempo puede ser hasta de doce o catorce horas, lo que significa que una persona de cerca de 80 años puede estar tratando de dormir por la noche y seguir teniendo problemas de insomnio relacionados con los residuos de cafeína de la mañana. Aunque usted debe recordar esta posibilidad, no suponga que ocurrirá hasta tal punto que no pruebe una taza matutina de café, si la incontinencia fecal constituye un problema.

Cuarto paso: Cada mañana, después del desayuno, haga que a su padre le apliquen un supositorio de glicerina en el recto, aguarde entre quince y treinta minutos y luego haga que lo lleven al cuarto de baño, se siente en el excusado y se prepare para un movimiento intestinal.

El cuarto paso es clave. Cada palabra es importante y se basa en una sólida razón fisiológica. Por ejemplo, la primera frase «cada mañana» significa ¡*cada* mañana! Hay personas que tienden a resistir este concepto, generalmente por la errónea suposición de que, como en el caso de los laxantes estimulantes, es malo el «uso excesivo» de supositorios. En realidad, el uso excesivo de laxantes es malo, pero un supositorio de glicerina no es un laxante. Es un cuerpo extraño, un poco lubricado, pero nada más que un objeto. Su propósito es informar al recto que en él hay algo, algo que debe ser expulsado mediante un movimiento intestinal.

La sensibilidad rectal se adquiere en la niñez temprana y nunca es irresistiblemente poderosa. Las heces en el recto no despiertan el mismo tipo de atención que provocaría picarse con una tachuela en el dedo. Dado que es una sensación suave, la sensibilidad rectal se puede olvidar en cualquier momento de la vida. En la vejez y con la demencia, la ligera incomodidad de sentir heces en el recto puede empezar a desaparecer con el paso de los días. Los músculos rectales se relajan, aprenden a acomodar la presencia de las heces y ya no reaccionan, ni siquiera silenciosamente.

Sin embargo, el supositorio hace despertar la sensibilidad de los músculos rectales. Incluso un recto que ha quedado laxo y que se acomoda demasiado fácilmente a la presencia de heces tenderá a volver a la vida con un supositorio. Como ocurre con la mayor parte de los estímulos, cuanto más reaccione el sistema, más fácil se volverá la próxima vez la función rectal. La diaria estimulación del recto por medio de un supositorio aumenta su sensibilidad con el tiempo, también ante las heces naturales.

Dijimos «después del desayuno» por una razón específica. Esta es la hora del día en que es más fácil despertar y redesarrollar el reflejo infantil gastro-cólico. Este reflejo infantil hace precisamente lo que su nombre indica. Cuando el estómago está lleno y estirado, un reflejo activa la contracción del colon y provoca un movimiento intestinal. En los bebés, este reflejo funciona sin el obstáculo de factores sociales; la introducción de alimento en el estómago del bebé causa un estiramiento del estómago, el cual mueve al colon a vaciarse. Los cambios de pañales siguen a la alimentación, como con un reloj.

Este antiguo reflejo tal vez haya disminuido en la vejez, pero allí sigue latente. Después del desayuno, el estómago de un adulto pasa por su mayor grado de «estiramiento». Inmediatamente después de ocurrir esto, hay que estimular el colon con el supositorio, para recordarle la conexión que antes tuviera con el hecho de que el estómago se hubiera llenado de alimento. Con el tiempo, como el perro de Pavlov, el colon empezará a contraerse cada vez que se estire el estómago. Aunque en algún momento sea posible prescindir del supositorio, no causará ningún daño seguir empleándolo después del desayuno, para recordar constantemente al colon la conexión entre tomar el desayuno y el movimiento de los intestinos.

Una vez insertado el supositorio, el último paso que deberá usted dar será animar a su padre o su madre a ir al cuarto de baño, sentarse en el excusado y permitir que el reflejo gastro-cólico desencadene un movimiento intestinal. Esto no siempre es tan fácil como parece. Tal vez se necesite cierta fuerza de persuasión para convencer a mamá o a papá de que vayan al cuarto de baño antes de sentir la necesidad de hacerlo. La previsión de un hecho es una forma de pensamiento abstracto, la clase de proceso mental más terriblemente devastado por la demencia. No obstante, si se quiere que salga bien la estrategia de la limpieza, deberá usted encontrar una manera de llevar a su padre o a su madre al cuarto de baño en la media hora siguiente a la inserción del supositorio.

15

Las caídas

L A DIFICULTAD PARA CAMINAR tiende a afectar a la mayoría de las personas que padecen demencia, aunque no a todas. Por experiencia puedo decir que este problema se presenta en la mayoría de las personas que tienen dificultades médicas, coexistentes de casi cualquier índole –artritis, mal del corazón, hipertensión– y se presenta mucho menos en una persona físicamente sana, excepto por la demencia. Las caídas son graves por sí solas y también por las repercusiones que tienen sobre el cuida-do de otros males relacionados con la demencia. El caminar inseguro tiende a afectar la continencia de la orina y puede impedir el uso de medicamentos contra alucinaciones, agitación e insomnio.

Las caídas no suelen considerarse como una enfermedad, pero si se las viera así podrían pasar por una importante enfermedad que amenaza la vida. Algunos estudios de seguimiento en ancianos que sufrieron una sola caída han permitido descubrimientos dramáticos, como la mortalidad de 50 por ciento de ellos, en solo un año. Hay pocos cánceres tan virulentos que puedan mostrar estadísticas tan aterradoras, lo que hace de las caídas una de las «enfermedades» más malignas de la naturaleza.

En parte, esta estadística parece terrible porque la caída no es una enfermedad en sí misma. Por lo general las personas se caen porque ya padecen alguna enfermedad grave, como demencia. Las caídas suelen volverse mortales por el hecho de que los ancianos, más probablemente que los jóvenes, sufrirán heridas graves en una caída, sobre todo por fractura de la cadera. Sin embargo, cualquiera que sea la explicación, las alarmantes estadísticas acerca de las caídas enfatizan el hecho de que constituyen uno de los problemas que más probablemente nos obligarán a hacer una completa revaluación sobre lo factible de tener un ayudante en el hogar para el adulto demente. Rara vez deberá dejarse en segundo término la cuestión de las caídas, el problema se impone entre las cuestiones que no se pueden descuidar ni evitar.

La mejor manera de prevenir las caídas es descubrir las causas y eliminar las que sea posible. Las principales causas son las siguientes:

Medicación para controlar la presión arterial: algunas personas, de cualquier edad, tienden a ponerse nerviosas en el consultorio del médico, y esto se aplica en especial a las personas dementes; pueden estar no sólo nerviosas sino literalmente aterradas. Y cuando alguien está nervioso o aterrado, aumenta su presión arterial. Los médicos prescriben medicamentos de acuerdo con la presión que registran en su consultorio y aumentarán la dosis de acuerdo con la presión que descubran en su examen, efectuado en el mismo consultorio. Por desgracia para el paciente, una vez en su hogar y relajado, la dosis prescrita para una presión arterial «ansiosa» puede ser excesiva para una persona relajada y, en realidad, puede bajar demasiado la presión arterial. Como resultado, las personas se caen estando en posición erguida, habitualmente después de acostarse en su lecho, y en especial después de caminar por la noche (cuando la presión de todos es más baja) y levantarse para ir al cuarto de baño.

¿Cuál es la solución? Una posibilidad consiste en no preocuparse obsesivamente por la presión arterial de mamá o de papá que se manifestó en el consultorio. Si el médico desea tratar la presión, insista en que se le permita a usted comprar una máquina casera para medir la presión arterial. Si el médico protesta diciendo que esas máquinas «no son precisas», no se deje usted convencer, algunas pueden no ser precisas, pero en su mayoría sí lo son, y si su médico las critica en términos generales, sin especificar nombres de marcas, lo más probable es que sepa poco o nada específico acerca de los instrumentos caseros.

Si usted desea adquirir una máquina casera para tomar la presión, infórmese antes de cómo usarla y luego llévela al consultorio del médico en su siguiente visita. Compare el resultado obtenido en la máquina con el del médico, y *si las dos cuentas están dentro de cinco puntos de diferencia*, considere que la máquina casera funciona bien. Luego, empiece a compilar una serie de resultados de la presión arterial tomados en el hogar y a diferentes horas del día, que cubran unas cuantas semanas. Si los resultados obtenidos por usted están cerca de lo normal, rechace la oferta de medicación contra la presión arterial, cualesquiera que sean los resultados obtenidos en la visita al consultorio. Y, como siempre, insista en probar la mínima dosis.

Las píldoras para dormir: No hay manera de poner a dormir la parte «consciente» del cerebro con un medicamento, sin poner a dormir al mismo tiempo otras partes del cerebro que controlan el equilibrio y los reflejos. Esta es una regla de la naturaleza. Si se viola esa regla, como consecuencia su padre o madre probablemente se caerán.

Si las caídas son una verdadera amenaza y especialmente si su padre o madre se han caído en los últimos seis meses sin que haya una explicación convincente, *no* le dé ninguna de las habituales pastillas para dormir que la gente pide y que los doctores consienten en prescribir.

Alfombras, luz y mobiliario: Gran número de caídas de las personas de edad avanzada, con o sin demencia, ocurren porque sus casas se han convertido en verdaderas pistas de obstáculos. Analice el hogar de su padre o su madre, no desde el punto de vista estético, sino desde el de la seguridad. Entre los peligros del entorno, las alfombras son los peores para una persona anciana y demente, ya que son el equivalente a minas, y hay que quitarlas. Asimismo, las personas que padecen una demencia todavía benigna suelen mantener cerradas las persianas y apagadas las luces (deliberadamente o por haberse olvidado de reemplazar bombillas quemadas). En este entorno mal iluminado se necesita que usted intervenga.

De manera similar, si su padre o su madre camina apoyando continuamente las manos sobre un mueble u otro, usted deberá ver que cada silla y mesa puede constituir una especie de muleta, y debe asegurarse de que sea sólida y estable. De ser necesario, instale recios pasamanos a lo largo del pasillo y asegúrese de que los ya existentes sean lo bastante sólidos para soportar todo el peso del paciente, ¡y no sólo el peso de su mano! Quite todos los escabeles u objetos artísticos; forme caminos al menos de un metro de ancho por donde el paciente necesite pasar (si su padre o su madre utiliza una andadera, metro y medio será más apropiado).

Si el paciente se opone a alguno de estos ajustes, no tendrá usted más remedio que imponerlo con autoridad. Créame que, a la postre, tendrá usted que adoptar todas estas medidas. O bien hace estos cambios antes de que su padre o su madre sean hospitalizados, o tendrá que hacerlos después.

El calzado: Examine con ojo crítico el calzado de su padre o su madre. Todas las personas de edad avanzada han perdido, hasta cierto grado, la sensibilidad en los pies, aunque no todos se den cuenta de ello. La vejez afecta los nervios de todos. Y los nervios más largos del organismo humano son los que se extienden desde las piernas hasta los pies. Por consiguiente, la vejez suele afectar más obviamente los nervios de las piernas y de los pies que los del resto del cuerpo. El envejecimiento de estos nervios hace que las piernas se encuentren entre las partes menos sensibles del cuerpo del anciano, y esa insensibilidad puede contribuir a los tropezones y las caídas.

Las combinaciones de calzado y piso más seguras para los ancianos incluyen:

- Pies descalzos en suelo de madera. El no ponerse zapatos ni calcetines mejora enormemente la «sensación» del piso. La madera es una combinación ideal de relativo calor y lisura, aunque una alfombra firmemente sujeta, baja y de pared a pared constituye una buena alternativa.

- Zapatos de tacón bajo o suela lisa. Se debe prestar máxima atención a la comodidad y estabilidad del calzado. Los zapatos no deben ser demasiado pesados. Los zapatos «tenis» de suela delgada pueden ser magníficos, pero tenga cuidado con los zapatos de suela corrugada. Estas suelas tienden a tropezar hasta con las más insignificantes irregularidades de la superficie del piso, causando pérdida del equilibrio.

- Si no logra usted convencer a su padre o a su madre de que pruebe algunas de estas alternativas, al menos trate de disuadirlo de practicar algunas de sus peores costumbres en materia de calzado, que incluyen caminar en calcetines, medias o pantuflas de suela lisa. Aunque los pisos de madera o de mosaico puedan ser buenos para pies descalzos, sus superficies pueden volverse traicioneramente peligrosas si se camina sobre ellas con calcetines o pantuflas de suela lisa. Si no es posible controlar los hábitos de su padre o de su madre a este respecto, lo mejor será instalar una alfombra baja, de pared a pared, por toda la casa. Algo más barato podría consistir en reemplazar toda la colección de calcetines ordinarios de su padre o su madre, por «calcetines-pantuflas» cuyas suelas tienen un dibujo en forma de V, contra posibles resbalones. De ser posible, tire usted todos los calcetines peligrosos, para asegurarse de que no se usarán.

16

Desórdenes al comer y pérdida de peso

L A MAYORÍA DE LOS HIJOS de padres que se encuentran en las primeras etapas de demencia pueden notar a simple vista cierta pérdida de peso y, no pocas veces, se preocupan más por los primeros signos de esta pérdida de peso que por las que aún podrían ser simples fallas esporádicas de la memoria. Quienes están en las primeras etapas de la demencia suelen perder peso por dos razones: no ir de compras y no cocinar.

El ir de compras, según se ha demostrado, es una tarea intelectual bastante difícil, pese a su carácter prosaico y cotidiano. Exige una memoria geográfico-espacial respecto al camino de ida y regreso de la tienda, así como una memoria alerta para recordar el número de artículos necesarios y pensar abstractamente en la forma en que se les necesitará cocinar. Por último, a la hora de pagar, se necesita la capacidad de efectuar un cálculo matemático. Por causa de su fobia a salir del hogar y abrirse paso entre un mundo que se ha vuelto cada vez más abrumador, las personas dementes en general no salen ya al mercado, salvo para adquirir los artículos cuya compra diaria es simple rutina: por ejemplo, ir cada mañana a la esquina por el periódico.

Si usted, el hijo, ya tiene que ir de compras, sea con su padre o su madre, o en su lugar, se preocupará más al ver que continúa la pérdida de peso. Si no es falta de alimentos, la siguiente causa probable es falta de ganas de cocinar y de comer. Esto último ha despertado cierta curiosidad científica, ya que, como en el caso del mal de Alzheimer, se manifiesta una pérdida neurológica del sentido del olfato. Se sabe que gran parte de nuestro sentido del gusto por los alimentos se debe al sentido del olfato. Para algunas personas dementes, esta pérdida del olfato constituye un factor importante en su falta de apetito y de peso. Sin embargo, para la mayoría de las personas dementes, la pérdida de peso ante despensas de cocina atestadas de alimentos se debe a una variedad de razones relacionadas con la demencia, que pueden resumirse en esta expresión: alimentación inadecuada.

Una prueba útil consistirá en invitar a su padre o su madre a que venga a comer a la casa de usted o a un restaurante, y ver si come bien. Si el apetito de su padre, en presencia de usted, parece bueno y consume todos los alimentos, considere que las razones de la pérdida de peso de su padre o de su madre pueden ser algunas de las siguientes:

- Su padre o su madre está demasiado solo para cocinar. Esto ocurre especialmente en el caso de viudos o de viudas. La hora del alimento es tanto una experiencia social como un alto para comer, y para un hombre o una mujer que estuvo casado, la perspectiva de comer a solas disminuye gran parte del deseo de prepararse una comida bien equilibrada.

- Demasiada confusión para cocinar. Esto puede ser, indirectamente, más un acto de auto-conservación de lo que usted pudiera creer. Cada año, algunos ancianos en estado de confusión causan incendios, porque ya no tienen una voz interna que les diga que deben mantenerse apartados de la estufa. Su padre o madre acaso haya tenido algunas experiencias en la cocina (de las que no habló) que le hicieron abandonar la costumbre de cocinar.

- Demasiado enfermo para conservar su peso. Tal vez su padre o madre está comiendo tan bien en su casa como en presencia de usted, pero sigue perdiendo peso. Si todo lo que usted ve le indica que el alimento llevado al hogar está desapareciendo al ritmo adecuado, haga que revisen la salud de su padre o su madre. Además de buscar pruebas de cáncer (que los médicos siempre hacen con los ancianos que están perdiendo peso), también deberán buscarse signos de tuberculosis y de enfermedad de la tiroides (esto habrá de haberse hecho antes, si usted siguió las instrucciones de nuestro capítulo 3).

Si usted va a comer con su padre o su madre y ve que no muestra un especial interés en los alimentos, quizá esté ocurriendo lo siguiente:

- Estreñimiento. Un estreñimiento cotidiano benigno en personas normales no suele afectar el apetito, pero en la persona demente el estreñimiento puede ser crónico, no mencionado ni reconocido (ni siquiera por la víctima) y persistir lo suficiente como para causar considerable pérdida de peso.

- Indigestión. Ésta es sorprendentemente común, pero los ancianos (dementes o normales) la mencionan mucho menos a menudo que las agruras. La indigestión frecuente en la persona demente se presentará sólo como perdida de apetito y náuseas. Éstas son causadas, a menudo, por los medicamentos prescritos o por medicinas que las personas toman sin prescripción (la aspirina y el ibuprofen son dos de los principales culpables). La indigestión es fácil de tratar, ya sea suprimiendo la que se sospecha es su causa (por lo general un analgésico) o empleando una dosis abundante de antiácido líquido (una cucharada grande, cuatro veces al día). Si el dinero no es un problema, podrá usted pensar en algunos de los medicamentos nuevos y más avanzados, como Axid, Pepcid o Zantac. Tienen pocos efectos secundarios (aparte de su costo) y por lo general hacen desaparecer la indigestión como por arte de magia.

- Depresión. Ya analizado con detalle, el grupo de síntomas constituido por pérdida de peso, insomnio y desinterés en la vida hace que la depresión sea una causa muy probable. Algunos antidepresivos tienden a estimular el apetito hasta de personas que no están deprimidas, y estos medicamentos pueden ser una buena primera elección, si la falta de apetito parece desempeñar un papel importante en la depresión del paciente.

- Medicación. Como ya se dijo, algunos medicamentos causan pérdida de apetito al producir indigestión. En esos casos, la mayoría de las veces la causa es algún analgésico, como la aspirina, el ibuprofen o naproxén. Sin embargo, otros productos que requieren prescripción médica pueden reducir el apetito, no por causa de indigestión. En grandes dosis, la digoxina (Lanoxin) para el corazón y las teofilinas para el asma pueden causar pérdida de apetito o náuseas, aunque debe desconfiarse casi de cualquier medicamento. Si la pérdida de apetito comenzó a manifestarse pocas semanas después de empezar a tomar un nuevo medicamento, no le quedará a usted más remedio que dar al paciente unas «vacaciones de medicina» para ver si ésa es la causa del mal apetito, o no es más que un «testigo inocente».

- Enfermedad física. Una vez más, como en el caso de quienes pierden peso a pesar de tener buen apetito, una serie de enfermedades pueden causar la pérdida de peso al reducir el apetito. El cáncer del tracto intestinal, incluso del páncreas, es el caso clásico, aunque más a menudo he descubierto que simples úlceras pépticas no causan otro síntoma que una severa pérdida de apetito.

17

Cuando el decaimiento es súbito

H ABRÁ OCASIONES en que la persona demente caiga en un estado de persistente agitación, insomnio o beligerancia, no sólo durante unas horas como resultado de reacción a medicamentos, sino durante días o semanas enteras. No pocas veces, estos episodios de súbito desastre van acompañados por gritos o acciones hostiles o violentas. Por lo general, eso sucede en unos cuantos días.

Mucho médicos considerarán que ese cambio súbito y negativo de la conducta de su padre o madre es el caso típico de demencia. *¡No acepte sin más este veredicto!* Sin duda, la demencia va empeorando con el tiempo, pero por lo general lo hace muy lentamente. Los cambios súbitos de una semana a otra *pueden* deberse a la demencia por infarto leve, y tal vez en este caso la evaluación del médico sea técnicamente correcta. Sin embargo, manténgase usted escéptico. Muchos médicos generales se apresuran demasiado a suponer que debió ocurrir un infarto leve y que esa tiene que ser la explicación del súbito deterioro del paciente. *Esas fáciles suposiciones son erróneas mucho más veces* *que correctas*. El peligro de suponer que un infarto fue la causa de todo súbito empeoramiento es que ciertos males tratables podrían pasar inadvertidos hasta que se haya causado ya un enorme daño que era evitable.

La mayoría de las veces, un infarto leve no es la causa del súbito deterioro de pensamiento y conducta de un anciano demente. La clave para descubrir la verdadera causa de un súbito empeoramiento puede encontrarse en las similitudes que hay entre el cerebro del infante y el cerebro demente. Ninguno de los dos cerebros tiene la capacidad de expresar en lenguaje sus sentimientos internos: el del infante porque aún no se ha desarrollado, y el del demente porque se ha extraviado. Ambos sustituirán la queja verbal por una expresión de estrés no verbal generalizada. El niño puede llorar inconsolablemente, revolverse y tirar golpes; la persona demente podrá gritar, arañar, golpear o negarse a cooperar en la limpieza, la toma de alimentos o la medicación. Cada uno está expresando profunda incomodidad mediante el limitado repertorio de actividades que tiene a su alcance. En cada caso, lo único que se puede comunicar es el lado emotivo del sufrimiento.

Esta observación ha hecho surgir una de las reglas básicas e importantes del cuidado de una persona demente:

Si su padre o su madre, antes «manejable», se vuelve de pronto incontrolable, suponga siempre que se trata de una enfermedad física tratable, la cual no se puede describir, salvo mostrando conductualmente la incomodidad que se está experimentando.

La búsqueda de esa enfermedad debe empezar pronto, porque el típico paciente demente tiene ya muy pocas reservas de resistencia física o psicológica. Los efectos debilitadores de pérdida del sueño, mal apetito, escasa toma de líquidos y falta de medicamentos pueden llevar el estado de salud de su padre o de su madre a niveles críticos en unos cuantos días.

En general, las condiciones físicas que causan una súbita baja en la persona demente tienen un rasgo en común: el dolor. De manera sorprendente, los daños externos obvios provocan menos a menudo un deterioro súbito, tal vez porque son visiblemente obvios hasta para la persona demente. Los ancianos pueden sufrir dolorosos desgarrones de la piel en brazos o piernas debido a lo delicado de ésta, y sin embargo estas heridas rara vez precipitan un colapso mental y emocional.

Buscar la causa de un súbito deterioro es, habitualmente, buscar una causa invisible de dolor que su padre o su madre no le puede comunicar. Las causas siguientes son tan comunes que merecen ser consideradas una por una:

Primer paso: podría ser estreñimiento. El estreñimiento no reconocido tal vez sea la causa más común de un súbito empeoramiento. La gama de cambios que puede desencadenar es bastante amplia. A veces el resultado es silencioso: sólo pueden notarse lasitud, pérdida de apetito y debilidad progresiva. En otros momentos, el estreñimiento excesivo puede producir gritos, agitación e inexplicable resistencia.

Podría usted suponer que ningún médico dejaría de notar un caso severo de estreñimiento, y sin embargo los médicos en general se tardan en reconocer el impacto que éste puede causar en una persona demente. En parte, esto es así porque el estreñimiento en las personas normales suele ser relativamente benigno, por lo cual parece una explicación insuficiente para el deterioro general de la persona demente.

La principal razón de la tardanza en el diagnóstico, probablemente sea el hecho de que aun en grados muy severos de estreñimiento, muchas personas dementes siguen teniendo movimientos del intestino, lo que distrae a muchos del verdadero problema. Familias enteras a menudo negarán que el estreñimiento haya sido el mal, y los médicos no experimentados en el cuidado de ancianos pueden aceptar ese juicio. Pocos enfermeros o cuidadores conocen tan bien la pauta de los movimientos intestinales como para que sientan que las pequeñas cantidades de heces de cada día son demasiado insignificantes para contarlas como movimientos intestinales completos sino que, en realidad, son tan sólo pequeños fragmentos de una mucho mayor masa de heces que se partió antes de llegar al ano.

En el caso del estreñimiento severo, aún más engañoso resulta el fenómeno de la diarrea paradójica, que antes hemos analizado. El derrame de heces acuoso que pasa en torno de la gran masa de heces lleva a familias y médicos al fundamental error de tratar la obvia diarrea, en lugar del invisible estreñimiento que está causándola. Invariablemente, el uso de agentes antidiarreicos como Imodium,

Kaopectate o Lomotil sólo complica el problema, en lugar de curarlo.

Por consiguiente, en caso de deterioro súbito deberá hacerse un examen rectal para asegurarse de que no ha habido una gradual intensificación de estreñimiento severo. Si las circunstancias son sumamente sospechosas, tal vez necesitará usted insistir en que se practiquen rayos X abdominales, ya que la gran masa de heces estreñidas puede encontrarse más alto en el colon de lo que el médico (o usted) pudiera detectar con sólo insertar un dedo enguantado en el recto.

Si la acumulación fecal es la causa del súbito deterioro de su padre o de su madre, habrá que hacer frente al problema de la manera más pronta y decisiva. Ya no habrá tiempo para enfocar con más calma el problema intestinal esbozado en el capítulo 14. Deberá usted elegir entre varias alternativas:

a) Enemas. Unos enemas Fleets, ya preparados, vienen completos con pequeñas jeringas que hacen su aplicación mucho más fácil, pero la discreta cantidad de líquido para el enema contenida en estos paquetes no siempre logra sacar una gran masa fecal. Para la desimpactación fecal, deberá preferirse el enema a la antigua. El líquido del enema puede ser simple agua, jabonaduras o aceite mineral: estos dos últimos son más eficaces para disolver excremento endurecido.

Cualquiera que sea el tipo de enema que se emplee, la clave para obtener un buen resultado es la cooperación del paciente. Administrar un enema sólo requiere un mínimo de competencia, pero como han perdido su popularidad en las últimas décadas, casi ninguno de los adultos de hoy ha aplicado ni recibido un solo enema durante toda su vida. Si este anticuado procedimiento está más allá de la capacidad de usted para aplicarlo, deberá solicitar los servicios de una enfermera.

b) Laxantes. Éstos causan mucho menos problemas pero a veces son incómodos, pues irritan el tracto superior intestinal, causando repetidos espasmos y contracciones que acaban por expeler lo que se encuentre en el canal intestinal. *Si no hay ya una excesiva formación de heces en el colon*, este procedimiento funcionará, pero a veces las heces son tan grandes y duras que ni siquiera las contracciones causadas por un laxante podrán moverlas. Cuando los intestinos son estimulados para contraerse inútilmente contra un objeto inamovible, el resultado es severos calambres y dolor de abdomen. Por tanto, si estos productos causan dolor pero no movimiento intestinal, será necesario un enema para disolver las heces antes de probar por segunda vez los laxantes. Con frecuencia, aplicarlos después de que el enema ha aflojado las heces resulta mucho más eficaz.

Varios regímenes a base de laxantes han conquistado seguidores, casi fanáticos, entre médicos y enfermeras de hospital. La combinación de leche de magnesia y cáscara es conocida en el ambiente como «blanco y negro». Este venerable coctel está compuesto por una cucharadita de jarabe de cáscara negra junto con una cucharadita (o cucharada grande) de blanca leche de magnesia. Un pequeño frasco (de seis onzas) de citrato de magnesio funciona tan bien que se ha ganado el sobrenombre de «bomba». La eficacia de estos laxantes a veces puede aumentarse mediante tratamiento previo con grandes cantidades de aceite mineral, utilizando hasta una cucharada cada hora durante todo el día, antes de administrar el laxante.

El aceite mineral actúa para suavizar el excremento, así como para lubricar su final expulsión del ano. Puede ser una valiosa alternativa al enema, pero causa una seria preocupación. *El aceite mineral puede producir neumonía grave y hasta fatal si llega a los pulmones. No lo administre si su padre o su madre está débil o aletargado, y típicamente tose o se ahoga al beber, o tiene tendencia al vómito.* En cualquiera de estas situaciones el aceite mineral podría ser inhalado por los pulmones en lugar de digerido por el estómago. Este riesgo de aspiración suele hacerse más grave conforme la demencia progresa en sus etapas más avanzadas.

c) Desimpactación digital. El tercer y último método para desalojar una dura masa de heces es el método manual. Se trata de un procedimiento brutal pero sencillo. Se inserta en el recto un dedo enguantado y lubricado con la parte carnosa del índice frente al coxis. Se utiliza el índice para separar partes de las heces de la gran masa, utilizando el coxis (que puede sentirse fácilmente, oprimiendo la pared rectal) como una dura «superficie de trabajo». Luego se sacan del recto los pedazos separados de heces. Esto no es trabajo para gente muy delicada.

Segundo paso: busque fracturas. Las fracturas de la cadera y de la pelvis son causa importante de un súbito decaimiento del paciente. Estas fracturas no son raras y pueden causar semanas completas de caótica disfunción mental en el anciano. Como en el caso del severo estreñimiento, hay varias suposiciones comunes y erróneas que retrasan el reconocimiento de una fractura por el médico y la familia.

El primer error es suponer que mamá o papá no pudo caerse sin que alguien lo notara o lo informara a usted. Desde luego, las personas dementes rara vez informan de sus propias caídas y tampoco suelen hacerlo los sirvientes o cuidadores. El temor a las consecuencias puede ser un poderoso incentivo para restar importancia a una caída que bien pudo ocurrir durante pocos segundos de descuido de parte de un cuidador generalmente concienzudo. Suponga usted siempre que no le hablarán de una caída.

El segundo error consiste en suponer que una persona que sigue caminando no puede haberse roto la cadera. En contra de lo que suele pensarse, las fracturas aún pueden permitir caminar a una persona, aunque una observación cuidadosa habitualmente revelará que no camina tan bien como antes. Sin embargo, aun si la persona puede llevar su peso, el dolor se vuelve causa de súbito decaimiento.

Tercer paso: considere la indigestión. Su padre o su madre anciano bien puede estar tomando una variedad de medicamentos de prescripción o no prescritos, contra la artritis y el dolor, o tomando bajas dosis diarias de aspirina contra problemas circulatorios. Es posible que a su padre o a su madre le agrade tomar una copa de bebida alcohólica con los alimentos. Son innumerables las causas de irritación del estómago y del esófago, y con el tiempo llegan a producir tanto dolor que provocan que el estado de salud general decaiga.

Es muy raro que una persona demente explique con palabras que un dolor punzante en el estómago está afectando su tranquilidad y su apetito. El error más frecuente acerca de la digestión incluye la idea de que un problema tan común y prosaico no podría ser la causa de tan marcada pérdida de la salud como la que está mostrando la persona demente. También se tiende a suponer que si las medicinas fueron bien toleradas durante años no pueden ser ahora la causa del mal. En realidad, *cuanto más tiempo* tome una persona algunas medicinas como aspirina u otros medicamentos contra la artritis, es *más probable* que sufra irritación del estómago o hasta sangrado interno.

Cuarto paso: busque indicios de fiebre. Los resfriados «benignos» y virus acompañados de fiebre constituyen otra causa sorprendentemente común del súbito empeoramiento de una persona demente, poco antes estable. Por lo general, la fiebre hace que esa persona pronto se muestre adormecida, debido a la incapacidad del cerebro demente para funcionar, aunque sea con una fiebre de pocos grados. Sin embargo, a veces ocurre lo opuesto, y una infección «sencilla» producirá inesperados estragos, con gritos y agitación. En la categoría de infecciones sencillas se encuentran resfriados, enfermedades virales benignas (siempre llamadas catarro, pero por lo general no son la auténtica influenza) e infecciones de las vías urinarias. Los responsables son tanto la fiebre como la propia infección, y aun entonces la fiebre suele ser de pocos grados. Para producir en el cerebro de una persona normal una reacción así fuera lejanamente parecida a la catastrófica reacción de una persona demente, se requeriría una fiebre de 41 grados o más. Una persona demente puede caer en un estado de mayor disfunción mental y conductual con una fiebre de 38.6 grados. Cuando se unen los síntomas de infección y un cambio del funcionamiento mental, aplique las siguientes reglas:

a) Vea al médico en menos de veinticuatro horas. Esto debe hacerse siempre que sea posible, pues las personas de edad avanzada tienen, por lo general, mucho menos reservas constitucionales que los adultos jóvenes. Los ancianos en general corren mayor riesgo si se atiende una enfermedad febril después de uno o dos días de espera, en lugar de emprender una acción inmediata. Los ancianos que padecen demencia tienen aún menos reservas que los ancianos saludables y así, para ellos, las primeras veinticuatro horas de fiebre son una etapa particularmente crítica para impedir una enfermedad grave y hasta hospitalización. Resulta irónico que muchos ancianos vayan a ver al médico concienzudamente *excepto* cuando están enfermos y se sienten «demasiado mal» para salir. Por lo general, las visitas de rutina son menos importantes que la pronta atención durante la enfermedad.

b) *Administre acetaminofén.* Dé al anciano regularmente dos tabletas de Tylenol cada cuatro horas. Una vez empezado este tratamiento deberá continuarse durante setenta y dos horas, continúe o no la fiebre. La única condición es que no es necesario despertar del sueño al paciente para adherirse estrictamente a la regla de cada cuatro horas. Empero, si por casualidad su padre o madre se encuentra despierto a mitad de la noche por alguna otra razón, podrá usted aprovechar la oportunidad de darle otras dos tabletas de acetaminofén, siguiendo el horario de cada cuatro horas.

Los temores expresados en los medios informativos acerca de que el acetaminofén causa daño a los riñones no se aplican en esta situación. Si tres días de administrar este producto dañaran los riñones de una persona, éste nunca habría salido al mercado. Puede compararse este temor, en gran parte imaginario, con el desorden muy auténtico que hasta una baja fiebre puede causar a un anciano frágil que padece demencia. La fiebre, así sea por un simple resfriado o virus, puede provocarle un estado de confusión agitada o continuo adormecimiento. Sea como fuere, la toma de líquidos pronto se reduce, complicando el problema del líquido que pierde el organismo sencillamente por el proceso de evaporación causado por el calor de la fiebre.

La administración de acetaminofén durante todo el día mantiene la fiebre lo más baja posible, reduciendo el caos mental. Una vez iniciado, es importante seguir el tratamiento durante setenta y dos horas antes de suspenderlo. El hecho de haber reducido la fiebre con las primeras dosis no debe producir una errónea sensación de seguridad; no interrumpa prematuramente el acetaminofén ni abandone sus esfuerzos por llevar a su padre o a su madre al médico en cuanto le sea posible.

c) Aliente al enfermo a tomar líquidos. Los alimentos son deseables, pero no son la solución para sacar a su padre o a su madre de un periodo de deterioro causado por una enfermedad febril. Los líquidos son la clave. El anciano normal, para llegar a estar críticamente enfermo, necesitaría haber perdido peso y fuerzas por no comer durante varias semanas. En cambio, dejar de beber constituye un camino muy breve hacia el desastre. Sólo se necesitan dos días de no tomar líquidos para precipitar una crisis de deshidratación y colapso nervioso.

El líquido es a menudo la clave para sobrevivir a una infección «menor» en el hogar. Se le deberá dar inmediatamente, antes de que su padre o madre se ponga demasiado débil para tomarlo o tan débil que apenas pueda ingerir algún líquido. Si parece ahogarse o toser al beber, no será prudente seguir introduciendo líquidos por vía oral; hacerlo provocaría un proceso llamado aspiración, ¡que podría causar neumonía o hasta muerte súbita!

La aspiración de líquidos ocurre cuando una persona está demasiado débil o decaida para tragar correctamente. En lugar de pasar el líquido de la garganta al esófago y de allí al estómago, pasa a los pulmones, provocando, como reacción sólo una débil tos. Aunque cualquier bebida o alimento se puede aspirar, los más frecuentes son los líquidos llamados «líquidos claros», como agua, refresco, café, té o jugo.

Si su padre o su madre está demasiado débil y no plenamente alerta, tenga cuidado con cualquier señal de tos o ahogo durante el acto de tragar. Si sospecha que está ocurriendo aspiración, entonces la única manera segura de administrarle líquido será por vía intravenosa. Antaño, esto invariablemente significaba hospitalización, pero al desarrollarse la industria de la atención casera a los enfermos, existen hoy muchas agencias que le ofrecerán el personal y el equipo necesarios para administrar líquidos por vía intravenosa, siguiendo las instrucciones de su médico.

Otro método seguro·cuando se sospecha de aspiración es el uso de gelatina, ya cuajada, puede ser ingerida como algo semisólido, y ésta es una consistencia que muchos ancianos pueden soportar mejor. Sin embargo, una vez a salvo, en el estómago se disuelve, convirtiéndose en líquido. Un tercer método es el uso de un producto llamado Thickit, que puede comprarse en las farmacias y tiendas de productos médicos. Este polvo puede echarse a cualquier líquido –hasta en café– para espesar su consistencia. Y este mínimo engrosamiento puede hacer posible la ingestión de fluidos sin peligro.

La lista de posibles causas de súbito deterioro de un anciano demente es, desde luego, mucho más larga que estas cuatro situaciones: estreñimiento, fracturas, indi-

— **213** —

gestión y fiebre. Hay docenas y docenas de estados médicos que pueden hacer que un anciano o una anciana frágil parezca empeorar en unas cuantas horas o días. El diagnóstico y tratamiento correctos de estos estados es responsabilidad de su médico. Entonces, podrá usted preguntarse, ¿no es también responsable el médico de reconocer estos cuatro estados?

En teoría, no hay una causa racional por la que estos cuatro estados debieran separarse de todos los demás. Sin embargo, en la práctica, hay varias razones importantes para tenerlos siempre en mente. La primera es que los cuatro son culpables de la gran mayoría de los casos de súbito deterioro de ancianos dementes; las docenas de otras condiciones que aparecen en los libros de texto ocurren con mucha menor frecuencia. La segunda razón es que muchos médicos están demasiado acostumbrados a tratarlos como enfermedades benignas, y efectivamente lo son en pacientes jóvenes. Los médicos tan habituados a tomar un tanto a la ligera estos problemas, suelen estar fatalmente ciegos ante el potencial pesar que estos problemas pueden causar en la vida de un hombre o de una mujer dementes. Y si ese hombre o mujer son de la familia de usted, también será suya la responsabilidad de asegurarse de que estos estados vitales, pero comunes, no sean pasados por alto en la prisa de los médicos por aplicar complicadas pruebas diagnósticas en busca de enfermedades que son estadísticamente improbables.

18

Para hacer frente
al mundo exterior

H AY UNA TENDENCIA irresistible a interpretar erróneamente la conducta de una persona demente y otra
tendencia, no menos irresistible, a tratar de enseñarle a
esa persona que cierto tipo de conducta es «impropia». Tratar de enfrentarse de este modo a los problemas de la conducta social inapropiada sólo hará que usted y su padre
agraven sus problemas. Comprenda que dentro del marco
de referencia de su padre o de su madre es sumamente probable que *no* esté haciendo nada malo sino actuando de
manera sumamente lógica. Como ya se observó, cuando
su padre o su madre demente hace algo «erróneo», rara
vez se ganará algo con discutir; la discusión sólo puede
conducir a un arranque emocional completamente innecesario y que no ayudará a nadie. No espere usted discutir
lógicamente desde su marco de referencia, si no puede
imaginar cuán ilógicos pueden parecer sus argumentos
en otro marco de referencia.

Las personas dementes probablemente cometan muchas
acciones que son inaceptables en sociedad: en su mayoría,

son inocentes desde su punto de vista. Los temas antes analizados representan algunas de las situaciones que las familias describen, y estos problemas comunes no constituyen una lista completa. En cambio, las reglas para enfrentarse a estas situaciones son igualmente eficaces en la mayoría de las otras situaciones en que pueda usted encontrarse. A ese respecto, las soluciones son de aplicación universal, y todas ellas se adhieren al siguiente enfoque filosófico:

Toda realidad es mental. Usted y su padre o madre habitan diferentes realidades mentales. La verdad y la lógica en la realidad de usted pueden diferir de la verdad y la lógica de la realidad de su padre o su madre. Por consiguiente, si un asunto los separa y amenaza con causar un conflicto, no discuta, en cambio, elija entre las soluciones siguientes la que mejor le convenga:

1. Si no causa daños, mantenga la ilusión de la realidad de su padre o de su madre el mayor tiempo posible.
2. Si hay posibilidad de causar daño, evite usted la situación o arrégleselas hábilmente para reducir el riesgo, pero sin enfrentarse directamente a su padre o madre.
3. Si la posibilidad de causar daño es real e inevitable, evite el tema mediante un enérgico ejercicio de autoridad, y no vuelva a hablar del asunto. Si su padre o su madre lo menciona, cambie de tema. Cuente con que la pérdida de la memoria a corto plazo será su aliada.

— **216** —

En su situación, no será difícil encontrar oportunidades de aplicar cada una de estas estrategias. Considere las siguientes:

El robo: Las personas dementes nunca «roban»; al menos no según la definición de robo que existe en el mundo de la cordura. Una persona demente no tiene capacidad de formular un plan de disimulo para obtener ventaja personal; sin embargo, los pacientes con demencia a menudo acostumbran meterse cosas en los bolsillos o los bolsos mientras están de compras en una tienda. No pagan estas cosas, ya sea porque se olvidan de hacerlo o porque nunca se propusieron hacerlo, de acuerdo con su imaginada relación del momento con ese objeto. ¿Qué hacer?

En teoría, se podría evitar que su padre o su madre fuera a las tiendas, pero este paso parece demasiado drástico y poco práctico. Dado que esta conducta plantea el riesgo de causar una situación embarazosa pero no un verdadero daño, algunas soluciones imaginativas podrían ser:

- haga que su padre o su madre lleve ropas sin bolsillos cuando vayan juntos de compras;
- dígale al gerente de la tienda, al entrar en ella, que su padre o su madre padece demencia y establezca reglas, ya sea para pagar silenciosamente o para devolver los artículos;
- frente a la caja, revise el bolso de su madre, y compórtese como si fuese perfectamente natural llevar esos artículos en el bolso;

- dé a su padre o su madre algo ligero que llevar en la tienda, para que tenga ocupadas las manos.

Conducta sexual indecente: Dé por sentado que la intención de una persona demente que parece estar exponiéndose sexualmente en público es, siempre, un error. Es muy raro que la exhibición de genitales tenga motivación sexual cuando la efectúa una persona demente. El desvestirse en público es mucho más probablemente consecuencia de la incapacidad de contener más tiempo la orina, tal vez por infección del tracto urinario o por malestar físico en la región genital. A veces, la causa única de esa acción es la confusión, pero aun en esos casos la explicación es mucho más algo imaginativo que una simple desviación. Su padre o su madre puede estar actuando «lógicamente» en el marco de la idea demencial de sentir demasiado calor, de sentirse en casa, de estar a punto de bañarse, de estar en el hospital o de estar con su cónyuge. Si ya mandó usted que examinaran a su padre o su madre en busca de alguna señal de irritación o inflamación genital o urinaria, las estrategias para hacer frente a esta situación incluirían:

- Utilizar ropas más difíciles de quitar, con botones o la parte trasera de la cremallera cosida;
- dar algún objeto para sostener, de modo que su padre o su madre tenga las manos ocupadas;
- no hablar de la situación (en realidad, no se ha hecho ningún daño grave) mientras vuelve a vestir, con toda suavidad a su padre o a su madre. No hable en

tono de reproche al hacerlo, pues es casi seguro que
el estado mental del paciente no merece ningún reproche.

El trabajo: No pocas veces, el padre o la madre aún tiene
empleo cuando se desarrollan los primeros síntomas de
demencia. Rara vez ese empleo es reciente y la mayoría
de las veces su padre o su madre sólo logrará funcionar me-
dianamente bien en su empleo, porque éste se ha convertido en una rutina aprendida y reforzada a lo largo de
muchos años. No es lógico esperar que un patrón conserve
en la nómina a una persona demente tan sólo por caridad
(aunque sí ocurren actos generosos con notable frecuencia),
y sin embargo, usted no desearía que el trabajo de toda
la vida de su padre terminara antes de lo debido por inicio
de demencia. Si su padre está teniendo evidentes dificultades en el trabajo, causadas por la demencia, considere
lo siguiente:

- Hable con el jefe de su padre. ¿Podría éste encontrarle
  otro empleo menos difícil en el mismo lugar? ¿Podría
  conseguirle un trabajo de medio tiempo?
- Ofrezca devolver al patrón el «ingreso» que le paga
  a su padre. Probablemente gastaría usted más por hora
  contratando a un cuidador en el hogar, que en forma
  invisible «contratar» a su propio padre, y éste nunca
  tendría los mismos sentimientos de orgullo y autonomía estando en casa, que conservando su empleo.

- Si viajar de ida y vuelta al trabajo constituye un riesgo inaceptable, contrate un servicio de automóviles para llevar a su padre de ida y vuelta.

La administración del dinero: El «significado» psicológico del dinero se remonta muy atrás, hasta nuestra conciencia infantil. Hasta los niños pequeños saben de dinero y comprenden su importancia en el mundo de los adultos, mucho antes de que puedan contar y manipular intelectualmente los distintos valores. La consecuencia de ello para una persona demente es que el interés en el dinero y su afán de poseerlo están más profundamente arraigados que las capacidades requeridas para administrarlo con prudencia; estas capacidades tal vez hayan desaparecido a causa de la demencia, pero no el deseo de poseer dinero.

No es de sorprender que las personas dementes asombren a sus familias «perdiendo» mucho dinero. Parte de él en realidad sí se pierde, cuando olvidan la cartera o el bolso en una banca o en un mostrador. Otra parte la dan a desconocidos, aunque en el marco mental de una persona demente creyó que lo daba a un hijo, una hija o cónyuge. Hay varias maneras de enfocar este problema:

- Si queda muy poco dinero para ahorrar, el daño de despilfarrar una parte puede ser inaceptable. En este caso, habrá usted de impedir que su padre o su madre tenga acceso al dinero.
- Si puede usted permitirse perder un poco de dinero para salvaguardar el orgullo de su padre o de su madre,

convendría llenar su cartera o su bolso con monedas de poco valor y unos cuantos billetes de baja denominación. El paciente con demencia no tendrá las facultades mentales necesarias para contar una serie de billetes de un dólar hasta sumar el total. Antes bien, el peso de las monedas y el número de billetes probablemente le darán la deseada ilusión de riqueza.

- Dele a su padre o su madre una libreta de cheques de una cuenta cancelada para aliviar la sensación de inseguridad que causa el no tener dinero. Recuerde raspar el área en que se debe poner la cantidad y la firma, para que no exponga usted a su padre o su madre a acusaciones de fraude.

Conducir: De manera similar a la posesión de dinero en nuestra sociedad, la capacidad de conducir un auto es determinante de independencia en la vida adulta. Por tanto, conducir un automóvil es algo que incluye un conjunto de valores psicológicos en materia de autoestima, que no tiene nada que ver con el simple hecho de transportarse. Es muy probable que usted y su padre o su madre demente descubran que ésta es una de las cuestiones más explosivas que los separan. Usted verá claramente lo peligroso de sus lentas reacciones y su pérdida de orientación; su padre o su madre sólo verá que aún puede desempeñar las acciones básicas de conducir un auto y tendrá, parcialmente, razón. Como algunos de los actos de conducta mejor aprendidos, las capacidades de conducir a menudo pueden ser perfectamente desempeñadas por una persona demente. Sin embargo, la esencia de conducir con seguridad consiste en saber enfrentarse a lo inesperado. Si su padre o su madre padece demencia y conduce un auto, es muy real la probabilidad de un accidente que pudiera ser fatal para alguien (por lo general, otra persona).

Si el grado de confusión de su padre o su madre crea un riesgo ya inaceptable al conducir un auto, no deberá usted desentenderse del problema. Una persona demente no debe conducir un automóvil. Hacer que otra persona sana se siente junto al conductor puede ayudar a evitar errores de dirección, pero no podrá ayudarlo a reaccionar apropiadamente si otro auto o un niño sale inesperadamente de una calle lateral. Las opciones incluyen lo siguiente:

- Pruebe usted la persuasión amable. Tal vez encuentre las palabras adecuadas para convencer a su padre o su madre de que no conduzca y por lo general subrayar el peligro que representa para los demás es más convincente que hablar del peligro para sí mismo. Esto es magnífico si funciona, en caso contrario, tendrá usted que probar otra estrategia.

- Podrá usted pedir al médico que por cuestión de seguridad pública, prohíba conducir al paciente. El pretexto puede ser una enfermedad física, si esa explicación resulta más tolerable al orgullo del paciente; o bien el médico podrá, sencillamente, añadir el peso de su autoridad a lo que usted ya había dicho.

- Si ni usted ni el médico consiguen persuadir al enfermo, podrá usted cortar la corriente eléctrica del auto, con un interruptor cuya colocación sólo usted conozca. Este invento, inicialmente contra ladrones de autos, podrá convencer efectivamente a su padre o su madre de que el auto está fuera de servicio.

- Puede usted deshacerse del automóvil. Diga usted a su padre o su madre que el mecánico pensó que era demasiado costoso arreglarlo (el «precio» real de las reparaciones se puede aumentar). Esta es una explicación menos preocupante que alegar que se robaron el coche.

Beber y fumar: Estas dos actividades no ayudan a la salud física de nadie, sea demente o no. Sin embargo, se han conservado durante siglos porque ofrecen cierto placer a algunas personas, entre las cuales pueden estar su padre o madre. Sin embargo, por causa de su potencial para hacer daño, corresponderá a usted juzgar si el paciente debe seguir bebiendo o fumando. Tome en cuenta los siguientes factores:

- Si la demencia de su padre o de su madre es moderada, no deberá seguir fumando ni bebiendo si usted se propone que ambas actividades cesen. Dependiendo de la gravedad del problema, deberá ponerse en contacto con las tiendas de cigarrillos y licores que estén dentro del círculo de actividades del paciente (por lo general, muy pequeño, por la demencia) e informar al gerente de cada tienda que su padre o su madre se halla en estado de confusión y no se le deben vender alcohol ni cigarrillos. Si para entonces usted ha sido nombrado su tutor, tendrá aún más autoridad. Si usted administra las finanzas de su madre o de su padre, podrá avisar a los dueños de las tiendas que no se les pagarán estos artículos. Sin embargo, rara vez se necesitan medidas tan drásticas. Pocas personas dementes van de compras a las tiendas. Por lo general, todo lo que se necesita es buscar los cigarrillos o el licor en la casa y avisar a las pocas tiendas que reciben pedidos por teléfono que no deberán satisfacer más pedidos de estos artículos.

- El ejercicio de la autoridad no está mal, pero a veces las cosas se pueden arreglar llegando a un acuerdo. Si el problema más inmediato de fumar es el peligro de un incendio nocturno, podrá usted lograr que el abasto de cigarrillos esté al cuidado de alguien, y que el paciente fume bajo supervisión. Usted podrá hacer que fume con un aparato que reduce la cantidad de humo inhalado, si el problema es el hecho mismo de fumar, o podrá usted limitar el número de cigarrillos permitidos cada día.

- El alcohol nunca mejorará la función intelectual de su padre o de su madre, pero no podrá usted predecir si le causará agitación o le calmará hasta que observe por sí mismo el efecto de una pequeña cantidad de alcohol. A veces, un «trago» es más útil y más agradable que un tranquilizante; una cucharadita de brandy en leche caliente puede ser más eficaz que una píldora para dormir. Si los efectos de la bebida parecen dañinos pero su padre o su madre aún desea un «trago», podrá usted sustituir una cerveza auténtica por otra no alcohólica, o reemplazar el licor por agua teñida.

La higiene personal: Las personas dementes tienden a no bañarse ni cambiarse de ropa regularmente, o nunca. Basándose en anécdotas, los malos hábitos de higiene han sido considerados por los médicos como reveladores más frecuentes de leve infarto que del mal de Alzheimer, pero esta observación no descansa en una base científica muy sólida. En la práctica, usted podrá confiar o no confiar en que su padre o su madre continúe bañándose o lavando sus ropas. Lo que es aún peor: por causa de su demencia podrá oponerse también a los esfuerzos de usted al respecto. Sin embargo, no carecerá de opciones como las siguientes:

- En cuanto a la ropa, tal vez sólo necesite usted tomar las medidas necesarias para que se laven las piezas sucias. Algunas personas dementes se ponen las mismas ropas cada día, y sólo se podrán lavar éstas durante la noche. Si su padre o su madre muestra una peculiar preferencia por la misma camisa o traje, podría ser útil comprar varias piezas idénticas, de modo que puedan lavarse unas mientras las otras se siguen usando.
- Debe reconocerse que la higiene personal es más problemática. Muchos ancianos no quieren dejarse bañar por su hijo o su hija, aunque, a la postre, el proceso

demente suprimirá su conciencia de las inhibiciones sociales que tiene la desnudez. Sin embargo, no debe usted esperar ese momento, y aquí la solución consiste en contratar a alguien (preferiblemente del mismo sexo) para lavar y bañar al paciente. Podrá usted experimentar menor resistencia con un ayudante contratado, ya que la falta de familiaridad a veces da una autoridad a la que los hijos no pueden aspirar. En general, los hombres se dejan bañar por ayudantes de uno u otro sexo, pues existe un sentido general de las mujeres como enfermeras. Sin embargo, es mucho menos probable que una madre demente permita que la bañe y la lave un enfermero, y mucho más probablemente se asustará e interpretará erróneamente los motivos y significados. Esto sólo causará más altos niveles de resistencia y, en general, deberá evitarse.

- Algunas personas dementes son mansas como corderos y siguen las instrucciones de cualquiera. Si usted tiene la fortuna de ser hijo de uno de estos «corderillos», la diaria rutina de bañar a su madre o a su padre podrá no ser ningún problema para usted ni para la enfermera. En cambio, si cada baño es una verdadera batalla, convendrá recordar que gran parte de lo que consideramos higiene «esencial» es producto de nuestras actuales costumbres culturales. Durante la mayor parte de la historia del mundo, la gente no se bañaba cada día, y no hay pruebas de que el baño diario sea mejor que el baño cada tercer día. De hecho, gran parte de la sequedad y comezón que sufren muchos ancianos se debe a la excesiva resequedad de la piel causada por las duchas diarias. Antes de que usted recurra a terapia con medicamentos para lograr que su padre o su madre obedezca en la cuestión del baño diario, mejor será llegar a un acuerdo. Bastarán dos baños a la semana, y los baños de esponja pueden ser suficientes mientras se preste la atención necesaria a limpiar el área pélvica si existe el problema de incontinencia urinaria.

Mientras usted ejerce su juicio en estas cosas, recuerde que la interacción entre su padre o su madre demente y el resto del mundo activo nunca será fácil. En cuestiones de seguridad pública, como conducir un automóvil o causar un incendio al cocinar, tendrá usted la absoluta obligación de hacer aquello que sea responsable, aun si causa a su padre o a su madre un periodo de dolor y ofensa. Sin embargo, más a menudo, con un poco de imaginación logrará usted mantener la seguridad pública mientras logra evitar que su padre o su madre haga alguna acción involuntaria que sólo era de interés pasajero.

Sin embargo, nunca sucumba a la sensación de vergüenza por lo que su padre o su madre haga en público. Si su padre o su madre padeciera neumonía, no ofrecería usted disculpas por su fiebre; si sufriera de cáncer, ¡no se avergonzaría usted por sus dolores! Así pues, recuerde que su padre también tiene una enfermedad física llamada demencia, y que su conducta no está bajo su control. A veces también el mundo tiene que ceder un poco.

19

El padre y el hijo: la vida en común

E N LA VIDA DE UNA PERSONA demente hay una regla básica: todos los cambios son para mal. Los mejores aliados de una persona demente que está luchando por funcionar son la estabilidad y la rutina. La capacidad menoscabada de aprendizaje puede parecer mucho mejor de lo que es, dando a la persona demente el tiempo necesario para adaptarse y hacer frente a un conjunto inalterable de circunstancias.

Si la estabilidad hace que la demencia parezca menos grave de lo que en realidad es, el cambio hace que la demencia parezca peor de lo que es. Una persona que parece afectada por sólo una falla intelectual, tolerable cuando esté en su casa, puede mostrar enorme confusión, desorientación y agitación al encontrarse en otro ambiente. Esto ocurre con gran regularidad cuando se hospitaliza a una persona de edad avanzada que padece demencia: en general, esta confusión en el hospital hace que la familia reconozca, por primera vez, que se trata de un caso de demencia. Y sin embargo, no sólo es la asignación de un cuarto de hospital lo que puede precipitar una grave confusión y desorientación. No pocas veces las familias experimentan la misma desagradable sorpresa la primera noche que pasan en un hotel, de vacaciones, o de visita en otra casa.

Debe decirse que la mayoría de las personas dementes sienten que el apartarse de sus propias casas será peligroso para su salud mental y suelen rehusar todas las invitaciones a hacerlo. Sin embargo, no es fácil rechazar algunas invitaciones, como en caso de súbita enfermedad y hospitalización. En estos casos, las estadías prolongadas de varios días o semanas en el hospital serán inevitablemente acompañadas por una confusión mental de mayor magnitud que la que se mostraba en la propia casa.

En medio de tan grande confusión, muchas familias se preguntan si el cerebro no habrá sufrido algún daño por la enfermedad o por su tratamiento en el hospital. Las familias suelen culpar, excesivamente, a la cirugía y a la anestesia. La verdad es que por muy graves que parezcan la confusión y la desorientación, *a menos que su padre o su madre haya sufrido un daño físico en el cerebro, no es probable que surja un deterioro a largo plazo causado por la hospitalización, la anestesia o la cirugía.* Después del regreso a casa, deberá usted prever que la confusión y desorientación de su padre podrá durar hasta doce semanas antes de cesar para que pueda seguir funcionando a su anterior nivel mental. Si no ha sufrido ningún daño físico, su nivel de funcionamiento físico deberá retornar a su nivel previo.

El hecho de que una persona demente necesite hasta doce semanas para que se resuelva la confusión es, frecuentemente, buena noticia para las personas que creen que la experiencia de la hospitalización quizá dañó permanentemente el cerebro. Tres meses para adaptarse a un cambio de lugar puede ser un tiempo excesivo para la persona demente y su familia. Este es, sin duda, un argumento en contra de pedir a su padre o su madre que pase una noche en la casa de usted o de su hermano, y en contra de las bien intencionadas ideas de llevarlo de vacaciones. Asimismo, deberá considerarse la probabilidad de que sean necesarios tres meses de adaptación al pensar en algún cambio de alojamiento para su padre o su madre, cualquiera que sea el número de puntos positivos en favor de dicha mudanza.

Dicho con toda sencillez, las personas dementes se desempeñan mejor en sus propias casas. Pero si en la casa ya es imposible, acabarán por ajustarse a un nuevo entorno, pero los meses de transición se caracterizarán por un súbito deterioro. La incontinencia urinaria puede aparecer por vez primera después de que el paciente ha sido trasladado a una nueva casa, donde no conoce el camino al cuarto de baño. El deambular por la casa puede aparecer después de la mudanza; la antigua casa familiar parece ser el destino del paciente si éste desaparece de su hogar actual. Es probable que durante algunas semanas sean altos los niveles generales de angustia, agitación, repetitividad y arranques emocionales, cuando su padre o madre están tratando de aprender la forma y el significado de este nuevo ambiente.

Por tanto, deberán hacerse grandes esfuerzos para que se queden en la casa con la que están familiarizados. El tiempo y el dinero gastados en aumentar la seguridad de su casa actual serán casi siempre mejor invertidos que un dinero empleado en reubicar a su padre o su madre en otro lugar. La cercanía de usted y de la familia, de los centros e instalaciones médicas, no tener que subir escaleras y un vecindario seguro son formas que casi todos los hijos pueden valorar y más en los que están dispuestos a mejorar la situación de vida de sus padres, modificándola. Sin embargo, todas las ventajas teóricas deben contrapesarse con el riesgo que para el funcionamiento mental representa cualquier mudanza.

Tratar de aumentar la seguridad de la vieja casa de su padre o su madre no es difícil si usted examina los espacios, como lo haría si fuera a dejar solo en esa casa o departamento, unas cuantas horas, a un niño que gatea. Muy pronto haría usted una lista de posibles modificaciones; las siguientes son algunas de las más comunes:

- *Retire la mayoría de los objetos sueltos.* El amontonamiento tiende a abrumar a la persona demente, debido al mar de objetos que debe identificar y recordar. Muchos adornos pueden causar daño si se caen y se rompen. Es fácil tropezar con objetos que estén en el suelo. Se deberán dejar los objetos que muestren una imagen tranquilizadora o agradable, como fotos de la familia, aunque tal vez se les debiera poner en cristal irrompible o lámina de plástico.

- *Retire los muebles que se caen fácilmente.* Esto es de particular importancia si el caminar y el equilibrio de su padre o su madre han sido dañados por la demencia o por medicamentos sedantes. Es probable que camine apoyándose en los muebles y las paredes y aumentará su seguridad si todos los muebles al alcance del paciente pueden soportar su peso.

- *Retire todos los venenos u objetos peligrosos.* Se ha sabido de personas dementes que erróneamente han ingerido líquidos detergentes o veneno, confundiéndolos con alimento o bebida.

- *Asegúrese de que haya buena iluminación.* Reemplace los focos fundidos, lo que las personas dementes nunca parecen hacer, y asegúrese de que haya abundante luz. De usted dependerá si compra aparatos que detectan el movimiento en una habitación y encienden las luces automáticamente. Tenga cuidado con la luz del día. Muchas personas dementes suelen bajar las persianas, y los hijos que los visitan creen que es útil subir las persianas para que entre más luz, pero la luz del día puede causar deslumbramiento, el que no producen los focos incandescentes. Si su padre o madre tiene alguna opacidad causada por cataratas, típica de su edad, podrá súbitamente deslumbrarse durante el día, por lo tanto resista la fuerte tentación de abrir las ventanas para que entre más luz.

- *Suprima los tapetes pequeños y los cables eléctricos.* Estos objetos siempre son peligrosos y a veces fatales para la persona demente. Líbrese de ellos. Más vale dejar a la vista la simple duela (con un barniz no resbaloso) o alfombrar de pared a pared, si puede usted permitírselo. Haga que pongan cables sujetos a la pared, si la casa tiene muy pocas tomas para el número de artículos eléctricos.

- *Modifique la estufa.* Esto es esencial si su padre o su madre tiene la costumbre de utilizar la estufa sin ninguna supervisión. La compañía de gas o un electricista podrá modificar el aparato para asegurarse de que su padre no vaya a quemarse ni a causar un incendio.

- *Baje la temperatura del calentador del agua.* El típico calentador de agua tiene marcadores de temperaturas variables, que van de tibio a caliente (a menudo con una variación más baja). Las instalaciones de termostatos que dan mayor calor permiten disponer de agua caliente durante más tiempo en una ducha, pero pueden ser muy peligrosas, con estos aparatos es fácil alcanzar temperaturas de 51 grados. A esta temperatura, el agua quemará a su padre o su madre en pocos segundos si el agua fría de pronto deja de salir o si a él o ella se le olvida y sólo abre la llave del agua caliente. Pocas personas, de cualquier edad o mucha agilidad, pueden reaccionar para no escaldarse al contacto con el agua a esa temperatura; para niños pequeños y personas ancianas, dementes o no, esto suele ser fatal.

- *Retire todas las puertas de vidrio y los vidrios que cubren muebles.* Suponga que su padre o su madre se caerá en algún momento en su hogar. Reemplace los vidrios por cristales de seguridad o de plexiglass.
- *Instale alarmas o candados.* Si la demencia ha avanzado hasta el punto en que se necesita supervisión, asegúrese de que no quede ninguna salida libre; para ello podrá comprar simples candados de seguridad, campanillas, alarmas o cubiertas de perillas que permitan salir a una persona cuya mente funcione con normalidad, pero que retardarán o impedirán desaparecer a su padre o su madre.

Una vez que haya dado mayor seguridad al ambiente físico de la casa, podrá usted añadir aún más estabilidad contratando la ayuda de un asistente que acompañe a su padre o a su madre en casa. Por muy benéfica que sea, cada ayuda representa cierto grado de cambio, al que el paciente podrá oponerse. No haga nada de esto simplemente porque puede hacerlo; haga lo que su padre o su madre necesitan. Recuerde las reglas cuando contrate servicios caseros:

1. Trate de hacer que su padre o su madre participe en la contratación de servicios en casa, prometiendo respetar sus deseos y que se instituirán, sin la menor duda, los servicios que usted considera necesarios. No dé al paciente poder de veto sobre las decisiones de usted, o no logrará nada.

2. Si necesita más autoridad de la que tiene, pida la ayuda del médico del paciente.
3. Continúe vigilando a su padre o su madre, aún después de haber contratado a un ayudante.

Con estas reglas en mente, los siguientes recursos pueden ser fuentes de estabilidad al tratar con su padre o su madre demente en su propio hogar:

Cuidadores no profesionales: Este término incluye a las personas que no tienen licencia ni recibieron preparación formal para cuidar a una persona demente, pero en cuyas vidas ha habido gran experiencia de cuidar niños, adultos con problemas de desarrollo o posiblemente a sus propios padres. Podrá usted conseguir a esa persona en cualquier parte; típicamente será una mujer, entre 50 y 65 años, que quedó prematuramente viuda y cuyos propios hijos han crecido, y probablemente se han ido a vivir a otra parte. En nuestra sociedad, ese tipo de mujer tiene escasas perspectivas de empleo, y sus valiosas capacidades de cuidar a una persona no encuentran aprovechamiento en el mundo comercial. Será responsabilidad de usted conocer cuáles son los límites de seguridad de esa persona, por ejemplo, pocas son capaces de curar una herida. Sin embargo, por menos dinero del que cobraría una agencia, podrá contratar, en privado, a una de estas personas, tal vez una cuidadora con abundante sentido común, compasión y flexibilidad, que tal vez durante años estabilizará la situación de la vida en casa de su padre o de su madre.

Atención profesional: De acuerdo con los datos ésta es una de las partes con más rápido crecimiento de la industria de atención a la salud, lo que demuestra el creciente número de ancianos, en particular de quienes padecen demencia. A estos cuidadores se les puede contratar por medio de una agencia. Si el pago es privado, tendrá usted ilimitadas opciones de encontrar agencias con licencia; si el pago se hace por medio de algún sistema de seguros, sus posibilidades serán más restringidas.

Quienquiera que pague, un cuidador en casa suele contratarse por horas, pero no por menos de cuatro horas diarias. Los habituales incrementos son cuatro, ocho, doce o veinticuatro horas. Por un cuidador de veinticuatro horas, sólo le cobrarán a usted las doce horas que se espera que el ayudante esté trabajando. La presencia del cuidador en casa durante la noche es prácticamente gratuita, pero se da por sentado que ese cuidador tendrá una habitación propia para dormir y que su padre o madre no lo interrumpirán ni necesitarán asistencia nocturna cada noche, pero si el reloj biológico de éstos ha sido tan afectado por la demencia que a menudo se necesite alguien que le acompañe a caminar a cualquier hora del día o de la noche, tendrá usted que invertir en dos turnos de 12 horas. Se esperará que cada trabajador permanezca despierto durante su turno, y, por consiguiente, el costo será doble.

Muchos hijos que están pensando contratar ayuda a domicilio para un padre demente saltan a dos conclusiones no justificadas: que deberán contratar ayuda para las veinticuatro horas, y que se necesitará una enfermera. En realidad, mucha atención puede prestarse en cuatro horas, que bastarían para dos comidas, atención personal y cierta posibilidad de viaje local o ejercicio. Ocho horas diarias suelen ser más que necesarias si su padre aún puede caminar bastante bien y no acostumbra vagabundear. Este periodo cubre tres comidas completas, lavado de ropa, compras y viajes más largos a una clínica o al consultorio de un médico.

Contar con ayuda durante doce horas puede bastar si su padre o madre deberá ser puesto en la cama antes de que el cuidador se vaya, pero por lo demás es bastante seguro durante la noche, ya sea porque duerma bien o porque sepa emplear, sin peligro, un orinal o un cómodo al lado de la cama. El cuidado durante las veinticuatro horas nunca sale sobrando, si el dinero no es un obstáculo, pero sólo es verdaderamente necesario para personas con tendencia a la confusión y vagabundeo nocturno, o desórdenes del sueño y caídas.

Rara vez se necesitará una enfermera; sólo que hubiese una herida abierta o necesidad de cambiar un catéter (y aun entonces, la visita diaria de un servicio de enfermeras, durante varias semanas o meses resulta más económica). El empleo de enfermeras para cuidado diario a domicilio se limita, en gran parte, a la gente rica. La persona de ingresos medios necesitará determinar cuál es el tipo de trabajador menos costoso que sepa hacer lo que deba hacerse. En orden creciente de costos, las tres opciones son:

- *Compañía*. Un acompañante tiene muy limitadas capacidades de prestar atención y no se espera mucho de él, más que hacer compañía al paciente, pero esto puede ser todo lo que se necesite; en esencia, alguien cuya presencia encontrará reconfortante el paciente (a la larga), quien podrá repetirle frases tranquilizadoras, ayudarlo al caminar y asegurarse de que no se extravíe. Un acompañante no prepara alimentos, ni limpia la casa ni se encarga del cuidado personal, como bañar al paciente o cambiarle el pañal.

- Ayuda en la casa. Este sirviente es apropiado para la persona demente que aún conserva sus habilidades personales: que puede caminar, hablar, lavarse y comer, pero que ha perdido todas las habilidades de la vida cotidiana que son necesarias para ir de compras, cocinar, hacer la limpieza y lavar la ropa. Con excepción de preparar los alimentos, esta persona no contribuye directamente a la subsistencia física de su padre o madre, antes bien, el sirviente está a cargo de la casa para asegurarse de que continúe en orden, pese a la incapacidad del anciano para toda acción organizada.

- El ayudante especializado. Esta persona viene a llenar el hueco y no sólo a encargarse de las tareas hogareñas esenciales del acompañante en el hogar sino que, más específicamente, vendrá a encargarse del paciente en forma personal. Este tipo de trabajador hace todas las cosas que usted haría si tuviera la posibilidad de abandonar su empleo y mudarse a casa de su padre. Son esencialmente como hijos e hijas bajo contrato para bañar, vestir, preparar alimentos, ayudar a comer, cambiar pañales, poner las cosas en orden, etc. A la larga, esta persona puede volverse una de las más importantes en la vida de usted así como en la de su padre o de su madre, y el nexo entre ustedes puede volverse muy sólido con el paso del tiempo. Cuando la demencia de su padre llegue a la etapa moderada, el ayudante especializado bien puede convertirse en el factor estabilizante de mayor importancia para asegurar un óptimo funcionamiento físico y mental.

Tomar las comidas sobre ruedas: Puede encontrarse este servicio en casi todas las comunidades de Estados Unidos. Por un pequeño cargo, llevarán a la puerta del anciano un alimento nutritivo y bien equilibrado. Debido a que no son grandes los requerimientos de calorías de una persona anciana y solitaria, puede usted obtener, para almuerzo y cena, unos alimentos ligeros, fáciles de preparar, que el paciente podrá aderezar independientemente.

La línea vital: Conocidos con una variedad de nombres, estos servicios ofrecen supervisión telemétrica de su padre o madre. Los planes pueden diferir en sus requerimientos de aparatos, pero casi todos tienen un verificador telefónico para el paciente, gracias a un plan, acordado de antemano si no se recibe respuesta, el cual puede incluir cualquier acción que elija, desde que le notifiquen a usted hasta enviar una ambulancia. La mayoría de estos servicios ofrecen un aparato que se cuelga al cuello, el cual permitirá a su padre o madre avisar acerca de algún accidente, desde cualquier habitación de la casa, simplemente oprimiendo un botón.

Estos servicios ofrecen un nivel de tranquilidad para todos y, a menudo, mayor seguridad durante la noche, si usted deseara tener un cuidador durante las veinticuatro horas pero no puede permitírselo.

Servicio de enfermeras visitantes: El servicio de enfermeras visitantes es una valiosa ayuda que ofrece la comunidad. A menudo, está afiliado a una variedad de servicios terapéuticos, que incluyen terapia física, terapia ocupacional y terapia del habla, y también en algunas comunidades cuenta con programas de ayuda supervisada para la salud. Dicho servicio puede ofrecer hospitalización a su padre o madre en los últimos meses de vida, así como prestarle asistencia inapreciable, como curación de llagas causadas por estar continuamente encamado, y entrega semanal de medicamentos en bandejas de plástico, divididas entre los días de la semana y las horas del día. De esta manera, podrá continuar tomando sus medicinas, sin ningún riesgo, habiendo llegado al punto en que ya no pueda leer ni comprender las instrucciones de los frascos de medicina.

Atención diurna a adultos: El número de estos centros va creciendo con el aumento demográfico de la demencia, pero aún no es seguro que se pueda encontrar uno conveniente en cada comunidad. Estos centros fueron específicamente planeados para atender a adultos incapacitados y personas dementes durante el día. La preparación de su personal, su supervisión y sus actividades convienen más a las limitadas capacidades de una persona demente, en comparación con el itinerario de un centro importante, que puede parecer abrumador y temible para el paciente. Si puede usted conseguir los servicios de uno de estos centros, considérelo, y hágalo temprano en el curso de la demencia de su padre o su madre, mientras su capacidad de adaptarse a nuevas experiencias aún se conserva relativamente bien. Si el paciente se ha familiarizado con el personal y con el entorno del centro de atención para adultos, podrá usted continuar valiéndose de este recurso hasta que llegue a un grado moderado de demencia. Si aguarda usted demasiado tiempo, tal vez no pueda adaptarse al centro y después de varios días de agitada confusión, tendrá que abandonar sus planes de utilizar el centro.

Pese a todos los esfuerzos y utilización de los recursos de la comunidad, pueden presentarse circunstancias en que su padre o su madre simplemente deban abandonar el hogar. En general, existen dos categorías: o bien mudarlo a la casa de usted, o trasladarlo a una institución. Ninguna de las dos cosas es terrible; ambas opciones tienen ventajas y desventajas.

Llevarse a su padre o madre demente a vivir con usted constituye un gran compromiso. Para muchas personas, es la única decisión tolerable. Puede permitir considerable ahorro en materia de atención en el hogar, aunque un cálculo sincero deberá incluir los costos invisibles del trabajo y de los ingresos perdidos del miembro de la familia que hará las veces de enfermero. Sin duda, nos libera de la preocupación de que nuestro padre o nuestra madre esté sufriendo sin que nos enteremos, aunque el librarse de esta preocupación probablemente sea una de las pocas libertades que podrá usted disfrutar durante esta fase de su vida.

Un padre o madre con demencia moderadamente severa implica arduo trabajo aun en las mejores circunstancias, y éstas incluyen, por lo menos, dormir la mayor parte de la noche. En especial durante los primeros meses de adaptación, acaso no pueda asegurarse ni siquiera esto. Para fines prácticos, un padre o madre con demencia moderada puede ser considerado como un niño pequeño cuyas necesidades de cuidado pueden dominar sus noches y sus días. Es muy probable que a usted le falte dormir, se muestre irritable, deprimido y crónicamente fatigado. Tendrá que modificar su hogar y perderá ingresos, si es esencial su presencia en la casa. Podrá convencer —o no— a su padre o a su madre de que acepte a un cuidador durante unas cuantas horas al día, para que pueda usted salir de la casa. No podrá tomar vacaciones con la facilidad con que lo hace ahora. El cuidado de su padre o de su madre exigirá que contrate a un sustituto y la desaparición de usted producirá invariablemente agitación. Calmar la agitación podrá costarle el placer de sus vacaciones (suponiendo que el daño relacionado con la agitación no cause, de todos modos, la cancelación de sus planes).

Sin duda, llevarse a una persona demente al propio hogar es un acto de amor y de devota responsabilidad, pero se le deberá examinar en el marco de la gama de otras responsabilidades. No es un paso prudente, a menos que todos los miembros de la casa comprendan la magnitud de este compromiso.

Invariablemente, se habla de que, en algún lugar, hay personas sin escrúpulos que mantienen un asilo de pésima calidad en el que se cuida mal y se abusa de los ancianos. El impacto emocional de estas noticias es grande y desacredita injustamente la imagen del gran número de asilos decentes que atienden bien a las personas cuyos problemas, relacionados con la demencia, rebasan la capacidad de la familia y de los cuidadores caseros.

Los cuidados en un asilo son considerados, en general, como la opción de último recurso en los círculos gerontológicos, pero eso no equivale a decir que el cuidado en el hogar siempre sea mejor para una persona demente. Los asilos pueden ofrecer más alto nivel de estimulación mental que el medio hogareño, donde usted o el sirviente quizá sean las únicas personas con quien su padre o su madre convivan día tras día. Algunas personas dementes conservan cierta capacidad de vida social, y utilizan frases superficiales para interactuar con otros sin revelar su disfunción intelectual, y pueden responder positivamente al entorno de un asilo. Sin duda, si la salud física de su padre o de su madre es inestable, podrá beneficiarse del más alto grado de supervisión de enfermeras y revisión médica con los que se cuenta en el asilo, particularmente si tiene sus propios médicos. Y por último, más vale reconocer que no todas las situaciones familiares son ideales. Algunos dementes muestran menor estrés si se les aparta de una situación hogareña dominada por una mala relación de toda la vida con su cónyuge o con otros miembros de la familia.

No obstante, el ingreso a un asilo después de probar los cuidados en casa requerirá ciertos inevitables acomodos de parte de todos. En casa, su madre o su padre era la única persona demente y era el centro de la rutina del hogar. En el asilo, su padre o su madre no podrá esperar un grado similar de atención personal. Todas las instituciones de salud, incluyendo los hospitales y los asilos, suelen tener horarios planeados más para su personal que para sus pacientes. El lavado, los alimentos, la hora de levantarse y de acostarse serán tan convenientes a los deseos de su padre o de su madre como lo eran en su casa.

Existen dos opiniones encontradas sobre el tema de cuándo deberá llevarse a un anciano al asilo, si en realidad esto es ya inevitable. Una de estas opiniones sostiene que se le debe llevar pronto, cuando la persona aún es capaz de aprender y de adaptarse al medio. Este enfoque es especialmente apropiado cuando se elige una instalación que ofrece múltiples niveles de cuidado, y una gama de opciones de vida. A principios de la demencia, su padre o madre podrá ser alojado de manera más independiente en los terrenos de la institución: un alojamiento protegido, desde el cual podrán hacerse traslados a centros de cuidado más intensivos conforme empeore la demencia.

La otra opinión sostiene que no se debe hacer una reservación en el asilo hasta que el paciente haya perdido tanta capacidad intelectual y tanta memoria que ya no pueda reconocer su casa ni su familia. Si el hogar no es reconocible como hogar, entonces tampoco la habitación de un asilo será reconocida como una pérdida del hogar; si los rostros de la familia se han vuelto irreconocibles, entonces los rostros de los desconocidos miembros del personal no resultarán más amenazadores ni menos tranquilizadores. Si el envío al asilo se aplaza hasta este punto de la demencia, correrá usted menos riesgo de producir una reacción deprimente con el traslado.

Cualesquiera que sean las circunstancias de vida que usted elija para su padre o su madre, no deberá olvidarse de sus propias necesidades psicológicas. Ser el hijo de una persona demente puede causar terrible tensión, ya sea que viva con usted o no. Todo hijo que decide apoyar a su padre o su madre durante sus últimos y difíciles años deberá ponerse, para empezar, en contacto con la Asociación Contra el Mal de Alzheimer e ingresar a un grupo de apoyo familiar. Imposible sería exagerar el valor de esto. Ni siquiera su mejor y más viejo amigo podrá comprender la tensión que está usted experimentando, si no tuvo antes a un padre demente. Aunque al principio sean desconocidos, los miembros de los grupos de apoyo comparten este nexo y pronto se volverán una irremplazable fuente de fuerza, información y consuelo, que no podrá usted encontrar en nadie más.

20

Las decisiones difíciles

E XPERIMENTARÁ USTED enorme tensión psicológica. Como principal cuidador de un padre o de una madre demente, se preocupará por su seguridad física, se le romperá el corazón ante el sufrimiento psíquico que ellos deberán tolerar y comprenderá la lucha por conservar su independencia y su dignidad. Aunque se han hecho muchas comparaciones superficiales entre ser padre de un niño pequeño y la «paternidad inversa» con un anciano, la distinción falla en un punto de gran importancia: en la demencia no existe la recompensa de ver que nuestros esfuerzos ayudan a formar una persona más fuerte, más sabia y más capaz. Y tampoco podrá usted soñar ni preguntarse lo que pueda deparar el futuro. Al atender a un padre o una madre en sus últimos años, siempre es el pasado el que parece mejor en comparación con el presente; la «recompensa» del tiempo sólo será producir más y más pérdida, con ninguna de las glorias y triunfos que obtienen los padres de niños pequeños.

No siempre es posible ni deseable que un hijo dedique toda su vida al cuidado de un padre o una madre achacosos y dementes. Las necesidades de la persona demente pueden volverse, en cierto punto, tan abrumadoras que serán muy superiores a los requerimientos de cuidado de un niño de menos de un año. Si usted, el lector, es soltero, sin hijos, no trabaja y ha decidido dedicarse durante varios años al cuidado total de su padre o su madre demente, ésa es una decisión maravillosa y heroica, pero en la práctica no es una decisión que esté al alcance de otros hijos en diferentes circunstancias.

La demencia es una enfermedad lenta pero invariablemente fatal. Su fatalidad es, en parte, una figura de dicción, ya que la «persona» muere antes de que muera su cuerpo, pero es muerte también. Como enfermedad, la demencia es más grave que el propio cáncer, pues se han dado casos de cánceres descubiertos a tiempo y luego curados. En cambio, no se sabe de la curación de ningún caso de mal de Alzheimer, por muy pronto que se le haya descubierto. Al cabo de varios años, las personas que sufren demencia morirán como resultado directo de esto. Las causas específicas se deben habitualmente a una infección, en particular a una aspiración que produjo neumonía.

Dados sus resultados finales, no siempre es apropiado que un hijo permita que el cuidado de un padre o una madre demente se convierta en el centro exclusivo de toda la vida y energía de la familia. Puede usted amar entrañablemente a su padre o madre, pero no deberá saltar a su tumba abierta en el momento de su muerte. Se nos ha enseñado que la muerte de nuestros padres llegará, y que será parte de la pauta natural y del ciclo de la vida. Es igualmente natural y esencial que el ciclo de la vida no haga que usted destruya todas las demás relaciones de familia para dar un idealizado nivel de cuidados a su padre o su madre demente.

Deberá usted resistir la tentación de sacrificarse si, como a menudo ocurre, su autosacrificio tendrá que ser involuntariamente compartido por otros con quienes también tiene usted deberes de familia: su propio cónyuge y sus propios hijos. Siempre deberá tenerse en mente la vida futura de las generaciones jóvenes. Todo geriatra se ha encontrado con un hijo o una hija devotos que destruyen un matrimonio y descuidan al resto de la familia, al dejarse consumir por un intensificado sentido de atención a uno de sus padres demente. Se han gastado decenas de miles de dólares para cuidar durante las veinticuatro horas del día a un humano carente ya de juicio, cuando ese dinero habría debido ser para gastos de colegio o para el «enganche» de la primera casa de la nueva generación.

Esta opinión puede parecer ruda, pero no pretende ser cruel. Si usted o su padre son muy ricos, podrán salvarse de la bancarrota que suele acompañar al cuidar de una persona demente durante varios años, y, con ello, estar protegidos de los problemas éticos inevitables en la toma de ciertas decisiones. Casi todos los demás, particularmente los que tienen una situación cómoda de clase media alta, deberán prestar atención al consejo siguiente:

El cuidado de una persona demente es siempre muy costoso. La atención en casa es cara; la atención en un asilo es más onerosa. Aun si usted se encarga de gran parte del cuidado, éste seguirá siendo indirectamente costoso, si de otra manera usted debiera estar trabajando o si pierde ingresos al tener que abandonar su empleo para atender al enfermo. Por tanto, en el momento en que quede establecido el diagnóstico de demencia de su padre o de su madre, deberá usted consultar a un abogado. Deberá enterarse de la siguiente información específica que le guíe en sus acciones:

¿Cuáles son las reglas médicas en su Estado?

Si no está usted familiarizado con el programa Medicaid, es muy probable que. llegue a conocerlo tal vez antes de lo que cree. Es absolutamente necesario que empiece a adquirir pronto cierta familiaridad, mucho antes de que llegue a necesitarla.

Uno de los primeros informes que necesitará usted saber es que Medicaid no es lo mismo que Medicare.

- *Medicare* es un programa federal que entra en vigor para casi cualquier persona a la edad de 65 años. Básicamente, cubre los gastos de hospital y, hasta cierto punto, las visitas de médicos y las pruebas de laboratorio. Fue planeado para ayudar en casos de enfermedad aguda y episódica, como por ejemplo tener que ser hospitalizado por un ataque al corazón. Resulta irónico que nunca fuera planeado para atender los tipos de enfermedad que más probablemente llevarían a la quiebra a una persona de edad avanzada: enfermedades largas, crónicas e inhabilitadoras, una de las cuales es la demencia y puede decirse que es la peor y, sin duda, la más costosa.

- *Medicaid* es conocido con toda una variedad de nombres en los distintos estados [de Estados Unidos], pero cada gobierno estatal tiene el mandato federal de aplicar un programa que atienda a la salud de los pobres. No tiene usted que ser un anciano para tener derecho a los servicios de Medicaid, y ni siquiera tiene que estar enfermo. El derecho a Medicaid se basa por completo en el ingreso y en lo que se tenga en el banco. Cuando estas sumas caen por debajo de ciertas normas (que varían de un estado a otro), deberá usted llenar una solicitud, dar información económica (no médica), aguardar cierto número de semanas y finalmente se encontrará inscrito en el programa Medicaid de su estado.

Una vez más, resulta irónico que aun cuando Medicaid no fuera específicamente planeado para los ancianos (grandes números de pobres, de todas las edades, están protegidos por Medicaid), es este programa el que habitualmente se encarga del tipo de cuidados que necesitan los ancianos si tienen una enfermedad crónica. Medicaid aportará cuidadores personales al hogar, ayudará en el transporte para citas médicas, dará gratuitamente medicinas y hasta atención de enfermeras en el hogar.

Cuando usted se haga cargo de las finanzas y de las cuentas bancarias de sus padres, no deberá gastar dinero o transferir valores mientras no conozca las leyes de Medicaid en su estado. Deberá usted enterarse por su abogado o por un trabajador social, de toda información específica y actualizada sobre el estado en que resida su padre o su madre, con respecto a:

- los límites inferiores del ingreso mensual necesarios para tener derecho a Medicaid, y cuánto dinero (o, mejor dicho, cuán poco) puede tener una persona en el banco;
- su padre o su madre tendrá derecho a este servicio si tiene una pensión, así como ingreso del Seguro Social. Se les han negado los servicios de Medicaid a algunas personas –que de esta manera perdieron miles de dólares de potencial ayuda médica– por causa de minúsculos cheques de pensión, prácticamente inútiles, que elevaban su ingreso por encima del límite mensual. Si su padre o su madre se encuentran en esa situación, el abogado podrá ayudarle si se le da tiempo suficiente antes de presentar la solicitud a Medicaid;
- cuánto dinero podrá ser transferido legalmente a usted y a sus hermanos antes de hacer la solicitud a Medicaid, y los límites de tiempo para esas transferencias. Nunca considere sacar más de lo permitido; si durante la investigación financiera que forma parte de la solicitud de ayuda de Medicaid para su padre llegaran a surgir sospechas sobre transacciones financieras, la solicitud podría ser rechazada, y con ese rechazo llegaría la pérdida de un apoyo importante.

Comprenda que usted no está solicitando ayuda de Medicaid para usted mismo, sino que envía la solicitud en nombre de su padre o de su madre. Una vez aprobada tal ayuda, Medicaid estará cubriendo el costo de medicinas, transporte, atención hogareña, gastos de asilo y otros abastecimientos: todo lo cual puede resultar inapreciable para usted y que *no está cubierto por Medicare*. Es vital que mantenga usted sus finanzas separadas de las de su padre o su madre. Al principio podría ser más fácil que usted consiguiera la ayuda en el hogar que necesite su madre o su padre, en vez de convencerlos, escépticos y renuentes, a pagar ayuda en su casa, pero comprenda usted este hecho importante:

> *A menos que su madre o su padre sea muy rico o tenga muy breve esperanza de vida por causa de una enfermedad gravísima, el padre de usted casi ciertamente estará en las listas de Medicaid en algún momento de su vida. Todo el dinero que usted gaste para conservar los ahorros de ellos sólo aplazará su derecho a Medicaid. No podrá usted recuperar el dinero que gastó cuidando a su padre o su madre.*

Casi toda persona demente de medianos recursos financieros acaba por tener derecho a la ayuda de Medicaid, simplemente debido a la cada vez mayor necesidad de atención y alto costo de ésta cuando la demencia llega a sus últimas etapas. El costo de atención en el hogar o de un asilo fácilmente puede llegar a 40,000 dólares, 50,000 dólares anuales o más, y seguir a ese nivel durante varios años. De hecho, el pago de un cuidado más costoso y general para su padre o su madre en sus últimos años podrá aumentar su bienestar físico de tal manera que aumente sus años de vida... ¡y los costos! (Los «beneficios» de la longevidad en caso de demencia son discutibles, no sólo por motivo del costo; pero de esto hablaremos más adelante).

Como a usted no se le da crédito por ningún dinero que gaste en favor de su padre o de su madre, ahorrar los haberes de ellos mientras gasta usted lo suyo no tiene mucho sentido financiero. Una vez que usted quede en quiebra, no recibirá ninguna ayuda de sus padres, ni habrá mecanismo para reembolsarle a partir de la cuenta de ellos, sin que parezca que está usted ocultando los haberes de sus padres. *Es absolutamente necesario que todos los gastos, ya sean de cuentas de médicos, equipo médico, transporte, asistentes o medicinas sean pagados con dinero de sus padres.*

¿Qué hará usted si sus padres no tienen ninguna visión acerca de lo que ocurre? ¿Qué hará si sus padres se niegan a gastar tan grandes sumas en cosas como cuidado en la casa, que no consideran necesario? La respuesta a este muy común problema depende de que su padre o su madre tenga o no tenga lo que los psiquiatras llaman «capacidad»; ésta es una definición jurídica, no médica. Todo el que padece demencia tiene, por definición, problemas de memoria, juicio y función intelectual, pero la cuestión jurídica planteada por el término «capacidad» consiste en saber, en general, si una persona aún es capaz de comprender algo como la responsabilidad financiera. Es posible tener demencia en grado benigno y sin embargo ser considerado «con capacidad» para propósitos legales. Si su abogado y el médico de su padre o su madre llegan a la conclusión de que, desde el punto de vista jurídico, el paciente aún conserva capacidad, no le quedará a usted otra alternativa que aceptar sus decisiones sobre gastar o no gastar su propio dinero. Sin embargo, comprenda que la demencia progresa y que seis meses (especialmente sin ayuda en el hogar) pueden producir un deterioro mental suficiente para justificar una revaluación de la capacidad mental del paciente, desde el punto de vista de la ley.

Si el abogado y el médico consideran que su padre o madre «está incapacitado» y que, por tanto, no puede manejar sus asuntos, deberá, por lo menos, pedir que un juez decida la situación legal en cuanto a los bienes y analizar la posibilidad de administrarlos usted.

Ser albacea es un nombramiento jurídico que lo pondrá en posición de ser legalmente reconocido como intermediario de su padre o su madre en la administración de los bienes de éste. Como tutor, tendrá usted acceso a esas cuentas con el propósito de pagar todo lo necesario (que incluye alimentos, instalaciones, alquiler y ropas, así como los costos de atención a la salud) y será responsable de sus acciones ante el tribunal y tendrá que encontrarse en posición de presentar registros de todos los gastos del dinero de sus padres. Se trata de una autoridad vasta, pero estará limitada a los haberes financieros de sus padres. El ser apoderado no implica ni confiere otra autoridad sobre la vida de sus padres: sólo sobre su dinero.

La *tutoría* le otorga autoridad legal sobre su padre o su madre como ser humano, convirtiéndolos en dependientes de usted como lo sería su propio hijo. Siendo un poder mucho más general, la tutoría se volverá inapreciable al aparecer las últimas etapas de la demencia cuando haya que tomar importantísimas decisiones acerca de hospitalización, cirugía, sondas y resucitación. Es un poder importante y apropiado para que lo tenga un hijo o una hija cuando atiendan a su padre o su madre demente durante los últimos años de su vida.

Por causa de la mayor responsabilidad que esto implica, los tribunales confieren la tutoría después de deliberar aún más que cuando conceden ser albacea. Este procedimiento más largo no debe desanimarlo; antes bien, el tiempo adicional necesario deberá ser mayor razón para comenzar el procedimiento de tutoría en cuanto la demencia de su padre o de su madre se haya vuelto, sin la menor duda, tan grave que justifique nombramiento de un tutor. No aguarde usted a que su padre o su madre sufra una crisis de salud cuando acaso no haya nadie en posición de enfrentarse a las cuestiones jurídicas y morales relacionadas con ese tratamiento. La posición del tutor está inscrita en la ley justamente para tales situaciones.

En mi experiencia, he visto pocos hijos solicitar la tutoría. Aunque el procedimiento es un tanto extenso, la culpa no parece estar tanto en los tribunales como en los propios hijos. Esta reticencia tiene varias causas:

- En su mayoría, creen que ya tienen cierta categoría jurídica natural y voz y voto en las vidas de los padres, simplemente por ser sus hijos o hijas. Esto es un error.

- Un hijo puede creer que tiene autoridad para tomar decisiones médicas por poseer un poder legal permanente sobre los bienes de sus padres. Los hijos muestran una tendencia casi universal a suponer que estos documentos financieros no sólo les confieren autoridad legal sino que también los colocan en una posición superior a la de los demás hermanos cuando se trata de tomar decisiones sobre el cuidado de la salud. También esto es un error.

- A menudo existe una pueril suposición de que la autoridad de los hermanos en el cuidado de un padre o una madre demente se relaciona con la geografía: que el hijo que vive más cerca del padre, y que ha soportado la mayor carga de sus cuidados y asumido todas las responsabilidades es, por consiguiente, el portavoz natural de la familia. También esto es absolutamente erróneo.

Tal vez la ingenuidad de los hijos se deba en parte a los médicos. A menudo la conducta informal del médico ante la familia del paciente parece otorgar razones para creer que tiene voz legalmente autorizada sobre lo que deberá hacerse al padre o la madre. Los médicos tienden naturalmente a tratar sobre todo con el hermano que vive más cerca, mientras las cuentas y discusiones médicas ocurren, desde luego, con el hermano que tiene el control de las finanzas. Filosóficamente, la mayoría de los médicos creen con toda sinceridad que deben compartir la responsabilidad de las decisiones importantes con un miembro de la familia, cuando el paciente ya no tiene competencia mental.

Por tanto, resulta una gran sorpresa descubrir que nada de esta autoridad de la familia sobre el padre o la madre demente tiene base legal. La autoridad de la familia existe mientras el paciente está viviendo en la comunidad, porque dentro de ésta la familia puede ejercer un poder *de facto*. Mientras su padre o su madre viva en su casa, cualquier miembro de la familia con capacidad para hacerlo podrá anular los planes del médico de atenderlo por varios medios: no surtir la receta, no dar las medicinas, no hacer cita para una discutible prueba diagnóstica o, simplemente, no volver a ver al médico. De la manera más práctica, para cuidar a una persona demente, el médico deberá negociar con los cuidadores del paciente. Los médicos sagaces se dan cuenta de esto muy pronto y también comprenden que los pacientes muertos no demandan a los médicos, pero sus familias sí. Después de años de ejercer esa autoridad en nombre del padre o de la madre, es fácil que un hijo o una hija suponga que ese poder y opinión respecto al cuidado a su padre o su madre dementes serán siempre respetados por los trabajadores de la salud.

No antes de que su padre o su madre se encuentre enfermo en un asilo, hospital o ambulancia municipal, comprenderá usted que no tiene ninguna categoría legal respecto al cuidado de la salud de éste.

Como la mayoría de los miembros de su familia, sin duda se quedará asombrado al descubrir que dentro de los límites de las instalaciones autorizadas, usted no tiene derechos legales para estipular restricciones respecto al cuidado de su padre o su madre demente. Desde luego, mientras no esté en desacuerdo ni rechace los procedimientos médicos habituales, no es probable que esto cause ninguna dificultad. Incluso si se niega a autorizar algunas pruebas o tratamientos, esto puede no causar ningún problema si los médicos no están comprometidos a seguir con el curso de acción que consideran correcto.

Sin embargo, al progresar la demencia, la relación armoniosa entre la familia y el médico puede volverse difícil debido a la divergencia de opiniones sobre el tratamiento apropiado. El primer conflicto entre voluntades generalmente ocurre después de varios años de iniciado el proceso de demencia. En las etapas avanzadas de esta enfermedad, muchos hijos e hijas ya han visto tantos estragos físicos y mentales en sus padres que llegan a cuestionar el valor de la vida en tan avanzado estado de deterioro.

Un hijo puede considerar que su madre o su padre ya ha dejado de existir como persona, y puede sentirse auténticamente preocupado por la idea de que la única conciencia que queda de su existencia puede ser la sensación de dolor, ya sea físico, mental o ambos. Al prever un futuro sufrimiento sin ningún propósito, muchos hijos adultos, después de años de abnegada devoción, de pronto sienten poco entusiasmo ante nuevos tratamientos médicos y piensan que no pueden ayudar a su padre o su madre demente, salvo para prolongarle una vida con dolor.

Una de las grandes lecciones que se derivan de cuidar a un padre o una madre anciano y venido a menos es percatarse de que la muerte no es la enemiga de la vida humana. El verdadero enemigo es el sufrimiento. No todos los médicos comprenden esta lección. Como grupo, suelen experimentar la muerte de un paciente como fracaso profesional y, concienzudamente, ordenarán interminables series de pruebas, medicaciones y hospitalización sin otro intento que el de cumplir fielmente con sus obligaciones. A veces la motivación del médico es un auténtico compromiso filosófico de que se debe mantener toda existencia, así sea de dolor; a veces la motivación es el temor a una ulterior acción jurídica; sin embargo, la mayoría de las veces, la fuerza motora es la rutina de responder a cada problema mediante una solución técnica. Cuando los miembros de la familia piden suspender un tratamiento demasiado agresivo y permitir que la muerte llegue apaciblemente a su padre o su madre demente, acaso entren por primera vez en conflicto con su médico o con la agencia de salud que estaba encargada de su cuidado.

La solicitud de tomar en cuenta la tranquilidad del paciente —el cese de todo tratamiento para prolongar la vida, y la continuación de tratamientos destinados a velar por su comodidad— no es, en esencia, buena ni mala, no es moral ni inmoral. Antes bien, en cierto punto de la demencia, podrá llegar justificadamente a la conclusión de que ningún tratamiento médico reciente o futuro ha beneficiado en realidad a su padre o a su madre, y que no se deberá resistir tan firmemente a la proximidad de la muerte.

Empero, si el médico, el personal del hospital o los cuidadores están comprometidos con la prolongación de la vida, a menudo descubrirá usted que sin la autorización de un juez no tiene base jurídica para rechazar el tratamiento médico «habitual». No tendrá usted medios de obligar al hospital o asilo a suspender los insensatos tratamientos y practicar la eutanasia. En muchos estados de la república, ni siquiera la presentación de una «última voluntad» notariada y firmada por su padre o su madre podrá tener autoridad sobre los médicos, paramédicos y abogados del hospital que podrán insistir en seguir practicando acciones a las que usted se opone.

Además de este falso sentido de autoridad que a veces experimentan los hijos sobre la vida de un padre o una madre demente, reconocer la necesidad de un tutor tropieza con un segundo impedimento y se encuentra, a menudo, en la dinámica de la familia. Es natural la renuencia inicial a pasar por encima de la autoridad de un padre. Sin embargo, al empeorar la demencia, pueden resurgir problemas que quedaron sin resolver entre los hermanos. En las situaciones de atención al padre o la madre envejecidos, los hermanos por lo general establecen una jerarquía natural de autoridad sobre el padre enfermo. Los que geográficamente estaban más cerca ocupan lugar predominante sobre los más lejanos; los hermanos mayores suelen querer imponer sus opiniones y las hermanas menores más frecuentemente parecen soportar la carga del trabajo arduo.

Sin embargo, la tutoría sólo se puede conferir a uno de los hermanos o hermanas. El intento de uno de ellos de proponerse para tutor del padre o de la madre suele reavivar muchas cuestiones de familia que habían quedado sin resolver, como rivalidades y celos. Algunas familias cuyos miembros sienten subconscientemente estas líneas divisorias subyacentes, a menudo evitan cuestiones como la tutoría, con tal de mantener una relación cotidiana tolerable. Sólo una familia saludable y práctica puede seleccionar a un jefe natural para que tome tan importantes decisiones acerca de uno de sus padres sin arriesgarse a recibir un legado de sentimientos negativos. Muchas familias están demasiado separadas como para confiar a cualquiera de sus hermanos las decisiones personales y fiscales que definirán la herencia que compartirán.

Ya sea que la importancia de esto no sea comprendida o resulte en exceso preocupante, la mayoría de las personas dementes nunca reciben los beneficios de una tutoría. Para tales familias, el único plan viable consiste en confiar en la buena fortuna: esperar que papá o mamá tenga una muerte tranquila antes de que su demencia llegue al punto de causar sufrimiento inevitable. Confiar en que, cuando llegue el momento, los médicos se mostrarán comprensivos y no abrumarán al moribundo con intervenciones médicas y técnicas carentes ya de todo sentido.

Confiar en la buena suerte no es un buen plan. Pese a todos los esfuerzos que usted haga a lo largo de los años por conservar la comodidad y dignidad de su padre o de su madre, una vez que el paciente llega a un hospital o a un asilo, y desde el momento en que el personal de la ambulancia entra en escena, usted queda ante la ley simplemente como un hijo o una hija, ¡nada más! A pesar de años de voluntaria responsabilidad, de haber renunciado a tomarse vacaciones, pese a las llamadas telefónicas a media noche, la opinión de usted no tendrá más peso legal que la de un hermano o hermana distanciado, que vive lejos de allí y que acaso no haya visto durante años a su padre o madre.

La tutoría ofrece al anciano la única garantía de que su bienestar será siempre la más alta prioridad en la toma de decisiones, como en el caso de cualquier persona mentalmente competente. Las personas que conservan competencia mental tienen derecho de negarse a cualquier tratamiento, así sea para salvarle la vida: no así la persona demente. La persona que está en su juicio tiene el derecho constitucional de rechazar una transfusión de sangre aunque esté desangrándose; de negarse a tomar antibióticos aunque esté tosiendo a consecuencia de la neumonía; de negarse a ser sometida a una cirugía aunque se le haya roto el apéndice. La persona puede decidir si va a comer o beber, o decidir no hacerlo si está convencida de que no habrá un futuro mejor para ella.

La ley es diferente cuando se llega a los derechos de la persona incompetente mental, y por lo general se estipula que no tiene derecho de objetar la «terapia médica usual y habitual». La ley presupone que la persona mentalmente competente desea vivir, aun si la vida significa un sufrimiento continuo. Aun cuando la gran mayoría de los adultos dice lo contrario en las encuestas, –que no desearían que sus propias vidas fuesen prolongadas en un estado de dolor e indignidad– la ley supone, inexplicablemente, que las personas mentalmente incompetentes desean lo opuesto. Esta jerga jurídica –«terapia médica usual y habitual»– armoniza cruelmente con el deseo natural de los médicos de estar siempre «haciendo algo» contra cada enfermedad y problema al que se enfrentan. Los médicos y abogados de hospitales inevitablemente interpretarán el lenguaje de la ley en el sentido de que «no hacer nada» es inaceptable, aun si es misericordioso, mientras que «hacer algo» es una obligación, a pesar de que resulte insensato o doloroso.

Mientras su padre o madre, enfermo y demente, yace en una cama de hospital o en una camilla, usted no deseará que todas las decisiones que se tomen se basen en la posición médico-legal más cómoda para los médicos, el personal de las ambulancias, del hospital o el asilo. Quizá se dará cuenta, de pronto, de que nadie excepto usted conoce o se preocupa por su padre como ser humano, más que como paciente, caso o problema. Tal vez se sienta obligado, por vez primera, a decir a sus médicos que parte de sus tratamientos no son, decididamente, lo que su padre o su madre habría deseado, y acaso les haya prometido, años antes, que jamás permitiría que les praticaran esos procedimientos.

Si quiere experimentar una gran ira, causada por impotencia, hay pocas cosas más terribles que ver a unos desconocidos controlar, eficaz y legalmente, la vida de su padre o madre y hacerles lo que ellos y su personal jurídico consideran que es necesario, aunque esté por encima de las objeciones de usted. Si intenta intervenir, podrán prohibirle legalmente que visite a su padre o su madre; si trata de sacarlo del hospital, no le permitirán hacerlo. Si amenaza usted con entablar un juicio, los médicos y el personal se mostrarán aún más atentos a detalles sin importancia, haciendo todo lo que la medicina tecnológica puede hacer, con objeto de fortalecer su argumento de que están aplicando la «terapia médica usual y habitual».

El tutor puede cambiar todo eso. Sus objeciones tienen auténtico valor legal, lo que permitirá hablar por su padre o su madre con las mismas prerrogativas de una persona mentalmente competente para rechazar un tratamiento si así lo desea. Si considera usted que una prueba dolorosa no tiene ningún propósito, podrá prohibirla. ¿No más hospitalizaciones? ¿No más inyecciones intravenosas? ¿No más sondas por la nariz? Como tutor, su «no» tendrá peso, y habrá que respetarlo. No espere que un testamento o última voluntad tenga el mismo peso que las órdenes de un tutor aprobado por las autoridades.

Podría creerse que el ejercicio de los poderes de tutor tropezaría con el resentimiento de los médicos y su personal. Sorprendentemente, no ocurre así. Descubrirá usted que los médicos y su personal, en lo individual, comprenderán a la perfección sus objeciones. La tutoría puede anular el enfrentamiento entre la familia y el médico porque ofrece inmunidad a los médicos y su personal respecto a las posibles consecuencias jurídicas de «no haber hecho nada» ante un problema grave. Los mismos practicantes de la salud que se hubiesen opuesto a usted si no fuera el tutor, a menudo sentirán alivio después de ese nombramiento, ya que no sentirán todo el peso de la responsabilidad por la toma de decisiones éticas difíciles. Resulta sorprendente ver cuán diferente consideración tienen los médicos y enfermeras de las etapas finales de la vida humana con demencia, cuando son libres de expresar sus opiniones personales y no las profesionales.

Los capítulos restantes del libro tratan de las difíciles decisiones que habrá que tomar si quiere que su padre o su madre viva hasta concluir las etapas finales de la demencia. En ellos le indicamos cuándo debe decir «no» a la tecnología médica que hoy se ofrece para prolongar la vida. Como hijo maduro de una persona con demencia avanzada, en esta etapa, característicamente, necesitará menos atender a su padre o madre y necesitará más definir la filosofía, los objetivos y los límites de atención que otros le estén dando. Deberá prepararse con los necesarios procedimientos jurídicos que le permitan tomar estas dolorosas decisiones. Su evolución final como cuidador de la salud será el punto en que levante usted la voz con autoridad, hablando por la voz ya perdida de su padre o de su madre.

21

Dificultades al final de la vida

ENTRE LAS ENFERMEDADES comunes de los ancianos, la ciencia médica tiene tratamientos para todo mal, los cuales son muy superiores a los que los médicos pueden ofrecer contra la demencia. Lo que implica esta afirmación es que resulta más probable que la muerte de su padre o madre se deba a ulteriores complicaciones de la propia demencia y no de alguna otra enfermedad relacionada con ella. Esto es lamentable porque, a la postre, la mayoría de las enfermedades producen una muerte más piadosa que la demencia avanzada. Las últimas etapas de este procedimiento no sólo producen enorme malestar físico y humillación sino también una serie de difíciles decisiones morales y éticas.

Estos asuntos difíciles cuestionan el significado y el valor de la vida: si la esencia de la vida de un ser humano está en su cuerpo o en el alma y la mente y, por tanto, se debe mantener el tratamiento médico o la alimentación con sondas para conservar el cuerpo aunque la mente y la personalidad hayan quedado reducidas a nada. En comparación con la muerte por un súbito ataque cardiaco o un cáncer rápido, la muerte como resultado de demencia es un proceso mucho más torturante para el paciente y su familia.

En la etapa en que la demencia de Alzheimer o la demencia por apoplejía leve han llegado a sus etapas últimas, su padre o madre habrá pasado por una profunda transformación física. Una persona afligida por demencia avanzada es tan distinta de una con demencia temprana como esta última lo es de una persona normal.

En las primeras etapas de la enfermedad, los problemas se derivaban, principalmente, de fallas de la memoria a corto plazo y de las funciones intelectuales superiores. Sin embargo, en apariencia, todavía eran reconocibles como mamá o papá. La ira de papá tal vez era demasiado frecuente o inexplicable, pero la persona que mostraba esa cólera seguía siendo papá.

En las etapas finales de la demencia puede haber desaparecido gran parte de la agitación, los gritos, las alucinaciones y la confusión. Podrá usted descubrir que su padre o su madre necesita menos tranquilizantes. Estos cambios son bienvenidos, pero son agridulces, pues la fácil contención de la conducta probablemente se deba a una mente muy deteriorada, ya incapaz de generar esas emociones o reacciones.

Al progresar la demencia la pesona tendrá cada vez menos parecido físico con su apariencia anterior. A la larga, la enfermedad daña el tejido cerebral más allá de la corteza, la cual genera las cualidades humanas «superiores» del intelecto y la personalidad. El daño cerebral por demencia avanzada parece «profundizar» hasta los niveles más antiguos y primitivos del cerebro. Y el daño a estos lugares empieza a acumularse, afectando la postura, los movimientos, el tono muscular, el equilibrio y la posibilidad de tragar. El cuerpo humano empieza a perder su capacidad física de moverse, reaccionar o interactuar, hasta que, por último, se desarrolla un generalizado deterioro físico del organismo que, a la postre, causará la muerte.

No es probable que usted siga encargado del cuidado del enfermo, a menos que tenga capacidad de enfermero, sea por educación o por instinto natural. Y sin embargo, hay algunas cosas que debe saber para supervisar de manera inteligente las acciones de quienes atienden a su padre o su madre.

La contracción: Aun cuando están relajados, los músculos siempre se encuentran en estado de tensión, lo que llamamos «tono» muscular. Las personas débiles que hacen poco ejercicio pueden tener escaso tono muscular en reposo; los atletas tienen un tono intensificado. La gama de diferencias se observa, hasta por el ojo no entrenado, cada verano en las albercas o en la playa.

En realidad, el tono muscular es controlado por el cerebro, el cual puede intensificarlo durante el estrés emocional, o reducirlo durante los periodos de relajamiento. Este control no se logra mediante un solo giro, como podríamos imaginar, en un sentido o en otro. De hecho, el cerebro tiene dos sistemas independientes para controlar el tono: al «encender un sistema» aumenta el tono muscular; al apagar otro, lo reduce. El encender ambos equivale al tono normal.

Cualquiera que sea el grado de tono muscular de una persona sana, siempre está equilibrado. Por ejemplo, el tono de los músculos que flexionan el brazo es igual al tono de los músculos que extienden el brazo. La demencia avanzada reduce el equilibrio de este sistema (finamente regulado) de control muscular. El daño causado por la demencia al cerebro produce un debilitamiento desproporcionado del sistema que se encarga del relajamiento, predominando los sistemas que *tensan* el tono muscular. Además, la demencia se manifiesta en los grupos musculares a los que afecta, dañando más los sistemas de los *músculos flexores* que los sistemas de relajamiento para los músculos extensores.

Como resultado de estos daños, los grupos musculares aumentan su estado de tensión en reposo, pero los músculos que flexionan el cuerpo intensifican su tono más aún que ningunos otros. Estos grupos de músculos flexores son los que sirven para atraer los brazos hacia el frente del pecho, inclinar el cuerpo hacia adelante por la cintura y doblar las rodillas. Cuando todos los grupos de músculos flexores se encuentran en su tono máximo, la forma del cuerpo humano es como una pelota o, como algunos parecen verlo, similar a la posición enroscada que el feto ocupa en el vientre de la madre.

Las consecuencias de adoptar esta posición flexionada o fetal pueden verse en los codos, las caderas y las rodillas, donde se desarrolla una persistente rigidez de las coyunturas. Los intentos de estirar éstas tropezarán con tensión y resistencia. Al principio, acaso logre usted estirarlas a base de fuerza, lo que a menudo causará dolor a su madre o a su padre. Sin embargo, al cabo de pocas horas de estar estiradas, las coyunturas de los codos, la cadera y las rodillas volverán a su posición flexionada, fetal, por el tono intensificado de los músculos flexores. A la larga, se pierde la batalla con la demencia, ya que el dolor de estirar y la rapidez de la contracción hacen que este ejercicio se vuelva cruel e inútil.

Resulta extraño que los cambios de postura causados por la demencia también son parte del envejecimiento normal, aunque en menor grado. Al observar a personas de muy avanzada edad podemos ver una versión benigna de la flexionada posición fetal, con tendencia a mantener los brazos junto al cuerpo, ligeramente doblados en los codos. Si se examina con cuidado, se verá que la postura inclinada de muchos ancianos se debe, en parte, a una tendencia a inclinarse desde las caderas, y a menudo también las rodillas se doblan un poco.

Sin embargo, los cambios de posición corporal en demencia son mucho más crueles que los presentados en una persona normal de edad avanzada. La inclinación hacia adelante y la rigidez en las caderas alteran peligrosamente el centro de gravedad del cuerpo, intensificando grandemente el peligro de una caída. La rigidez de las rodillas puede hacer que una persona pronto sea incapaz de caminar, pues sólo se necesitan 15 grados de flexión en la rodilla para anular la capacidad de mantenerse erguido, lo que impone el uso de una silla de ruedas. Cuando se llega a la posición fetal completa, hasta la silla de ruedas resulta inútil, no dejando a la víctima otra alternativa que el confinamiento permanente en su lecho.

El desarrollo de una posición fetal por contracción es el más terrible resultado final del aumento de tono muscular que acompaña a la demencia. Su consecuencia última es obligar a la persona a guardar cama. Sin una cama de hospital que pueda colocarse en varias posiciones, su padre o madre sólo podrá yacer sobre el lado izquierdo o el lado derecho, incapaz de darse vuelta sin ayuda externa. A una cama de hospital usted podrá ajustarla para que se adapte a la curvatura del dorso de la persona, aunque este tipo de camas no sean famosas por lo cómodo de sus colchones, su mayor flexibilidad para adoptar posiciones suele ser más importante, especialmente cuando cambiar de posición al cuerpo, al cabo de pocas horas para evitar llagas, se vuelve la preocupación principal.

Úlceras en decúbito: El resultado final de una posición fetal permanente es colocar diferentes partes del cuerpo en un raro contacto físico con las superficies de sillas o colchones. Estas partes del cuerpo no fueron dotadas por la naturaleza con suficiente protección de grasa para resistir la presión del contacto con ciertas superficies. Muchas de estas partes pueden quedar dañadas por la presión a menos que puedan encontrarse soluciones y «amortiguación» para cada área.

La «llaga causada por la cama» es un término anticuado que indicaba lo que hoy se llama úlceras por decúbito: úlceras de la piel causadas por prolongada presión en un solo lado. Pueden existir en varias etapas, según la profundidad de la úlcera. En su etapa temprana, puede no ser ni siquiera una verdadera úlcera, sino un área rojiza y sensible que parece un raspón. Pero al continuar la presión en el lugar, se desarrollará la verdadera úlcera. Inicialmente, son muy poco profundas, como si se hubiese frotado la superficie de la piel. Sin embargo, pronto pueden surgir úlceras más profundas, y al ir penetrando, irán exponiendo secuencialmente la grasa subyacente de la piel, seguida por el músculo bajo la grasa y por último el hueso, bajo el músculo. Estas úlceras son dolorosas en todas sus etapas y profundidades… desde antes de que se desarrollen las úlceras auténticas. Y las más profundas a menudo se infectan con varios tipos de bacterias que pueden producir una apariencia negra y gangrenosa en la herida, emitir pús y un olor repugnante que puede llenar toda la habitación.

Las úlceras por decúbito se desarrollan porque la presión sobre la piel se prolonga tanto que impide a la sangre llegar al área. La presión de un colchón o una silla sobre la piel actúa como un torniquete en el brazo, apretando los pequeños vasos sanguíneos y cerrándolos de modo que la circulación es nula en esa área. Si esto le ocurriera a un brazo o a una pierna, usted podría ver el color purpúreo del miembro que está siendo estrangulado por un torniquete, y podría hacer algo antes de que el tejido muriera… pero no puede ver el daño causado por la presión a la piel sobre la que una persona duerme o se sienta sino hasta que el daño está ya hecho. Aunque la piel tolera mejor la mala circulación y baja cantidad de oxígeno que los órganos vitales como el corazón o el cerebro, ningún tejido vivo puede prescindir demasiado tiempo del flujo de sangre. Tras una interrupción excesiva de su circulación, la piel y el músculo morirán de asfixia. El tejido muerto se cae, y nace la úlcera.

¿Por qué no sufrimos todos úlceras de decúbito? Porque en nuestros cerebros está integrado un mecanismo de tiempo que inconscientemente funciona para mantener cambiando nuestra posición corporal. Cuando estamos despiertos, momentáneamente podemos darnos cuenta de que estamos incómodos en una posición; podemos levantarnos de pronto y decir que «estamos cansados de estar sentados», o podemos movernos un poco en nuestra silla. Aun durante el sueño, nos damos vueltas y cambiamos de posición, no como reflejo de que nuestro sueño sea malo sino, en realidad, para impedir toda presión prolongada en algún sitio de nuestra piel.

Con la demencia avanzada se produce un daño al sistema de reloj biológico del cerebro para cambiar de posición. Las personas con demencia avanzada cambian poco o nada de posición, donde se acuesten o se sienten es donde se quedarán hasta que alguien los mueva. La pérdida de fuerza muscular, la rigidez de los músculos y la posición flexionada contribuyen a esta inmovilidad, pero es la propia demencia la que causa la mayor parte del daño al disminuir el hábito natural del cuerpo para modificar automática e inconscientemente de posición.

El desarrollo de úlceras de decúbito ocurrirá cuando las condiciones sean favorables para que aparezcan. Aunque la deformidad del cuerpo por tanta contracción no es requisito necesario para que se desarrollen las úlceras de decúbito, sí contribuye a empeorar el problema. No hay ningún requisito absolutamente necesario, pero cuantas más de las condiciones siguientes reúna su padre o su madre, además de la demencia, más probable será que surjan úlceras:

- movilidad limitada;
- mala circulación debida a enfermedad del corazón o endurecimiento de las arterias;
- estar sentado en sillas duras o dormir sobre colchones duros durante largos periodos. En una persona muy vulnerable con múltiples factores de riesgo pueden desarrollarse úlceras de decúbito con sólo dos horas de presión no protegida contra una superficie acolchonada firme;
- estar demasiado bajo de peso. Esto reduce la cantidad de protección natural que da la grasa del cuerpo, haciendo aún más vulnerables la piel y los músculos que quedan apretados entre el hueso y el colchón;
- estar mal alimentado. Esto generalmente –pero no siempre– acompaña al hecho de ser una persona delgada, pero hasta ancianos ligeramente robustos pueden encontrarse en un estado temporal de privación de proteínas y calorías. Esta privación afectará

la capacidad del cuerpo para reparar menores daños por presión que de otra manera habrían pasado inadvertidos, conduciendo a un avance más rápido de la ulceración;

- diabetes, que independientemente afecta la circulación y reduce la capacidad de curar heridas;
- incontinencia urinaria. Bajo presión, la piel húmeda se deteriora más rápidamente que la piel seca y puede contraer más fácilmente una infección.

El lugar típico de una úlcera por decúbito, o llaga causada por la cama, es sobre una prominencia ósea. Si sentarse muy derecho es la posición que se ha mantenido demasiado tiempo, el lugar se encontrará en las nalgas que cubren los huesos de cada lado si se sienta en un suelo duro o en la acera. Si estar sentado en una cama, formando ángulo de cuarenta y cinco grados es la posición preferida del paciente, entonces el coxis soportará el peso del cuerpo y quedará en riesgo de una úlcera por presión.

Otros lugares comunes incluyen los talones, los tobillos y las caderas en las personas encamadas, y el centro mismo de la espalda en las personas con cierta curvatura de la espina dorsal, y aun las pantorrillas y rodillas en personas sentadas durante largo tiempo en silla de ruedas, con soportes de las piernas mal adaptados. Sin embargo, en la práctica, a una persona demente puede brotarle una llaga en cualquier parte del cuerpo si se le aplica presión demasiado tiempo; las personas con insólitas contorsiones del cuerpo por excesiva contracción, pueden sufrir llagas en los dedos, la cabeza o las costillas.

El tratamiento de las llagas, cuando ya se desarrollaron, ciertamente requerirá la atención del médico y quizá de un cirujano si son profundas y están llenas de tejido muerto o infectado, que habrá que extirpar mediante cirugía. Tal vez le convendrá tener una enfermera para que cambie diariamente las vendas, aunque sólo las úlceras más profundas necesitan absolutamente la experiencia de un profesional. La atención a las úlceras más sencillas y superficiales no es muy distinta a la que pondría usted a la rodilla raspada de un niño: hay que lavar suavemente, dejar que se seque, aplicar la crema prescrita y cubrir la herida, por lo general con un cuadro de gasa de diez centímetros adherido con una cinta de papel (la cual es menos probable que cause alergia a la piel que la tradicional cinta adhesiva).

Aunque tal vez necesite tratar las úlceras de su padre o su madre, su principal función como hijo o hija será prevenir las úlceras, antes que tratarlas. La prevención de úlceras en la piel requiere seguir estos pasos:

- Tome las medidas necesarias para que se le cambie de posición por lo menos cada dos horas. Si su padre o madre no sale ya de su casa (que, para entonces, será lo más probable), compre usted un reloj que pueda programarse para que suene cada dos horas durante el día hasta que el cuidador comprenda que usted habla muy en serio de este procedimiento, y que dos horas significa exactamente eso: dos horas. Si su padre o madre no está todo el día en cama, haga lo mismo, e insista en que lo cambien de posición lo más posible (hasta ponerse de pie, con ayuda, quitará cierta presión momentánea de las nalgas y permitirá volver a la circulación).

- Vaya a una casa especializada y compre un colchón de gel (el mejor... no el más caro) o un cojín inflable en forma de salvavidas (barato, pero también muy eficaz), para colocarlo en cualquier silla o en el asiento de la silla de ruedas que utilice su padre o su madre. Sin embargo, no permita que la tecnología de la edad espacial le produzca una errónea sensación de seguridad. ¡No deje de dar cuerda al reloj despertador cada dos horas! Nada puede sustituir a un cambio de posición.

- Si su padre o madre duerme toda la noche y padece de incontinencia, toda el área de la piel que se haya humedecido por la orina durante la noche deberá ser cubierta abundantemente con crema Desitin, para poner una barrera contra la humedad.

- De ser posible, compre los mejores pañales que usted pueda. En especial los que están elaborados a base de gel, la orina es absorbida por el pañal, donde químicamente reacciona para formar una especie de gel, manteniendo seca, en lo posible, la textura interna del pañal.

- Una vez más, si el dinero constituye un problema, podrá usted comprar una cubierta barata de colchón de hule espuma para la cama, aunque no funcione tan bien como el colchón de aire a presión. Éste embona en el colchón y está conectado con una bomba de aire que, alternativamente, infla y desinfla diferentes células de aire del colchón. Aun si su padre o su madre yace absolutamente inmóvil, el colchón hará alternar las áreas de la piel que soporten el peso, dando a cada área la oportunidad de respirar.

Mientras su padre o madre esté en su casa y bajo su cuidado, podrá dominar bastante la situación. Pero no olvide las siguientes profecías cuando se llegue a la posible hospitalización del paciente:

- Después de meses de minuciosa atención y limpieza de la piel, es probable que en su padre o su madre se desarrolle la primera úlcera de decúbito, a las cuarenta y ocho horas de estar hospitalizado.
- Los médicos no notarán un punto de presión si se encuentra en la espalda hasta que sea lo bastante profundo para casi llegar a la grasa inferior (y tal vez al músculo).
- Nadie le mencionará a usted la úlcera hasta poco antes de que sea tiempo de llevarse a casa a su padre o su madre.

¿Por qué ocurre esta secuencia de hechos, una y otra vez a las personas dementes admitidas en los hospitales? El problema básico es que los hospitales y médicos se enfocan sólo en la enfermedad grave, que podría poner en peligro la vida, por la cual la persona demente fue hospitalizada. Durante los primeros días, el doctor y todo el personal se preocupan por la función de los órganos vitales y por los síntomas más obvios y manifiestos, como fiebre alta, difícil respiración, sangrado intestinal e irregularidades cardiacas. Y, mientras tanto, el cuidado preventivo de la piel queda invariablemente olvidado.

Este descuido llega en un mal momento, pues la piel de una persona enferma es, a menudo, especialmente vulnerable a las llagas causadas por presión. Con muchos tipos de enfermedades súbitas, sobreviene una reducción automática de la circulación hasta la piel. Y esto hace que las personas enfermas a menudo parezcan pálidas. Cuando un enfermo tiene piel pálida significa que la circulación de la piel es más pobre de lo que ordinariamente debía ser y, por tanto, necesitará menos tiempo de lo habitual para que surja una úlcera debida a la presión.

Otro retraso para detectar las úlceras causadas por presión ocurre porque los pacientes de hospital invariablemente yacen de espaldas en las camas. Los médicos rara vez hacen girar a los pacientes para inspeccionar su espalda durante estos exámenes en el lecho. Como resultado, pronto puede establecerse una completa úlcera de decúbito, en el momento en que su padre o madre empezaba apenas a responder al tratamiento y se sentía mejor.

Probablemente no sea aventurado suponer que a su padre o madre se le desarrollará una llaga por presión mientras está hospitalizado, a menos que usted considere su misión personal impedirlo (suponiendo que usted no sucumbe al efecto hipnótico de la enfermedad principal y se olvide también de las úlceras de la piel). Los pasos que deberá dar son los siguientes:

- Si puede usted permitirse contratar atención privada, no deje de hacerlo, y dígale a la enfermera que en opinión de usted, la prevención de úlceras por decúbito tiene alta prioridad. Sin embargo, no espere que su seguro pague a la enfermera privada, a menos que para ello haya alguna otra justificación. Por lo general, los seguros no consideran que prevenir las úlceras por decúbito sea razón suficiente para contratar a una enfermera privada, de modo que tome esta decisión basándose en su capacidad de pagar.
- Durante las horas de visita, cortésmente, pida permiso a la enfermera para colocar, usted mismo, de lado a su padre o su madre, o pida a una de las enfermeras que lo ayude. Dígale que desea ver la piel entre los pliegues de las nalgas y en la parte baja del dorso para asegurarse de que no se está desarrollando una llaga por presión. Un simple catéter intravenoso o de la vejiga no deberá impedirle esta maniobra. Si el paciente se encuentra en una cama en la unidad de cuidados intesivos o en la unidad de cuidados coronarios con aparatos especiales de observación o se le ha sometido a cirugía mayor, no podrá usted hacer esto durante varios días. Aun si no cumplen con su

solicitud, deberá hacer comprender al personal que usted está bien enterado de las úlceras por decúbito y también que podría causarles dificultades si se le desarrolla una a su padre o a su madre. Siempre es valiosa la capacidad de ser cortés con el personal, al mismo tiempo que se le hace experimentar un miedo subconsciente.

- Explícitamente pida a su médico que solicite «otro colchón de aire». Si éste no aparece en la cama de su padre o de su madre en un plazo de ocho horas, pida hablar primero con la jefa de enfermeras y luego, de ser necesario, con el supervisor o el administrador del hospital. Debe actuar con rapidez, pues aunque la úlcera aparece varios días después, cuando la piel muerta se cae, es probable que el inicial daño circulatorio ocurra en el primero o en los dos primeros días. No espere hasta ver que se está formando una úlcera, que es lo que habitualmente hacen los médicos, pues para entonces el tejido subyacente ya estará muerto y no podrá evitarse la formación de una llaga.

En casa, usted podrá tener bastante confianza en que estas medidas impedirán que se presenten úlceras. En el hospital, su confianza siempre deberá ser menor, en parte porque se ve usted obligado a desempeñar un papel secundario. No obstante, sí podrá reducir las probabilidades de formación de úlceras si sigue estos lineamientos.

Hablar sobre la prevención de las úlceras de decúbito es algo que conduce, naturalmente, a discutir la tercera complicación principal de la demencia avanzada: la aspiración y la malnutrición –asociada con la anterior– que ocurre al dificultarse el comer y el beber. Sin embargo, la malnutrición es un obstáculo más difícil y cuya presencia hace casi imposible prevenir o curar las úlceras, pese al cuidado personal y la atención más minuciosos. Sin embargo, mediante hábil colocación de cojines y cambios de posición podrá usted aplazar la aparición de intratables úlceras de decúbito hasta el momento, en el curso de la demencia, en que la muerte puede estar cerca y el umbral de dolor de su padre o su madre no será mucho mayor al que tendría en un sueño.

Aspiración: El mismo proceso que causa profunda destrucción del cerebro en la demencia, causa también el desarrollo de contracción permanente que acaba con la capacidad de caminar y suele afectar al mecanismo de tragar, aproximadamente al mismo tiempo. Pasar alimentos, como caminar, es una actividad inconsciente cuya complejidad y delicada «coreografía» pasan inadvertidas en la vida diaria. La esencia del acto de tragar es hacer pasar los alimentos por la garganta hasta el esófago, y se necesita una precisión de fracciones de segundo para cerrar los pasos del aire conforme desciende el bolo alimenticio. Si esta sincro-nización es deficiente, pequeños fragmentos de alimento, líquido o saliva se desviarán hacia las vías de aire, a cada bocado. Este es el proceso llamado aspiración.

Casi todos hemos experimentado una momentánea falla en nuestro mecanismo de tragar, cuando un poco de alimento o de bebida «se va por otro lado». El resultado es un irresistible paroxismo de tos y de asfixia, si el episodio es menor; si es mayor, el resultado puede ser la muerte, a menos que la buena fortuna o un buen samaritano entre al rescate. Toser y ahogarse constituyen un reflejo salvador integrado en nuestros organismos como sistema de apoyo, en caso de que falle el mecanismo de tragar. La relativa rareza de los episodios de aspiración, aun en restaurantes atestados, es prueba de la notable precisión del mecanismo de tragar en las personas sanas.

Las personas dementes se ven afligidas de dos maneras:

- El proceso de demencia afecta invariablemente la confiabilidad y eficiencia del mecanismo de pasar alimentos. Al llegar la demencia avanzada puede suponerse que su padre o su madre está tragando mal, intermitentemente, alimentos, líquidos y saliva.
- El proceso de demencia afecta de diversas maneras el reflejo de toser y ahogarse. En algunas personas este reflejo queda totalmente suprimido, lo que hace que los episodios de aspiración no sean sentidos por su padre o su madre, ni reconocidos por usted. Sin embargo, la mayoría de las personas dementes conserva una parte de este reflejo, aunque su vigor e intensidad varían desde casi normales hasta muy apagados y de muy limitada protección.

La disfunción del mecanismo de tragar y la posible degradación del reflejo de tos hacen que las personas dementes se encuentren en peligro de asfixiarse con los alimentos y de sufrir neumonía, debida esta última a la eventual penetración de saliva con gérmenes mezclada con los alimentos o las bebidas, que llegan a penetrar a los pulmones. En el mundo natural, apartado de la medicina de alta tecnología, la consecuencia de la disfunción al tragar es el medio natural de la muerte para la gran mayoría de los ancianos dementes. La malnutrición debida a la dificultad de comer y a su reducida alimentación, combinada con repetida contaminación de los pulmones con gérmenes, hace que la muerte por neumonía sea el medio «natural» que se espera para una persona demente.

Existen varias estrategias alimentarias que pueden compensar temporalmente el deterioro del mecanismo de tragar y, con ello, aplazar la llegada de la «neumonía por aspiración». Deberá usted estudiar la siguiente lista si la demencia de su padre o su madre ha llegado a este nivel de gravedad:

- Si su padre o su madre está tosiendo o ahogándose al comer, estudie los alimentos que causan la dificultad. Tal vez sean sólidos si los pedazos son demasiado grandes o las dentaduras demasiado mal ajustadas para permitir la debida masticación. En ese caso, corte trozos más pequeños y si puede usted encontrar un dentista que atienda al paciente a pesar de la demencia (¡no abundan esos dentistas!), pida que arreglen su dentadura. Si esto no resulta, cambie a una dieta a base de puré, que es la más fácil de tolerar en la demencia. Evite la aparente conveniencia del alimento para bebés: dadas las cantidades que se necesitarán, esto resulta costoso, y muchos de tales alimentos son demasiado ricos en sal para ser saludables para el corazón y la presión sanguínea de una persona anciana. Es fácil colocar en una licuadora los mismos alimentos que se habrían cocinado y colocado en un plato si su padre o su madre hubiese sido capaz de comer normalmente.

- Tenga cuidado con los líquidos, ya que por lo general son éstos los que tienen la consistencia alimentaria más difícil de tragar y los que más probablemente serán aspirados. Desde luego, no se puede sobrevivir largo tiempo sin líquidos, pero se pueden idear varias estrategias. El consumo de gelatina es una manera excelente de dar líquido en estado semisólido, fácil de tragar pero que, una vez en el estómago, vuelve a ser líquido. Se le puede adquirir endulzada o en una variante sin azúcar para diabéticos. Otra táctica consiste en rebajar ligeramente el puré con agua o jugo, de modo que cada bocado de alimento hecho puré lleve consigo un poco de liquido extra. Por último, pueden añadirse productos como Thickit a cualquier líquido en diversas cantidades para dar mayor consistencia a algunas bebidas que su padre o su madre prefiera, como el café.

- Nunca alimente usted con cuchara a su padre o su madre, a menos que se encuentre de pie. Esto deberá hacerse preferiblemente fuera de la cama y en una silla. Estar sentado casi erecto en una cama de hospital ya empieza a aumentar considerablemente el riesgo de ahogo.

- Nunca alimente a su padre o a su madre a menos que estén plenamente despiertos y de que usted esté seguro de que le están prestando atención al alimento. Si los tranquilizantes lo han dejado demasiado adormecido para sentarse recto y prestar atención al alimento, suspenda la medicina.

- Trate de humedecer la boca de su padre o de su madre con un humectador artificial. Una de esas «salivas artificiales» es un producto llamado Salivar, el cual produce un periodo más largo de humedad en la boca, que lo que podría lograrse con agua o jugo. El uso de ese producto antes de alimentar al paciente puede ayudarlo en el acto de pasar los alimentos.

- Podrá usted descubrir una diferencia entre el lado derecho y el lado izquierdo de la boca. El mecanismo encargado de tragar puede estar mejor de un lado que de otro. Si usted cree haber notado una diferencia, al alimentar con cuchara incline ésta de modo que descargue su contenido en el lado que esté mejor.

- Si su padre o su madre tose o se ahoga, deje de alimentarlo, pero no practique ninguna de esas acciones antiguas y desacreditadas, como darle palmadas en la espalda. Si sospecha usted que el alimento ha entrado en la cavidad del aire, aplique la maniobra de Heimlich:* si puede usted oír una ruidosa tos, asfixia o aspiración, entonces sabe usted que se debe abrir el conducto del aire. Si ve que su padre o su madre se debate por respirar pero no puede oír ningún sonido, deberá usted suponer que realmente se está ahogando y debe repetir inmediatamente la maniobra de Heimlich. Por lo general, con dietas de puré es raro que alguien muera de asfixia, pero ha ocurrido.

- Cuidado con las medicinas contra la tos cuando su padre o su madre parezca estar resfriado. La tos del anciano es un recurso salvador, y las medicinas que suprimen la tos también aumentan el peligro de aspiración. La tos nocturna de una persona demente no suele ser una tos típica sino, antes bien, episodios repetidos de aspiración salival.

Pese a todos estos esfuerzos, llegará el momento en que el problema de la aspiración de alimento y bebida exija tomar una decisión crítica. Característicamente, la crisis se presenta como un par de fatalidades que se excluyen mutuamente: si la persona demente recibe cantidades normales de alimento y bebida, sufrirá neumonía por aspiración; si se reducen las cantidades de alimento y bebida para aminorar el riesgo de aspiración, surgirán pérdida de peso, malnutrición o deshidratación.

Este problema tiene una solución técnica, que es el empleo de alimentación por medio de sonda. Si esta «solución»

* La explicación de esta maniobra puede verse en el glosario, pág. 316.

es sabia o no, es algo que constituye una cuestión moral y ética que analizaremos en el próximo capítulo. Sin embargo, desde la perspectiva desapasionada del tecnócrata, la elección de alimentación por medio de sonda es, por lo general, un tubo nasogástrico o un tubo gastrotómico.

El tubo nasogástrico se inserta a través de la nariz y llega al estómago. Una nueva generación de tubos, creados originalmente para los niños, han resultado menos incómodos y deben ser la norma moderna de atención para personas de cualquier edad. Una vez insertados, los tubos no son incómodos. Las personas que gozan de salud mental y que han necesitado temporalmente esas sondas, suelen decir que no son dolorosas; pero las personas dementes no pueden comprender su significado e invariablemente se las arrancan al cabo de poco tiempo. Esto representa para su padre o madre la incomodidad de las repetidas reinserciones de la sonda, o la incomodidad de amarrarle las manos para que no se la arranque.

Si la alimentación con sonda no sólo se hace durante pocos días de enfermedad temporal, se deberá preferir la sonda gastrotómica implantada por medio de cirugía. Esta sonda se inserta directamente a través de la piel, en el estómago y, en general, es mucho más cómoda. Dado que queda oculta bajo las ropas, la mayoría de las personas dementes no han indicado alguna irritación o molestia física o psicológica causada por los tubos gastrotómicos. La necesidad de anestesia ligera y de sencilla cirugía para insertar el tubo no debe ser razón para preferir la más incómoda sonda nasal. El riesgo de una complicación fatal es muy bajo (cerca de diez por ciento). Nunca deberá permitirse que ese pequeño riesgo de muerte justifique incomodidad o sufrimiento de la persona que padece demencia.

El estado vegetativo: el termino «estado vegetativo» designa una forma de existencia caracterizada por total incapacidad de comunicarse con el mundo exterior y completa falta de cualquier señal de conciencia del mundo exterior. Este estado de existencia es resultado de la introducción de la «tecnología a medias» en el proceso patológico de la demencia. La tecnología a medias puede extender la esperanza de vida de una persona enferma, sin poder curar la enfermedad subyacente. En el mundo natural, la vida de una persona demente no llegaría a este estado: la muerte intervendría antes, fuese por neumonía o por malnutrición. Sin embargo, la alimentación por medio de sonda permite mantener el cuerpo durante meses o años después del punto de muerte natural. Durante este tiempo de vida artificialmente extendida, la demencia puede seguir progresando, creando así un estado de existencia vegetativa que no se encuentra en la naturaleza.

Como hijo de una persona demente, usted deberá contemplar de frente esta visión de cuerpo vivo inhabitado. Este es un tema que deberá usted discutir con otros miembros de la familia y, de ser posible, con un sacerdote. Deberá sondear las profundidades de su interpretación religiosa y filosófica de la vida; de ser posible, deberá reflexionar, asimismo, sobre la vida y la filosofía de sus padres. Una vez conociendo sus mejores guías filosóficas, estará usted en condiciones, en cuanto es posible estarlo, para considerar las cuestiones planteadas en el capítulo 22.

La hora de dejarlo ir

C UANDO LA DEMENCIA de su padre o su madre llegue a sus etapas finales, aumentarán enormemente las probabilidades de entrar en contacto con la medicina de hospital y, de hecho, gran parte de las personas dementes ya habrán estado al menos una vez hospitalizadas. La mayoría de personas mueren bajo el techo de un hospital, padezcan demencia o no. Al empeorar la demencia de su padre o madre, deberá examinar el proceso de la medicina de hospital y decidir cuándo y cómo ese sistema podrá beneficiar al paciente.

Con excepción de los programas de hospicio, los médicos, los hospitales y la mayoría de los modernos centros de salud operan mediante la aplicación de soluciones tecnológicas a problemas relacionados con enfermedades, con el propósito de prolongar la vida y evitar la muerte. Ese es un sistema que debiera esforzarse auténticamente tanto por dar tranquilidad como por curar a personas enfermas, y así lo hace si ambas metas son compatibles. Sin embargo, cuando la comodidad y la cura son incompatibles, invariablemente el afán de curar domina al deseo de consolar. En busca de la máxima posibilidad de curar, hacen que los pacientes yazcan dentro de rollos magnéticos o sobre duras mesas de metal; les atarán las manos para mantener en su lugar la aguja intravenosa; se les negarán analgésicos mientras se observa y examina la causa del dolor.

El potencial curativo de la medicina científica depende en gran parte de su enfoque cuantitativo respecto al paciente. Los repetidos análisis de sangre pueden irritar a los pacientes, mas para los médicos esas pruebas generan constante seguridad o temprana advertencia de que las funciones internas de algún órgano están volviéndose anormalmente altas o bajas. Dado que gran parte de la fuerza de la medicina moderna se encuentra en los números que puede medir y ajustar, existe la tentación de fijarse exclusivamente en los números, con total exclusión del paciente.

Ésta no es necesariamente «mala medicina». Sin embargo, es medicina entrometida, científica y tecnológica, y su justificación es que el paciente, una vez salvado, agradecerá la cura y perdonará la molestia que se le hizo sufrir. Si el beneficio de la curación también es la meta de usted con respecto a su padre o a su madre, entonces éste será bien atendido por el sistema de atención a la salud y usted estará en completo acuerdo con el sistema; sus ruedas giran en la dirección en que usted desea ir.

Surge un conflicto entre los médicos de hospital y los miembros de la familia cuando sus metas divergen. En algún punto del proceso de demencia, muchas familias descubren que ya no es posible agradecer los «beneficios de la curación». Hijos e hijas pueden dudar del valor de pruebas y tratamientos dolorosos, cuando los días que así se están ganando no pueden ya ser apreciados por su padre o por su madre; cuando el único «beneficio» que el padre o la madre puede vivir para experimentar es un número mayor de días llenos de incesante incomodidad y molestia.

Comprenda que también usted, en algún punto, acaso desee detener las ruedas de la máquina que cuida la salud, para permitir a su padre o a su madre una despedida de este mundo temprana y libre. Si puede prever semejante situación, deberá estar preparado. No imagine que el impulso de la maquinaría de atención a la salud se detendrá sólo porque usted grite «¡Alto!» ¿Cómo se preparará para estar en posición de dominar al sistema, en el punto que considere necesario? Una vez más, pueden darse varios pasos (todos deben darse temprano, y no tarde):

- *Tutoría.* Por todas las razones antes descritas, usted debe intentar que, de ser posible, lo nombren tutor de su padre o de su madre. Esto aumentará su capacidad legal cuando tome decisiones que afecten su calidad de vida o cuando se niegue a permitir un tratamiento de los que sostienen artificialmente la vida. Si está completamente desengañado del sistema del hospital, la tutoría le permitirá sacar de la institución a su padre, con sólo su firma.
- *El testamento en vida y el encargado de velar por la salud.* Investigue usted los testamentos y los nombra-

mientos de cuidador de la salud. No suponga que el testamento de sus padres, si lo hubo, será reconocido como documento legal. En algunos estados, un testamento, lleno de lenguaje jurídico y estampillas de notario, es considerado como expresión de la opinión de la persona, sin carácter obligatorio, temporal y nada más. Es posible que se necesite aumentar el testamento con el nombramiento de un encargado de cuidar la salud: una persona (supuestamente, usted) nombrada por su padre o su madre *aún gozando de salud mental*, generalmente con las firmas de varios testigos. Si el estado en que usted vive exige la presencia de un encargado de la salud para cumplir con los deseos manifestados en el testamento, deberá usted encargarse de esta documentación *en cuanto sea posible después de diagnosticada la demencia*. Se necesitará la firma de su padre o de su madre en el documento, fechado cuando aún podía alegarse salud mental; de otra manera la designación de usted como cuidador de su salud causaría dudas o sería rechazada.

- *NR*. Investigue las reglas de NR en su estado. Las siglas «NR» significan «no resucitar», lo que implica que si su padre o madre sufriera un paro respiratorio o de la función cardiaca, no deberán hacerse esfuerzos por instituir la RCP (resucitación cardiopulmonar). La RCP no sólo incluye compresión manual del pecho, descargas eléctricas y medicación estimulante, sino también conectar al paciente con un respirador, como parte del proceso.

Deberá considerarse muy seriamente si pedir NR para cualquier persona con demencia moderada, con base en argumentos de compasión:

1. No son grandes las perspectivas de éxito del procedimiento RCP. Los cerebros de los ancianos víctimas de demencia son mucho más susceptibles al daño durante cualquier periodo transcurrido antes de comenzar la RCP. Muchos lectores seguramente conocen ya la regla de los cuatro minutos al tratar de resucitar a una persona cuyo corazón ha dejado de latir; la regla dice que el cerebro de una persona normal sufrirá daño irreversible si el corazón no vuelve a empezar a latir en los cuatro minutos siguientes al paro. Esta regla no se aplica a los ancianos con demencia, y en ellos, un nuevo daño cerebral comenzará mucho antes de los cuatro minutos, haciendo aún más improbable que el equipo encargado de combatir el paro cardiaco logre una RCP técnicamente óptima, sin que el cerebro sufra nuevo daño neurológico durante el proceso.

2. El proceso de la RCP es doloroso, así como incómoda la unidad de cuidado intensivo, donde, invariablemente, se llevan a los sobrevivientes de una RCP. Allí, en esa unidad, los pacientes conectados a un aparato mecánico o un respirador yacen incapaces de hablar. Si el paciente se agita o lucha por quitarse la sonda, le atarán las manos; esto también ocurre si, al debatirse, amenaza con arrojar cualquiera de los otros tubos aplicados a soluciones intravenosas, bolsas

de drenaje o monitores. Cada monitor añade sus ruidosos zumbidos a la cacofonía que ya causan los monitores de otros pacientes. Su padre o madre, atado e incapaz de hablar, no tiene un sentido del día o de la noche, ni idea de lo que está ocurriendo. Nadie puede decir si siente dolor; nadie puede decir si tiene frío por el aire acondicionado, que se ha encendido para comodidad del personal. La unidad de cuidado intensivo puede causar tanto estrés aun para personas sanas que se le considera como causa de cierto tipo de colapso nervioso llamado psicosis UCI.

3. Recuerde que la demencia es un proceso de progresivo deterioro, la sobrevivencia sólo ofrece la promesa de mayores sufrimientos e incapacidades el día de mañana. Si de pronto se presenta la oportunidad de buena muerte –súbita y sin dolor– a una víctima de la demencia avanzada, tal vez no sea lo más sabio rechazarla ante la capacidad tecnológica de la medicina moderna. Casi todas las personas que hablan de elegir un tipo de muerte preferirían, para sí mismas, una enfermedad piadosamente breve, en lugar de meses o años de sufrimiento. Al pedir para su padre NR, se asegurará usted de que no se le niegue la oportunidad, si llegara a presentarse, de una muerte rápida y apacible. Es una oportunidad que puede no volver a presentarse, y bien puede ser su padre o madre quien más sufra dicha pérdida.

4. La designación NR no modifica ningún aspecto de la atención médica, salvo la conducta del personal

al lado del lecho de su padre o de su madre, en caso de muerte súbita. El hecho de que usted pida NR no reducirá el uso de antibióticos, oxígeno, cirugía, hospitalización... cualquier otra cosa que el paciente pueda necesitar. A veces las familias rechazan la designación NR por la sospecha, un tanto paranoica, de que será utilizada como abreviatura para negar la mejor atención médica a una persona demente.

Una vez que usted haya pedido NR para su padre o su madre, no necesitará hacer nada más en caso de que se presentara muerte súbita. Si su padre o su madre sufre un ataque al corazón, la designación NR hará —eso esperamos— que el fin de la vida sea apacible, tranquilo y aceptado con elegante dignidad.

El peso de la responsabilidad de la tutoría o del cuidado a la salud del enfermo no termina con la firma de un documento. Ahora usted será responsable de dar su aprobación o su negativa a un tratamiento médico que, de otra manera, habría procedido como con un piloto automático. ¿Cómo sabrá qué aprobar y qué rechazar?

La regla más sabia que puede usted seguir consiste en elegir a un médico en quien tenga absoluta confianza: no sólo como experto técnico sino también por sus sentimientos y su sensibilidad humana. Si es usted afortunado en esto, sus responsabilidades de tutor o encargado podrán ser mucho más ligeras. Su capacidad de rechazar un tratamiento podrá liberar a su médico de sentir la renuente obligación de continuarlo de acuerdo con las habituales normas médicas. Si el médico comparte sus preocupaciones filosóficas y su confianza, tal vez lo mejor sea no intentar tomar decisiones médicas a un nivel de microadministración.

Si usted necesita ser más activo, considere las siguientes reglas de cuidado y compasión en las decisiones que vaya a tomar:

Regla 1: Nunca deje pasar la oportunidad de que su padre o su madre tengan una muerte tranquila, en vez de una incómoda y dolorosa.

No depende de usted si una vida humana llegará o no llegará a su fin un día; pero sí podrá depender de usted cómo llegará. Hay maneras sumamente dolorosas de morir, que incluyen

- obstrucción intestinal;
- cáncer de los huesos;
- sofocación por congestión de fluido en el pulmón;
- hemorragia interna.

Por comparación, algunas formas de muerte no son desagradables, al menos, según lo que dicen quienes estuvieron a punto de morir así. En este grupo se incluyen

- deshidratación;
- infección;
- inanición.

Si la demencia ha hecho que la vida de su padre o de su madre sea de constante sufrimiento, no tiene usted la obligación moral de impedir una muerte natural y tranquila. No hay ninguna ley que exija que todo el que tenga fiebre sea tratado con antibióticos.

Regla 2: No permita que su padre o su madre viva más de lo que Dios habría querido.

Con este fin, deberán estipularse instrucciones de «no alimentar mediante sonda» y de «no dar hidratación artificial». En algunos estados no se permite semejante estipulación del encargado de la salud a menos que estuviera por escrito en el momento en que su padre o su madre lo designó a usted como cuidador. Por esta razón resulta decisivo que los detalles legales sean comprendidos y acatados años antes de que la situación se presente.

La decisión de aceptar o rechazar la alimentación con sonda es sumamente difícil. El público en general y los abogados continúan redactando documentos en que aparecen las palabras «comatoso» o «enfermo terminal» o «sin esperanzas de supervivencia», pero todos se basan en una vulgar comprensión —como tomada de una telenovela— del fin de la vida. Una típica persona demente en etapa final, que yace contraída en su lecho, alimentada mediante gastrotomía, y sólo capaz de gritar de dolor cuando le atienden las úlceras de decúbito... ¡esa persona no satisface ninguna de las habituales normas de «deseo de vivir»!

En la terminología médica, la palabra «comatoso» define el no sentir ya dolor, y ese paciente no está «en coma», aun si ya es profundamente vegetativo. Asimismo, «enfermo terminal» en la jerga médica significa estar en los últimos meses de su vida; y sin embargo, por el beneficio de la alimentación mediante sonda, esa persona puede no estar segura de morir en el transcurso de un año o más. Y, ¿cómo debemos interpretar «sin esperanzas de supervivencia»? El problema para la persona demente es, justamente, que la supervivencia con dolor ha sido creada artificialmente por la tecnología de la alimentación con sonda.

De acuerdo con los lineamientos que impiden el uso de mantenimiento con sonda o intravenoso, su padre o su madre seguirá viviendo mientras conserve el deseo de comer y de beber. Al ir desapareciendo estos deseos o capacidades, irá deslizándose suavemente hacia la muerte, en unos cuantos días o semanas. Además, al rechazar la alimentación con sonda o el fluido intravenoso, estará usted permitiendo, potencialmente, a su padre o a su madre una expresión final de dominio sobre su propio cuerpo: la capacidad de apartarse de un mundo demasiado doloroso, mediante el simple acto de cerrar la boca.

Regla 3: Si usted supone que su padre o su madre está sintiendo dolor, no vacile, por miedo a acelerarle la muerte, en pedir que lo mediquen contra el dolor.

Los narcóticos contra el dolor se emplean poco en personas frágiles, porque las medicinas pueden deprimir los centros respiratorios del cerebro, causando la muerte (en realidad, una muerte muy dulce). La depresión respiratoria es una posibilidad más temida que real, y sin embargo, este temor es el que inspira las decisiones de muchos médicos. El resultado es una escasa prescripción de medicamentos contra el dolor.

Si su padre o madre parece sufrir dolor, suponga que sí lo sufre, y asegúrese de que un médico prescriba la dosis de medicamento contra el dolor que sea adecuada para una persona normal. Dado que su padre o su madre no podrá pedir la medicación, asegúrese de que se le dé durante todo el día y la noche, suponiendo que en cualquier momento podría sentir dolor. La opción incluye lo siguiente:

- El acetaminofén, por vía oral o supositorio, cada cuatro horas, para fuentes moderadas de dolor, como la artritis.
- El acetaminofén con codeína, exclusivamente por vía oral, de cada cuatro a cada seis horas para dolor más grave, como de fracturas o úlceras de decúbito moderadas.
- Morfina, por vía oral o por parche en la piel, para úlceras de decúbito profundas que lleguen hasta el hueso, o para el cáncer. Los parches de morfina son especialmente útiles y se les consigue en varias potencias, cada una capaz de administrar morfina continuamente, absorbida a través de la piel.

Regla 4: El asilo hospitalario no sólo es para pacientes de cáncer.

El único lugar del sistema de atención a la salud en que se subraya la comodidad por encima de la curación es un programa de asilo hospitalario. La familiaridad del público en general con los programas de asilo hospitalario se debe, habitualmente, a que se sabe de su labor con personas más jóvenes que mueren de cáncer, pero el servicio de asilo hospitalario está abierto a cualquier persona que padezca enfermedad terminal. Una persona con demencia severa que no puede comer y beber para conservar su peso y a la que no se administra alimentación por medio de sonda es, sin duda, un «paciente terminal». De hecho, al medir la tasa de pérdida de peso cada semana, suponiendo que la muerte llegará cuando el paciente llegue a los treinta y cuatro kilos o antes, se puede proyectar la esperanza de vida de una persona demente con mayor precisión que la de muchos pacientes con cáncer. Los programas de asilo hospitalario ofrecen una plétora de ayuda y apoyo, tanto para usted como para su padre o su madre.

Regla 5: Si su padre o su madre está muriendo en su casa, nunca llame al «911».

El personal de las ambulancias no se apresura a llegar a la escena a prestar ayuda; acuden a llevarse a la gente al hospital. En un mundo poblado por personas de muy variable salud, la mayoría del personal de ambulancias actúa de acuerdo con un conjunto de lineamientos que no permiten a nadie –familia, médico privado o persona demente– «interferir» con sus responsabilidades oficiales.

Si usted llama al 911 para que le ayuden a levantar del suelo a su padre o a su madre, no sólo será incapaz de impedir que se lo lleven al hospital, sino que pueden llevarlo a un hospital que no sea de su agrado.

Si llama al 911 porque su padre o su madre está teniendo dificultades para respirar, tal vez no pueda impedir que el personal aplique RCP; de hecho, el personal de algunas ambulancias inicia, por simple rutina, la RCP, aun si la llamada se hizo para una persona que esperaba morir en su casa. El personal de las ambulancias no incluye abogados. No saben si en realidad es usted pariente del enfermo o no; tampoco tienen tiempo ni ganas de examinar sus documentos de tutor o su capacidad de cuidador de la salud, para ver si son válidos; no saben si la persona nombrada en el documento es realmente usted.

Cuando llame al 911, tema no poder volver a establecer su autoridad hasta que el polvo se haya asentado en el hospital.

Por consiguiente, si usted prefiere que su padre o su madre muera en casa, ¡no llame al 911! Si su padre o su madre ya ha fallecido, telefonee a su médico; si no lo encuentra, llame a la funeraria.

El agente de pompas fúnebres podrá hablar con toda calma a la policía e informar que su padre había estado terminalmente enfermo durante algún tiempo, y falleció en su casa. Entonces ya podrán darse los detalles para declarar difunta a la persona y redactar un certificado de defunción.

Regla 6: No hay como el hogar.

Hasta que sobrevenga la muerte, la única manera de mantenerse en absoluto control de todo el proceso es mantener a su padre o su madre en casa. Si ya está viviendo en un asilo, entonces el asilo *es su hogar*. Cuando ha llegado el momento de no oponerse más a la llegada de la muerte, deberá emplear enérgicamente su autoridad de tutor para declarar que en adelante, su padre o su madre no será hospitalizado por ninguna razón sin el consentimiento explícito de usted. Especifique los tipos de tratamiento que considere aceptables o inaceptables —antibióticos, medicación contra el dolor, oxígeno, etc.— hasta el grado en que se haya usted formado opiniones definitivas en favor o en contra de alguno de ellos.

A la primera señal de enfermedad, muchos asilos tienden a enviar a sus residentes a un hospital, afirmando que el nivel de atención que el asilo puede ofrecer no puede competir con las posibilidades de cura del hospital. Esto es cierto, pero no viene al caso. En primer lugar, en el estado avanzado de demencia, los beneficios de la cura deberán quedar siempre subordinados a los beneficios de la comodidad y la ausencia de dolor, que el asilo tiene en nivel óptimo. En segundo lugar, aunque el sistema médico de asilo es inferior al de hospital, el típico asilo norteamericano tiene recursos médicos muy superiores a los de muchos hospitales de los países menos desarrollados de este mundo. No se sorprenda si, habiéndose reconciliado ya con la idea de ver morir apaciblemente a su padre o a su madre en el asilo, ¡de pronto ve usted que se recupera!

Si su padre o su madre aún está en su casa, esto le da la máxima capacidad de crear un ambiente confortable y grato, pero también lleva al máximo la presión mental sobre usted. Recuerde que la muerte en la propia casa se ha vuelto un tanto extraña y aterradora, pero no porque el morir haya cambiado, sino sólo porque el morir en casa fue algo que pasó de moda en las últimas décadas. En siglos anteriores, todas las familias tenían tanta experiencia de prepararse para la muerte como de prepararse para un nacimiento. Para recuperar las capacidades perdidas, sólo necesitará usted dos cosas: valor y recursos.

Necesitará usted valor cuando descubra que el tiempo pasado con un padre o una madre moribundos parece realmente muy largo, aunque en retrospectiva siempre lo recordará como una época especial y casi mística. En la vida real, se necesita mucho más tiempo para morir que como lo presentan en la televisión y las películas. La deshidratación puede requerir una semana o más. Una neumonía «fatal» a veces mejora, como bien se sabía en la época anterior a los antibióticos. La muerte de una persona que ha dejado de comer y de beber puede ser menos predecible, si de pronto vuelve a tomar alimentos y a beber. La mayor parte de la presión emocional de que hablan las familias que experimentaron la muerte de un ser querido en su casa no se debe a los momentos finales de agonía sino al plazo que necesitó la muerte.

¿Qué necesita para asegurar una muerte apacible a su padre o su madre en su propia casa? Lo que sigue es una lista de lo que requerirá y le indicaremos por qué es útil:

- *Oxígeno:* Es posible que su padre o su madre se beneficie si dispone de oxígeno durante sus últimos días en casa, pero ciertamente será *usted* el que más se beneficie de tenerlo a su disposición.

  Presenciar las últimas horas de un moribundo es especialmente difícil para las familias, en parte porque el agonizante muestra varias pautas raras de respiración profunda y rápida, jadeo irregular y pausas temporales de respiración. Casi todas estas anomalías se deben al propio proceso de muerte durante el cual el «centro respiratorio» del cerebro se desorganiza y empieza a fallar el proceso de respirar. Esto no produce dolor, pues para entonces el cerebro ha caído ya en la inconsciencia.

  Las familias, empero, suelen espantarse por lo que ven. Presencian esta pauta irregular de jadeos y profundas respiraciones rápidas, y suponen que el padre o la madre debe estar teniendo dificultades para respirar. El tener oxígeno a la mano le permitirá a usted asegurarse de que está haciendo en casa tanto como lo harían en el mejor hospital en esa situación.

- *Parches de morfina:* Estos parches le permiten a usted ejercer un control, a nivel del hospital, sobre dos de los más temidos acompañantes de la muerte: el dolor y la asfixia. Si su padre o su madre parece sentir dolor, o si la muerte va acompañada por una enfermedad que probablemente cause verdaderas dificultades respiratorias —neumonía, falla del corazón o líquido en los pulmones— estos parches pueden ser el equivalente de las inyecciones de morfina aplicadas en forma regular. Los médicos aplican morfina no sólo contra el dolor sino también para reducir la dificultad respiratoria de los pacientes cuando no basta el oxígeno. Cada parche dura tres días, y se les consigue de muy distinta intensidad. Disponiendo de estos parches no deberá usted preguntarse si en el hospital habrían podido hacer algo más en favor del paciente.

- *Supositorios de acetaminofén.* Son útiles para cierto grado de dolor, pero también contra la fiebre, si cree que la fiebre está causando incomodidad a su padre o su madre. Esto no siempre es así, a menos que la fiebre sea muy alta, ya que la fiebre apresura la deshidratación y la muerte. Si está usted un poco atemorizado y aún no bien dispuesto, los supositorios rectales de acetaminofén pueden ayudarle a usted a reducir el temor y a convencerlo de que está haciendo lo mismo que harían en el hospital.

- *Supositorios de compasina.* La compasina es uno de los medicamentos más eficaces para controlar el vómito. Aunque el vómito no es parte del proceso de muerte, sí puede ser parte de la enfermedad que lo esté causando. La compasina, que puede conseguirse en píldoras, no es tan eficaz en esta forma, pues los pacientes que sufren náuseas tienden a vomitar la medicina misma con que se pretendía ayudarlos. Por tanto, en el hospital la compasina o medicamentos similares se aplican mediante inyección. Si no sabe usted inyectar, podrá controlar el vómito aplicando el supositorio por vía rectal cada ocho o doce horas.

Estos pocos consejos abarcan las herramientas que podrá usted necesitar para ayudar a su padre o a su madre a irse apaciblemente y sin dolor de este mundo al otro. Si ciertas características del estado de su padre o de su madre requieren otra cosa, su médico o el personal del asilo se lo dirán.

Además de estas medidas destinadas a la comodidad del enfermo, su médico, acaso por arraigadísimo reflejo, se ofrecerá a prescribir una gama adicional de tecnología médica casera para tratarlo y aplazar el momento de la muerte. Esto puede incluir muy diversos servicios, que ofrecen agencias de atención hogareña, incluyendo pruebas de sangre en casa, rayos X, líquidos intravenosos y potentes antibióticos administrados por vía intravenosa, por enfermeras tituladas.

Aquí procede hacer una importante advertencia acerca de ese tratamiento médico en casa:

¡Recuerde lo que está usted tratando de lograr!

Si considera usted que la muerte es el fin bienvenido y natural de los sufrimientos de su padre o de su madre, no tiene sentido adoptar una actitud combativa para resistirla con liquidos intravenosos y antibióticos. Esto podría conducir a la inesperada supervivencia de su padre o de su madre, con todo su dolor. Si a pesar de ese tratamiento médico en el hogar, de todas maneras muere, ese tratamiento casi ciertamente habrá prolongado la agonía sin ningún objeto y, posiblemente, con dolor.

No hay opción éticamente correcta o incorrecta para todos. Tendrá usted que tomar su decisión basándose en sus convicciones morales y religiosas. Sin embargo, sí existe algo que puede llamarse cobardía moral. Antes de que tome usted alguna decisión en favor de su madre o de su padre, deberá someterse a dos pruebas morales:

- *Prueba 1:* Deberá usted estar seguro de que lo que haga lo hará sólo por el bienestar de su padre o su madre, no el de usted. Su padre o su madre no debe ser obligado a seguir viviendo con dolor porque usted, el hijo, aún no está preparado para decirle adiós.
- *Prueba 2:* Deberá usted ser honesto consigo mismo acerca de la decisión que tome. No deberá desear secretamente que la muerte libere a su padre o su madre del sufrimiento de la demencia avanzada, y sin embargo ceder a una presión real o imaginaria para permitir que continúe el tratamiento curativo.

Más allá de estos lineamientos morales, nada es seguro sino lo que está en el corazón de usted. Que Dios lo acompañe.

Epílogo

C UANDO USTED REFLEXIONE sobre los años dedicados a cuidar a un padre o madre demente, desde el diagnóstico hasta la muerte, le sorprenderá el número de transformaciones ocurridas.

Usted habrá presenciado la transformación de su padre o de su madre; de ser el confiable baluarte de su juventud se convirtió en un ser indefenso, dependiente de la piedad de los demás.

Cualquiera que haya sido la edad de usted al aparecer la enfermedad, ahora verá en retrospectiva la transformación que también ha ocurrido en usted, convirtiéndolo, del niño crecido que fue entonces, en el adulto plenamente maduro que es hoy, sometido a prueba por una de las experiencias más difíciles de la vida.

Habrá notado cómo hasta el proceso mismo de demencia cambió mientras usted lo observaba: lo que en principio fue una experiencia de sufrimiento esencialmente mental se convirtió, a la postre, en un estado de malestar físico.

Pero, ante todo, habrá presenciado una lucha por el poder. Enfrentarse a la demencia es, en gran parte, una pugna por concentrar en sus propias manos el poder y la autoridad necesarios para conservar la comodidad y seguridad de su padre o de su madre. Al principio, la lucha es entre el padre o la madre y el hijo; en las últimas etapas de la demencia, la lucha es entre el hijo y el sistema de atención a la salud. Si ha logrado usted llevar al máximo la independencia, la paz mental y la comodidad física del paciente, ello probablemente se habrá debido al afán de ser un esforzado defensor de su padre o de su madre en un mundo que estaba considerándolo sólo como un problema.

Al participar activamente en el cuidado de su padre o su madre demente, ha devuelto el don del amor abnegado que antes le dieron a usted. Y habrá aprendido de su padre o de su madre una de las últimas y más importantes lecciones de la vida: que la muerte no es la enemiga de la vida humana. El enemigo es el sufrimiento.

Conforme la rueda de la vida gira en dirección de usted, habrá valido la pena reflexionar sobre esta lección. Puede ser la última cosa importante que su padre o su madre pudo enseñarle.

Glosario

Alucinación. Fijación imaginaria creada por el cerebro. A diferencia de la ilusión, no necesita haber un objeto mal percibido; toda la visión es creada en la mente.

Amnesia retrógrada. Pauta específica de pérdida de la memoria a lo largo del tiempo, empezando con la destrucción de los recuerdos más recientes de la persona y progresando hasta la destrucción de recuerdos cada vez más antiguos, conforme avanza el daño causado por la demencia.

Anticolinérgico. Término aplicado a los medicamentos que afectan la colina química. El organismo humano utiliza la colina de muy diversas maneras y en distintos órganos. Por lo general, los alimentos anticolinérgicos tienen en común ciertos efectos secundarios, incluyendo resequedad de la boca, estreñimiento, posible agravamiento del glaucoma y pérdida de memoria a corto plazo.

Apoplejía múltiple. Otro nombre para la apoplejía. Una de las dos principales causas de demencia, junto con el mal de Alzheimer. El progresivo daño al cerebro es causado por la acumulación de lesiones causadas por pequeñas embolias.

Apoplejía leve. Una de las dos principales enfermedades que causan demencia, siendo la otra el mal de Alzheimer. El daño al cerebro en esta enfermedad es causado por la acumulación de diversas áreas de lesión cerebral debidas a múltiples embolias pequeñas o silenciosas.

Crepúsculo. Pauta de confusión, desorientación y alucinación que puede ser una de las primeras señales de demencia. Típicamente, ocurre en una persona que durante el día puede parecer normal pero que, a la hora del crepúsculo, empieza a dar dichas señales de pensamiento desorientado.

Demencia. Término general que implica la destrucción progresiva del tejido cerebral, produciendo grados cada vez peores de deterioro intelectual. El término no especifica ninguna enfermedad en particular, y muchos procesos patológicos (mal de Alzheimer, apoplejía, sífilis, SIDA y otras) pueden causar demencia.

Depresión sonriente. Un tipo de depresión en que la víctima se muestra particularmente inclinada a actuar alegremente y disimular el grado de su depresión.

Despertar nocturno. Tipo de insomnio en que no hay dificultad para conciliar el sueño, pero después, el sueño se interrumpe durante la noche.

Diarrea paradójica. Casos de severo estreñimiento en que el excremento acumulado es demasiado grande y duro para poder eliminarlo. En cambio, las heces se quedan en el colon causando irritación y diarrea líquida cuando el colon intenta, inútilmente, expulsarlas.

Falso negativo. Tipo de error en una prueba diagnóstica, en que el resultado de la prueba sugiere que el paciente tiene una condición normal, cuando de hecho no está sano y, por tanto, la prueba es incorrecta.

Falso positivo. Tipo de error en una prueba diagnóstica en que los resultados sugieren que algo está mal en el paciente cuando en realidad el paciente es normal, y el resultado de la prueba es erróneo.

Hematoma subdural (HSD). Coágulo de sangre localizado bajo la capa protectora de tejido llamado la duramadre. Si es bastante grande, ese coágulo puede causar daño cerebral por la presión que ejerce sobre la superficie subyacente del cerebro.

Ilusión. La interpretación errónea de un objeto como otro, por ejemplo creer que un abrigo colocado sobre un diván es una persona.

Incontinencia. La incapacidad de conservar el control voluntario sobre la eliminación de orina o de heces.

Inducción de sueño. El proceso de quedarse dormido.

IRM. Una exploración computarizada del organismo, muy similar a la TAC ya que ofrece una imagen detallada intersectorial de la parte del cuerpo que se está estudiando. En contraste con la primera, la IRM utiliza campos magnéticos en lugar de rayos X para generar sus imágenes. Las exploraciones con IRM son ligeramente superiores a las hechas con TAC por su capacidad de mostrar el daño por demencia causado por apoplejía leve.

Mal de Alzheimer. Una de las enfermedades que pueden causar la demencia. Algunos la consideran como la causa actual de demencia más frecuente en los ancianos, aunque la apoplejía parece también serlo. No se conoce con exactitud el mecanismo por el cual el mal de Alzheimer causa daño cerebral y demencia, aunque, bajo el microscopio, los cerebros de víctimas del mal de Alzheimer muestran depósitos anormales de proteína, así como áreas de células cerebrales moribundas y enredadas.

Mal de Parkinson. Enfermedad caracterizada por rígido movimiento de los músculos, temblor involuntario de la mano e inclinación de la postura. Aproximadamente 25 por ciento de los casos se relacionan con la demencia.

Maniobra de Heimlich. Consiste en abrazar al afectado por atrás, empuñar la mano derecha y colocar el puño sobre el epigastrio (entre el ombligo y la punta del esternón), sujetar el puño derecho con la mano izquierda, y apretar con fuerza hacia arriba. Esta maniobra sólo se pondrá en práctica en pacientes que no jadean, tosen o intentan hablar. Si el paciente hace algunas de estas cosas, debe dejársele; pero si no jadea, tose o intenta hablar, se ha de intentar la maniobra.

Medicamento antidepresivo. Cualquier medicamento que puede reducir o aliviar la depresión modificando el equilibrio de los productos químicos del cerebro llamados neurotransmisores, que hoy se consideran como factor importante en muchos casos de depresión. Existe amplia variedad de estos neurotransmisores, así como una gama de medicamentos antidepresivos que elevan o reducen sus concentraciones en el cerebro. Para todos ellos se necesita receta médica.

Memoria a corto plazo. Memoria acerca de acontecimientos recientes, que en general cubre un periodo que va desde minutos hasta semanas. La memoria a corto plazo es almacenada por el cerebro de una manera desconocida en la actualidad, pero especialmente vulnerable a los daños causados por la demencia.

Memoria a largo plazo. Memoria de acontecimientos que ocurrieron hace meses o años. Estos recuerdos están almacenados en el cerebro de una manera que hoy se desconoce pero claramente distinta de la forma en que están almacenados los recuerdos a corto plazo. Parte de la diferencia es la mayor resistencia de la memoria a largo plazo a los efectos destructivos de la demencia.

Meningioma. Tumor o hinchazón del tejido llamado las meninges, que cubre la superficie del cerebro. Aunque estos tumores son benignos en el sentido de que no se difunden por otras partes del cuerpo como los cánceres malignos, sí pueden causar daño local cerebral si son lo bastante grandes para ejercer presión dañina sobre la superficie del cerebro.

Meningitis. Infección del tejido que cubre la superficie del cerebro (las meninges). La mayoría de estos casos son obvios, y las infecciones graves se tratan como tales, pero algunos casos de meningitis crónica, en menor grado, pueden no asemejarse mucho a infecciones, sino que pueden imitar la lenta destrucción del tejido cerebral que es típica de la demencia.

NR. Abreviatura de «no resucitar»: decisión tomada por la familia o por el paciente, de que en caso de muerte no se haga ningún intento por reactivar el corazón mediante resucitación cardiopulmonar (*véase* RCP).

Olvido benigno. El tipo común de olvido que aparece cerca de los 30 años y va empeorando gradualmente con la edad. En el olvido benigno la información no se ha perdido, pero su recuperación, cuando se necesita, puede tardar tanto que cause impaciencia y amargura. Este estado *no* está relacionado con la demencia.

Olvido maligno. Pauta de olvido en que hay una falla en la recuperación de recuerdos porque el recuerdo que se busca se ha borrado del cerebro; esta pauta no es parte del envejecimiento normal, y más bien sugiere daño cerebral causado por demencia.

RCP. Abreviatura de «resucitación cardiopulmonar», o sea el proceso de volver a poner en marcha el corazón y los pulmones en una persona técnicamente dada por muerta. La RCP generalmente exige hacer presión sobre el esternón para mantener la circulación del cuerpo, junto con administración de medicamentos estimulantes y descargas eléctricas para activar el corazón. Por lo general, el proceso incluye el paso de un tubo respiratorio por la garganta hasta la cavidad pulmonar del paciente, permitiendo que éste quede conectado con un respirador automático o máquina respiratoria.

Reacción catastrófica. Berrinche incontrolable, con gritos, agitación o temor paranoico que ocurre en un paciente con demencia, abrumado por la tensión o la estimulación.

Reflejo gastro-cólico. Uno de los primeros reflejos, presente en el nacimiento: expulsión refleja del contenido del intestino cuando el estómago se expande al tomar limento.

Senilidad. Término anticuado para la demencia, que implicaba erróneamente que la demencia se debe exclusivamente al envejecimiento. Hoy se da por sentado que el envejecimiento normal no va acompañado por los cambios a los que llamamos demencia. La demencia es resultado de un número específico de enfermedades.

Seudo demencia. Olvido severo y conducta disfuncional que muestra una semejanza superficial con la demencia pero en realidad se debe a depresión severa.

Síndrome cerebral orgánico (SCO). Término anticuado para la demencia, que aún se encuentra en algunos libros y artículos.

Sonda espinal. Prueba diagnóstica en que se hace pasar una delgada aguja hasta el canal espinal desde un punto generalmente situado en la parte baja de la espalda. En este sitio se pueden extraer, para su estudio, muestras del fluido que baña el cerebro.

TAC. Imagen producida por una máquina de rayos X que emplea computadoras y no película fotográfica para mostrar sus imágenes; el resultado es una sección transversal de la parte del cuerpo que se está explorando. Se le emplea para obtener imágenes seccionales del cerebro en pacientes de quienes se teme que padecen demencia o daño cerebral.

Índice de medicinas

Ambién. Sedante que constituye su propia clase de medicación (imidrazopiridina); su nombre genérico es *zolpidem tartrato*. Dícese que expone menos que muchos otros sedantes al riesgo de sufrir caídas, aunque no se debe tener absoluta confianza.

Ativán. Tranquilizante de la clase de las benzodiacepinas. Su nombre genérico es *lorazepán*, y es miembro de una de las más populares familias de sedantes: las *benzodiacepinas*. La duración de su acción es, aproximadamente, de ocho a doce horas, por lo que es un tranquilizante apropiado para sedar durante el día, o por la noche para conciliar el sueño. Como todos los sedantes, sus riesgos incluyen: caídas, letargia excesiva y confusión, pero entre las benzodiacepinas es una de mis preferidas cuando se la emplea en pequeñas dosis.

BuSpar. Su nombre genérico es *buspirona*. El BuSpar es un medicamento especial: es un tranquilizante con pocas o ningunas propiedad sedantes. En teoría debiera ser ideal, y a menudo lo es, aunque a veces resulta demasiado suave. Parece funcionar sobre todo para calmar la angustia que se manifiesta en el paciente por una necesidad de que lo estén tranquilizando continuamente. En oca-

siones se le debe administrar durante tres o cuatro
semanas antes de que rinda todos sus beneficios, lo que
puede ser un tiempo demasiado largo para controlar la
angustia.

Hidrato de cloral. Sedante de rápida acción que tiene varias
ventajas: por lo general es seguro, y el cuerpo suele eliminarlo por la mañana. Se le puede conseguir como líquido o supositorio, lo que es bueno para los pacientes
que no pueden tragar pastillas. La primera advertencia
es que no se debe mezclar con alcohol, aunque esto puede
decirse de todos los sedantes. En general, es una buena
opción cuando se tiene dificultad para conciliar inicialmente el sueño.

Cognex. El primero de la que prometía ser una serie de
medicamentos que trataban de mejorar la memoria de
los pacientes con mal de Alzheimer. Nadie afirma que
ayude a personas afligidas por otros tipos de demencia,
sobre todo la demencia por apoplejía leve, y entre los
pacientes de Alzheimer sólo puede aliviar muy modes-
tamente los síntomas de pérdida de memoria durante
unas cuantas horas. Su nombre genérico es *tacrina*.

Por desgracia, es un medicamento de manejo difícil.
Resulta irónico que para ser un remedio de la «memoria»,
necesite darse cuatro veces al día: tarea difícil para muchos pacientes. Además, en un porcentaje considerable
de pacientes se desarrollan problemas anormales en el
hígado, aunque esto no necesariamente signifique que
en todos los casos haya que descontinuar la medicación.
Aun cuando funciona, el beneficio es modesto. Dada la

falta de algo mejor por el momento, a la mayoría de las familias les ha gustado continuar con este medicamento pese a sus mínimos beneficios.

Dalmane. Sedante de muy prolongada acción, de la familia de la benzodiacepina (Valium, Ativán, etc.). A mi parecer, su acción es demasiado prolongada para justificar su uso aun en los ancianos saludables, y menos en los que padecen demencia. Muchos médicos no están de acuerdo conmigo y la consideran como un somnífero «sin peligro», pero en mi opinión, un somnífero seguro debía haber sido ya eliminado del organismo por la mañana. Los cálculos del tiempo de eliminación del Dalmane han llegado hasta las cien horas. Su nombre químico es flurazepam.

Desyrel. Antidepresivo y sedante que tiene el nombre genérico de *trasodona*. Constituye una buena opción al tratar la depresión y problemas de insomnio nocturno, en especial porque está relativamente libre de muchos de los otros efectos secundarios de los antidepresivos (en particular, estreñimiento y mareo).

Dexedrina. Medicamento de la clase de las anfetaminas, controlado más minuciosamente por la Drug Enforcement Administration (DEA) que los otros medicamentos aquí mencionados. Más empleado en Europa que en Estados Unidos, es un medicamento bastante bueno para ancianos dementes y deprimidos. El problema de la adicción no es razón para proscribir su uso si puede mejorar la moral de la víctimas de la demencia, y a menudo, también sirve para estimular el apetito. A mi parecer, lo principal no es la cuestión moral de la adicción sino el riesgo de un ataque al corazón, si se le administra a un paciente que tenga un grave estado cardiaco. En general, se le usa demasiado poco, lo que es lamentable.

Ditropán. Medicamento anticolinérgico con el nombre químico de *oxibutynin*, que pretende relajar la vejiga (la colina hace que la vejiga se contraiga). Lo hace bien, pero no puede evitar por completo los otros efectos secundarios anticolinérgicos de boca seca, estreñimiento y posible aumento de la confusión. Estos otros efectos tienden a aparecer cuando el medicamento se emplea en dosis altas durante el día y la noche. Si se le emplea en dosis bajas y juiciosamente (tal vez sólo por noche, o antes de viajar), me parece que la mayoría de la gente logra evitar los efectos secundarios mientras obtiene cerca de ocho horas de alivio de incontrolada incontinencia urinaria.

Doxepina. El antidepresivo Doxepina es uno de mis predilectos. Sin embargo, tiene varios efectos secundarios: es sedante y ligeramente anticolinérgico. Sin embargo, esta combinación resulta útil para una persona demente que esté deprimida y duerma mal, por la necesidad de vaciar la vejiga varias veces por la noche. La Doxepina no sólo mejora el humor sino que también ayuda a dormir, por ser sedante así como por relajar la vejiga por la noche. Añádase a esto que tiende a estimular el apetito, y a menudo es el único medicamento que puede combatir los problemas comunes de la persona que padece demencia moderada. Su efecto colateral más desagradable es el estreñimiento, tan predecible que se deben tomar medidas contra éste en cuanto se prescribe esta medicina, en lugar de aguardar a que empiece la dificultad.

Halción. Es el sedante de más corta acción de la clase de la benzodiacepina (Ativán, Valium, etc.); su nombre genérico es *triasolam*. Por esta razón debiera ser el mejor, en teoría, pero en la práctica se le ha relacionado con graves problemas de confusión o de alucinación. Yo no lo empleo, salvo en raras circunstancias individuales, que van volviéndose cada vez más escasas.

Haldol. Uno de los medicamentos antipsicóticos más célebres (o de peor fama); su nombre genérico es *haloperidol*. Algunos gerontólogos se jactan de no emplear jamás estos medicamentos, pero me parece que esa oposición está fuera de lugar.

Está destinado a combatir el pensamiento severamente desorganizado, que suele ir acompañado por alucinaciones o agitación. En contraste con tranquilizantes como el Ativán o el Valium, que suelen emplearse entre la población en general para dormir mejor o combatir la angustia, los medicamentos como el Haldol sólo se emplean contra la demencia o para el tratamiento de psicosis o de esquizofrenia en poblaciones más jóvenes. Los efectos secundarios del Haldol son causantes de su reputación. En grandes dosis puede hacer que los pacientes se pongan rígidos, apáticos, muy tranquilos y despersonalizados, además de que a veces les causa contracciones involuntarias del rostro y de la boca. Tampoco me gusta recetar grandes dosis de Haldol. Sin embargo, en dosis muy bajas este medicamento puede efectuar maravillas al eliminar temores paranoicos y alucinaciones, con poco o ningún efecto secundario; en particular porque también se le encuentra en un líquido sin sabor que se mezcla bien con café o con jugo, así como en forma de inyección de larga acción, que se aplica una vez al mes. En cualquiera de sus formas puede ser una bendición para una persona agitada y paranoide, a quien dar a tragar una píldora se convierte en una verdadera batalla.

Librium. Tranquilizante de la clase de la benzodiacepina, cuyo nombre químico es *clordiacepoxida*. El Librium es típico de esta clase de medicamentos. Puede ser efectivo para controlar la angustia y como ayuda para dormir bien, pero implica un riesgo considerable de causar caídas cuando se le da a un paciente que suele caminar por la casa, y el peligro de sedación excesiva o mayor confusión cuando se le administra a personas dementes.

Lomotil. Este medicamento es una combinación de dos productos químicos: el difenoxilato y la atropina. Es un medicamento típicamente anticolinérgico, cuya intención es controlar la diarrea al hacer más lento el trabajo de los intestinos. Como todos los anticolinérgicos, nunca se puede administrar sin cierta preocupación porque causa resequedad de la boca o intensifica la confusión. Y, lo que es más importante, nunca se debe administrar a menos que se esté seguro de que la diarrea no es la diarrea paradójica del estreñimiento severo.

Melleril. Su nombre químico es *tioridazina*. Como el Haldol, es un tipo de tranquilizante que nunca se emplea en la población en general, sino que se limita a las más graves psicosis agitadas de pacientes con demencia o con esquizofrenia. Tiene un efecto mucho más sedante que el Haldol y suele ser mi preferido si el paciente al dormir tiene problemas de paranoia, alucinaciones, agitación, etc., y deseo tratar de atacar dos conjuntos de síntomas con una sola medicación. Las advertencias contra mayores dosis incluyen las mismas que al administrarse Haldol: sedación, despersonalización, rigidez de los músculos y movimientos involuntarios.

Parches de morfina. Pueden conseguirse con varios nombres, incluso Sistema Transdérmico Fentanil y Duragesic; estos parches hacen pasar al cuerpo cantidades discretas de morfina a través de la piel, ofreciendo alivio al dolor durante veinticuatro horas, sin necesidad de inyecciones ni píldoras. Según mi experiencia, son una de las grandes bendiciones para los enfermos terminales; a menudo les permiten quedarse en casa y morir apaciblemente.

Persantina. Este medicamento, que lleva el nombre genérico de *dipirimidola*, tiene cierta eficacia para impedir que se formen pequeños coágulos en la circulación de sangre en el cerebro. Como mejor trabaja es en combinación con bajas dosis de aspirina. En conjunto, dista mucho de ser una cura para la apoplejía leve, pero dado que no tenemos nada mejor, tiendo a utilizar esta combinación cuando estoy dispuesto a hacer un intento total por retardar el avance de una demencia que creo que es causada por apoplejía.

Prosom. Otro de los tranquilizantes-sedantes de la clase de la benzodiacepina, su nombre químico es *estazolam*.

El empleo de este medicamento exige las mismas precauciones que todos los demás: aumenta el riesgo de caídas, sedación y gran confusión.

Prozac. Su nombre químico es *fluoxetina*. El Prozac pertenece a una nueva clase de antidepresivos llamados inhibidores de la toma de serotonina; se llama así por la serotonina neurotransmisora, que es afectada por los medicamentos de este grupo. Junto con otros de la misma familia, incluyendo el Paxil (paroxetina) y el Zoloft (sertralina), el Prozac está convirtiéndose en uno de los antidepresivos más empleados en ancianos. La ventaja de este grupo de antidepresivos es que tienen un nivel relativamente bajo de efectos secundarios. Si sólo se va a tratar la depresión, parece razonable utilizar Prozac o uno de sus «primos» como primera elección.

Restoril. Otro de los tranquilizantes de la clase de la benzodiacetina, lo menciono sólo para advertir que suelo evitarlo. Su efecto de larga duración me preocupa por el temor de caídas y sedación durante el día. Su nombre químico es *temazepam*.

Ritalin. Su nombre químico es *metilfenidato*. Como la Dexetrina, es un medicamento de la clase de las anfetaminas. También se le emplea más frecuentemente en Europa que en Estados Unidos. Como la Dexedrina, es bastante bueno para ancianos dementes y deprimidos. La principal advertencia que debe hacerse no es la cuestión moral de que cause adicción sino el riesgo de un ataque al corazón, si se le da a un paciente con un grave mal cardiaco. En general, se le emplea poco.

Xanax. Otro miembro de la numerosa familia de los sedantes-tranquilizantes de benzodiacetina. El Xanax (alprazolam) es un poco más útil que los demás como medicamento durante el día, y su efecto dura unas cuatro horas. Es una buena opción cuando sólo se necesita calmar temporalmente al enfermo: por ejemplo, con un paciente que por lo general se muestra relajado durante el día pero presenta resistencia a la hora del baño. Sin embargo, su acción dura demasiado poco para dormir, y con este propósito yo prefiero administrar el Ativán.

Nota: En la actualidad se encuentran en alguna etapa de desarrollo más de cincuenta medicamentos contra el mal de Alzheimer. Algunos de ellos están a punto de salir al mercado; otros están tan avanzados en el proceso de aprobación, que ya se consiguen voluntarios para probarlos.

Si usted se interesa en que su padre o su madre participe en una prueba experimental con medicamentos, podrá obtener información de último minuto al ponerse en contacto con la Asociación contra el Mal de Alzheimer al (312) 335-5792, de Estados Unidos.

Apéndice:
Centros contra el mal de
Alzheimer en Estados Unidos

Baylor College of Medicine
Houston, Texas
Alzheimer's Disease Research Center
Department of Neurology
Baylor College of Medicine
6501 Fannin, NB302
Houston, TX 77030-3498
713-798-4073

Case Western Reserve University
Cleveland, Ohio
Alzheimer's Disease Research Center
University Hospitals of Cleveland
11100 Euclid Avenue
Cleveland, OH 44106
216-844-7360

Columbia University
New York, New York
Alzheimer's Disease Research Center
Columbia University Department of Pathology
630 West 168th Street
New York, NY 10032
212-305-3300

Duke University Medical Center
Durham, North Carolina
Principal Investigator and Director
Joseph and Kathleen Bryan Alzheimer's
Disease Research
2200 W. Main Street, Suite A-230
Durham, NC 27705
919-286-3228

Emory University
Decatur Georgia 30033
Emory Alzheimer's Disease Center
VA Medical Center (151)
1670 Clairmont Road
Decatur, Georgia 30033
404-728-7714

Harvard Medical School
Boston, Massachusetts
Department of Neurology ACC 830
Massachusetts General Hospital
15 Parkman Street
Boston, MA 02114
617-726-1728

Indiana University
Indianapolis, Indiana
Department of Pathology
635 Barnhill Drive, MS-A142
Indianapolis, IN 46202-5120
317-274-7818

Johns Hopkins University School of Medicine
Baltimore, Maryland
The John Hopkins University School of Medicine
558 Ross Research Building
720 Rutland Avenue
Baltimore, MD 21205-2196
410-955-5632

Mayo Clinic
Rochester, Minnesota
Mayo Clinic
200 First Street, SW
Rochester, MN 55905
507-284-4006

Mount Sinai School of Medicine
New York, New York
Mount Sinai School of Medicine
One Gustave L. Levy Place, Box #1230
New York, NY 10029-6574
212-241- 6623

New York University
New York, New York
New York University Medical Center
550 First Avenue, Room THN 312B
New York, NY 10016
212-263-5703

Oregon Health Sciences University
Portland, Oregon
Oregon Health Sciences University
3181 S.W. Sam Jackson Park Road
Portland, OR 97201
503-494-7321

Rush-Presbyterian-St. Lukes Medical Center
Chigago, Ilinois
Rush-Presbyterian-St. Lukes Medical Center
Rush Institute on Aging
1645 West Jackson Boulevard, Suite 675
Chicago IL 60612
312-942-3350

University of Alabama
Birmingham, Alabama
University of Alabama at Birmingham
1720 7th Avenue South Sparks Center 454
Birmingham, AL 35294-0017
205-934-3847

University of California, Davis
Berkeley, California
University of California, Davis
Northern California Alzheimer's Disease Center
Alta Bate Medical Center
2001 Dwight Way
Berkeley, CA 94704
510-204-4530

University of California, Los Angeles
Los Angeles, California
710 Westwood Plaza
Los Angeles, CA 90024-1769
310-206-5238

University of California, San Diego
San Diego, California
UCSD School of Medicine
9500 Gilman Drive (0624)
La Jolla, CA 92093-0624
619-534-4606

University of Kansas
Kansas City, Kansas
University of Kansas Medical Center
3901 Rainbow Blvd., Wescoe Pav. 1008
Kansas City, KS 66160-7314
913-588-6094

University of Kentucky
Lexington, Kentucky
Sanders-Brown Research Center on Aging
101 Sanders-Brown Building
Universtity of Kentucky
Lexington, KY 40536-0230
606-323-6040

University of Michigan
Ann Arbor, Michigan
Michigan Alzheimer's Disease Research Center
University of Michigan
1914 Taubman Center
Ann Arbor, MI 48109-0316
313-936-9070

University of Pennsylvania
Philadelphia, Pennsylvania
University of Pennsylvania School of Medicine
Room A009, Basement Maloney/HUP
36th and Spruce Streets
Philadelphia, PA 19104-4283
215-662-6921 o 6399

University of Pittsburgh
Pittsburgh, Pennsylvania
Alzheimer's Disease Research Center
University of Pittsburgh
Western Psychiatric Institute and Clinic
3811 O'Hara Street
Pittsburgh, PA 15213
412-624-6889

University of Rochester
Rochester, New York
University of Rochester Medical Center
601 Elmwood Avenue
Rochester, NY 14642
716-275-2581

University of Southern California
Los Angeles, California
University of California, Iruine
University of Southern California
Andrus Gerontology Center
University Park, MC 0191
3715 McClintock Avenue
University of Southern California
Los Angeles, CA 90089-0191
213-740-1758

University of Texas Southwestern Medical Center
Dallas, Texas
University of Texas
Southwestern Medical Center
5323 Harry Hines Boulevard
Dallas, TX 75235-9036
214-648-3239

University of Washington
Seattle, Washington
University of Washington
Seattle, WA 98195
206-543-5088

Washington University Medical Center
Saint Louis, Missouri
Alzheimer's Disease Research Center
Campus Box 8111
Washington University School of Medicine
660 S. Euclid Avenue
Saint Louis, MO 63110
314-286-2881

Índice analítico

ÍNDICE ANALÍTICO

Vida cotidiana
funcionamiento en, 4, 5, 92
y arranques emocionales, 136
y depresión, 38
y retiro social, 22
Vida intelectual, 19, 21, 28
Videocassettes, 124

Vitamina B12, 44-45
Vómito, 207, 307

Xanax, 161, 329

Zantac, 198

El autor

El Dr. Kenneth P. Scileppi se preparó como médico en el sistema de hospitales de la ciudad de Nueva York, empezando por la Escuela de Medicina de SUNY Downstate en Brooklyn, y completó su residencia en el Hospital Municipal del Bronx. Se especializó en gerontología en 1979 en el Centro Médico de la Universidad de Cornell y fue elegido como primer DeWitt Wallace Fellow en gerontología. Trabajando en el Centro Médico de la Universidad de Cornell desde 1979, ha publicado varias investigaciones sobre la osteoporosis, la enfermedad de Alzheimer y la política sanitaria para los ancianos. Después de ser director médico de la Organización de Mantenimiento Social y de Salud del Elderplan, estableció su actual consultorio privado de gerontología en la ciudad de Nueva York.

ESTA EDICIÓN SE TERMINÓ DE IMPRIMIR
EL 6 DE NOVIEMBRE DE 1998 EN
OFFSET VISIONARY, S. A. DE C. V.
HORTENSIA 97-1, LOS ÁNGELES, IZTAPALAPA
09830, MÉXICO, D.F.